国家社会科学基金·一般项目
（批准号：14BTY083）

我国畲族民间体育文化保存现状与保护措施研究

兰润生　主编

·广州·

版权所有　翻印必究

图书在版编目（CIP）数据

我国畲族民间体育文化保存现状与保护措施研究/兰润生主编. —广州：中山大学出版社，2019.7

（国家社会科学基金·一般项目）

ISBN 978-7-306-06603-9

Ⅰ. ①我… Ⅱ. ①兰… Ⅲ. ①畲族—民族形式体育—体育文化—研究—中国　Ⅳ. ①G852.9

中国版本图书馆 CIP 数据核字（2019）第 073468 号

出 版 人：	王天琪
策划编辑：	邹岚萍
责任编辑：	邹岚萍
封面设计：	林绵华
责任校对：	靳晓虹
责任技编：	何雅涛
出版发行：	中山大学出版社
电　　话：	编辑部 020-84111996，84113349，84111997，84110779
	发行部 020-84111998，84111981，84111160
邮　　编：	510275　　　传　真：020-84036565
网　　址：	http://www.zsup.com.cn　　E-mail：zdcbs@mail.sysu.edu.cn
印 刷 者：	广州一龙印刷有限公司
规　　格：	787mm×1092mm　1/16　18印张　343千字
版次印次：	2019年7月第1版　2019年7月第1次印刷
定　　价：	55.00元

如发现本书因印装质量影响阅读，请与出版社发行部联系调换

本书为国家社会科学基金一般项目"我国畲族民间体育文化保存现状与保护措施研究"(批准号:14BTY083)结项成果

本书编委会

主　编　兰润生

副主编　兰　卉　黄文仁　林荫生　苏肖晴

编　委　曾立火　左鄢世晨　李　杰　李博浩　张艳芳
　　　　　张江予　陈　印　陈瑜君　吴　燕　吴橙俐
　　　　　胡　斌　谢兰凤　黄舟阳　石　瑛　李　哲
　　　　　隔　超　吴亚婷　肖梦园　殷　放

前　言

畲族民间体育是畲族人民在改造自然、改造社会、改造人类自身过程中智慧的结晶，它和近代体育一样，是增强人民体质、提高运动竞技水平、振奋民族精神和造福子孙后代的一项重要工作，得到了党和国家的高度重视。因此，对我国畲族民间体育进行研究，无论是从挖掘、搜集与抢救我国畲族传统体育，弘扬畲族民间体育文化，促进畲族体育事业发展，增进民族团结和提高民族健康水平的现实意义上，还是从理论上加深对民间体育发展的特点和规律的认识上，都具有重要意义。

我国畲族民间体育历史悠久、种类繁多，因研究角度和作者的研究思路不同，对研究内容的取舍也有所不同。本书内容由以下三个部分构成。

一、畲族民间体育文化总论

该总论部分主要有以下四个方面内容：一是对畲族与畲族文化、畲族文化与畲族民间体育以及畲族民间体育文化与现代体育之间关系等问题进行梳理；二是对畲族民间体育分布与开展情况进行分析，主要对人口、地区与项目的分布，以及传统节庆、竞赛活动、学校教育、社团组织、家庭教育与传承人活动等开展情况进行论述；三是对畲族民间体育的美学特征、价值判断、审美内容、表现形式、现代价值与保护意义等方面进行研究；四是对打尺寸、打枪担、稳凳、盘柴槌、猴子占柱、操石磉、虎捉羊、猴抢蛋、敬茶舞、踏步舞、狮子舞、舞铃刀、马龙灯、斗牛、登山、考龟、爬竹、前岐马灯、弹弓与插竹把等 65 项畲族民间体育项目进行整理。

二、畲族民间体育现状与保护措施

畲族民间体育现状与保护措施部分，对我国畲族民间体育项目、法规政策、运行机制、传承人、社会组织、家庭与学校传承七个方面的现状与保护措施进行了分析，具体包括以下几个方面：

（1）针对我国畲族民间体育项目发展目前存在的政府扶持力度不够、项目生存面临挑战、项目保存处境艰难、自身理论基础薄弱、项目竞赛规则不够完善与项目延续传承方式单一等问题，提出了加大政府扶持力度、强化文化认同意识、加快项目发掘整理、纳入学校体育教学、融入竞技体育赛事等方面的保护措施。

（2）针对畲族民间体育文化法律保护存在的管理不到位、法律条文缺乏操作性、地方尚未出台保护条例与保护措施不健全等问题，提出加强法律保护，完善各位阶法律规范、法律责任中的条例与传承人制度，推出相关项目的保护条例等保护措施。

（3）就传承方式与社会运行机制而言，由于社会变迁的影响，各种传承方式在运行过程中存在文化认知消极变迁、传承方式作用弱化、不良传统习惯制约和语言文字传承失灵等现象，需要建立畲族民间体育传承运行的动力机制、整合机制、激励机制、控制机制与保障机制。

（4）针对项目传承人存在年纪偏大、项目数量偏少、资金支持缺乏、场地器材短缺等问题，需加大对传承人的关爱，重视政府立法，加强组织管理，建立保护机制，等等。

（5）畲族民间体育社团组织在立法、制度、管理、规模、技术、资金、人才及保护理念等方面存在问题，在畲族这个相对封闭的社群中，需要积累社会资本，秉持文化自觉，树立文化自信。

（6）在家庭传承方面，存在家庭教育、社会转型与文化变迁等家庭、社会、文化三位一体的问题，可从家庭环境中探寻文化传承过程。

（7）在学校传承方面，存在教育政策、师资队伍、校本课程、场地设施与项目开展等不足的问题，提出了加大校外支持力度、发挥学校传承内在优势、提高学校传承效能等方面的保护对策。

三、通过旅游与文化传播展示畲族民间体育

对保护、传承与推广畲族民间体育，可采取两项措施：一是在畲族民间体育旅游资源开发上，针对政府宣传力度不够、企业经营理念相对落后、旅游产品缺乏吸引力、面临同类产品竞争压力、产业要素发展不均衡、未能形成特色旅游产品等方面的问题，提出树立正确的发展思路、调整畲族民间体育旅游经

营理念、加大畲族民间体育旅游宣传、改进畲族民间体育旅游营销方式等方面的保护措施；二是对畲族民间体育文化传播主体、传播对象、传播内容与传播途径的现状及影响因素进行分析，在此基础上，从传播主体、传播对象、传播内容与传播途径四个方面提出了推动畲族民间体育文化传播新发展的对策。

综上所述，本书是国内第一本系统梳理我国畲族民间体育保存现状与保护措施的研究报告，其出版有利于积极推动我国畲族民间体育工作的开展，挖掘、搜集我国畲族民间体育的宝贵财富，为我国畲族民间体育理论和实践的研究起到抛砖引玉的作用。

全书分为引言和13章，引言由兰润生撰写，第一章，畲族文化与畲族民间体育文化，由兰润生、兰卉、黄舟阳撰写；第二章，畲族民间体育分布与开展情况，由兰润生、兰卉、张江予撰写；第三章，畲族民间体育的美学特征与现代意义，由兰润生、张艳芳、兰卉撰写；第四章，畲族民间体育文化在乡土社会治理中的现代价值，由石瑛、隔超、吴亚婷撰写；第五章，畲族民间体育项目保存现状与保护措施，由兰润生、李杰、兰卉撰写；第六章，非物质文化遗产视域下畲族民间体育文化法律保护现状与发展，由左鄢世晨、兰卉撰写；第七章，畲族民间体育文化传承的社会运行机制，由黄文仁、陈印撰写；第八章，畲族民间体育传承人的现状与保护措施，由兰润生、兰卉、陈瑜君撰写；第九章，畲族社会组织与畲族民间体育的保护措施，由黄文仁、吴燕、兰卉撰写；第十章，畲族民间体育的家庭传承与发展，由黄文仁、谢兰凤、李哲撰写；第十一章，畲族民间体育在少数民族学校传承的现状与发展趋势，由兰润生、吴橙俐、兰卉撰写；第十二章，畲族民间体育旅游资源的开发与利用，由兰润生、胡斌、肖梦园撰写；第十三章，畲族民间体育文化的传播与发展，由兰润生、李博浩撰写。黄文仁、林荫生、苏肖晴、曾立火、肖梦园、殷放对本书各章节进行了修改与审核，全书最后由兰润生统稿。

本书得到福建省体育科学学会，集美大学诚毅学院，浙江丽水学院，金华广播电视大学，福州、厦门、漳州、宁德、福安、寿宁、霞浦、福鼎、温州、金华、丽水、遂安等地政府及相关部门的大力帮助与支持，得到许多专家学者及同人的协助，特别是国家体育总局政策法规司原司长谢琼桓，国家体育总局体育文化中心博士生导师崔乐泉，台湾树德科技大学博士生导师王建台教授，南京师范大学体育科学学院博士生导师汤卫东教授，鲁东大学体育学院傅砚农教授，杭州师范大学体育与健康学院曹守和教授，安徽工程大学体育学院方新普教授，安徽师范大学体育学院左新荣教授，丽水学院赵建华教授、黄罗家副教授，福建师范大学体育科学学院方千华院长，集美大学赵克教授、谢洪伟博士，集美大学诚毅学院赵阳副教授，泉州师院许月云院长、任慧涛博士与魏太森老师，宁德师院郭学崧，福建省畲族体育非物质文化遗产传承人雷盛荣、兰大瑞，浙江省畲族体育非物质文化遗产传承人兰进平，等等，对本书的写作给予了支持与帮助。与此同时，本书也参考了许多专家学者的研究成果，在此一并表示感谢。

兰润生

2019 年 1 月 20 日于厦门

目 录

引 言 ………………………………………………………………………… 1
  一、问题的提出 ……………………………………………………… 1
  二、相关研究现状 …………………………………………………… 2
  三、研究方法 ………………………………………………………… 5
  四、理论框架及结构安排 …………………………………………… 6

第一章 畲族文化与畲族民间体育文化 ………………………………… 9
  一、畲族与畲族文化 ………………………………………………… 9
  二、畲族文化与畲族民间体育文化 ………………………………… 11
  三、畲族民间体育与现代体育 ……………………………………… 16

第二章 畲族民间体育分布与开展情况 ………………………………… 20
  一、畲族民间体育分布 ……………………………………………… 20
  二、项目开展情况 …………………………………………………… 24

第三章 畲族民间体育的美学特征与现代意义 ………………………… 34
  一、畲族民间体育的美学特征与价值判断 ………………………… 34
  二、畲族民间体育的审美内容与表现形式 ………………………… 37
  三、畲族民间体育保护的价值与意义 ……………………………… 48

第四章 畲族民间体育文化在乡土社会治理中的现代价值 …………… 51
  一、畲族乡土社会治理的历史回顾与治理途径 …………………… 51
  二、畲族民间体育文化在乡土社会治理中的功能 ………………… 54
  三、畲族民间体育文化在乡土社会治理中的现代价值 …………… 58

第五章 畲族民间体育项目保存现状与保护措施 ……………………… 64
  一、畲族民间体育项目起源 ………………………………………… 64
  二、畲族民间体育项目保存现状梳理与分类 ……………………… 67
  三、畲族民间体育项目保存的主要方式与途径 …………………… 107
  四、影响畲族民间体育项目保存的主要因素 ……………………… 108
  五、畲族民间体育项目的保护措施 ………………………………… 111

第六章 非物质文化遗产视域下畲族民间体育文化法律保护现状与发展 …… 114
 一、非物质文化遗产视域下畲族民间体育文化法律保护的研究缘起 …… 114
 二、畲族民间体育文化立法现状 …… 116
 三、畲族民间体育文化法律运行现状 …… 121
 四、推进畲族民间体育文化法律保护体系建构 …… 125

第七章 畲族民间体育文化传承的社会运行机制 …… 130
 一、畲族民间体育文化传承的途径 …… 130
 二、畲族民间体育文化传承存在的问题及原因 …… 134
 三、畲族民间体育文化传承的社会运行机制 …… 136

第八章 畲族民间体育传承人的现状与保护措施 …… 159
 一、畲族民间体育传承人概述 …… 159
 二、畲族民间体育传承人保护现状及影响因素 …… 162
 三、畲族民间体育传承人保护措施 …… 171

第九章 畲族社会组织与畲族民间体育的保护措施 …… 176
 一、概念界定和分析框架 …… 177
 二、仪式：畲族民间体育作为集体记忆的存在形式 …… 179
 三、畲族民间体育文化存续的基本动因和载体 …… 182
 四、社会变迁与畲族民间体育文化式微的管窥——来自社会资本理论的解释 …… 186
 五、重构社会资本：社会组织在畲族民间体育文化保护中的作用以及实现路径 …… 191

第十章 畲族民间体育的家庭传承与发展 …… 193
 一、家庭与文化传承的历史沿革 …… 193
 二、畲族民间体育家庭传承的主要内容与方式 …… 198
 三、畲族民间体育家庭传承面临的困境 …… 203
 四、畲族体育家庭传承的发展路径 …… 206

第十一章 畲族民间体育在少数民族学校传承的现状与发展趋势 …… 208
 一、畲族民间体育在少数民族学校传承的优势 …… 208

二、畲族民间体育在少数民族学校传承的现状……………………… 212
三、畲族民间体育在少数民族学校传承的对策……………………… 219

第十二章 畲族民间体育旅游资源的开发与利用……………………… 222
　　一、畲族民间体育旅游资源…………………………………………… 222
　　二、畲族民间体育旅游资源开发现状………………………………… 228
　　三、畲族民间体育旅游资源开发与利用的模式选择………………… 231
　　四、畲族民间体育旅游资源开发与利用的对策……………………… 234

第十三章 畲族民间体育文化的传播与发展…………………………… 238
　　一、传播对发展畲族民间体育文化的作用…………………………… 238
　　二、畲族民间体育文化的传播现状及影响因素……………………… 241
　　三、推动畲族民间体育文化传播的新发展…………………………… 260

附　件　福建、浙江两省畲族民间体育信息采集情况………………… 267

引　言

一、问题的提出

根据 2010 年第六次全国人口普查统计，我国畲族总人口 708651 人，其中，福建省 37.5 万人，浙江省 16.6 万人，江西省 9.1 万人，广东省 2.9 万人、贵州省 3.6 万人，其他省份 1.16 万人，可知我国有 75% 的畲族人民生活在福建东部、浙江南部的丘陵地带，这里有优美的生态环境、秀丽的自然景观、恬静的田园风光、多姿多彩的民族风情，至今保留着古朴的民族传统文化，是一块有待开发的迷人乐土。

畲族民间体育是绵延数千年的畲族文化的重要组成部分。在畲族民间体育文化的形成和发展过程中，畲族群众创造并积累了许多具有地域特色和民族特点的民间体育项目，保存了他们独特而多彩的体育文化。

从生产劳动来说，福建、浙江畲民长期居住在崇山峻岭之中，由于交通不便，信息闭塞，经济相对落后，在这种极其艰苦的条件下，为了生存和发展的需要，在挖掘和采集植物、捕鱼、狩猎等与大自然搏斗的过程中形成了最初的畲民体育形态，而后逐渐发展成为畲族民间体育项目。

就畲族风俗传统而言，在每年的正月十五、二月二、三月三、封龙节与九月九等节日，福建、浙江一带的畲民着盛装艳服，扶老携幼，成群结队，载歌载舞，风雨无阻，攀登白云山、太姥山与雁荡山等。清晨观赏日出，夜晚通宵营火盘歌。畲族不但以山歌著称，而且民间体育舞蹈也别具一格。

从历史上看，畲民有着光荣的革命斗争传统，面对封建统治和帝国主义的重重压迫，奋起反抗。如唐代漳州、潮州畲民起义，同封建势力进行了长达 45 年的斗争，沉重打击了唐朝的统治阶级。畲族的民间体育也是在这样的历史条件下产生的，为了防身和保卫已有的劳动成果、抗击压迫和外侵之敌，畲民采取了防守与进攻的手段和措施，逐渐形成了别具一格的畲族传统武术。在近代，无论是闽东共产党建党初期，面对敌人重兵围剿，还是建立苏区、进行土地革命，抑或抗日战争时期开展敌后游击战争，闽东畲族同胞自始至终倾力支持革命，并同汉族人民一起投入革命斗争。

就畲族民俗而论，畲族以龙、犬为其始祖，每家都保存一根刻着龙头（或犬首）的木杖，称为"龙头祖杖"，号称盘瓠，为其图腾崇拜的象征。畲民把"龙头祖杖"用红布包起来供奉,在祭祖时虔诚安置,有的还在公祠堂里供奉雕有龙头(或犬首)的木主牌位。福建、浙江有的地区每年举行祭传"祖杖"和"木祖牌位"仪式,畲民擎着"祖杖"或抬着"木祖牌位"游行,伴以鼓乐,跳起"犬舞"。"犬舞"是地方稀有拳种,起源于畲族先民祭祖舞蹈,模仿狗的奔、扑、翻、滚、掌、仰、蹬、卧、闪、窜、抖等动作,以犬命名的动作达 49 种。

畲族人民能歌善舞,酷爱体育,诸如畲家拳、骑海马、爬竹、打尺寸、操石磉、打枪担等项目,都在我国畲乡广泛流传。畲族体育虽然没有现代体育的波澜壮阔,却有着适应居住环境的小巧灵活;虽然没有现代体育的多彩多姿,却有着别具一格的民族特色。特别是在长期与汉族杂居的过程中,畲族民间体育文化虽未能向外辐射,以扩大影响,但也未受到冲击而走向消亡,而是始终在自己的民族文化圈中传承与发展,保留着独具特色的文化内涵和外在形态,这是很有文化价值与意义的,值得我们深入研究探讨。

二、相关研究现状

绵延数千年的畲族民间体育是研究畲族文化的资料库,在畲族民间体育的形成和发展过程中无不包含着畲族传统文化的各种成分和要素。

自 20 世纪 50 年代以来,在"积极提倡,加强领导,政策提高,稳步发展"的少数民族传统体育发展方针指导下,我国畲族聚居地把开展少数民族传统体育作为贯彻落实党的民族政策的一项重要内容,一些体育部门对不同内容与形式的畲族体育做过大量卓有成效的挖掘整理工作,在不同时期,有目的、有针对性地召开了畲族民间体育的座谈会,举办大规模的畲族民间体育竞赛,选拔优秀运动员参加全国少数民族运动会,取得了可喜的成绩。

在相关的政策法规方面,2005 年之后,国家及地(市)级相继出台相关法律文件,对非物质文化遗产进行规范和保护。在国家法律法规层面,2008 年 5 月 14 日,文化部出台了《国家级非物质文化遗产项目代表性传承人认定与管理暂行办法》,对传承人从认定、管理、责任与义务等方面做出了一系列规定,这是非物质文化遗产保护工作的一大突破,也是从一味追求物化的保护过渡到重视传承人的发展和保护。2011 年 6 月 1 日《中华人民共和国非物质文化遗产法》(以下简称为《非物质文化遗产法》)开始施行,把非物质文化遗产的保护工作提升到了法律层面,使我国的非物质文化遗产保护有法可依,得到科学保护,在我国法律历史上开启了新的篇章,对我国的非物质文化遗产保护工作具有深远意义。在地方法律法规层面,2005 年福建省人民政府开始实施《福建省民族民间文化保护条例》，根据该条例的有关规定，于2009年正式将畲族武术列入福建省第三批非物质文化遗产名录，这对畲族民间体育保护与传承具有历史性的意义；2007年6月1日浙江省文化厅开始实施《浙江省非物质文化遗产保护条例》和《浙江省非物质文化遗产代表作申报与评定暂行办法》；2010年4月20日福建省文化厅颁布了《福建省非物质文化遗产项目代表性传承人认定与管理暂行办法》。国家及地方政府相关法律法规的出台，对于非物质文化遗产的保护工作具有现实指导意义，是民族体育文化传承的有力保障。

在畲族民间体育传承人及项目认定方面，截至2015年，根据《福建省民族民间文化保护条例》和《浙江省非物质文化遗产保护条例》有关规定，畲族武术——盘柴槌（福建省第三批）、稳凳（浙江省第二批）与赶野猪（浙江省第三批）名列其中。目前，已认定的项目代表性传承人有蓝大瑞（福建省非遗项目盘柴槌代表性传承人）、雷盛荣（福建省非遗项目畲家拳代表性传承人）、蓝进平（浙江省非遗项目稳凳代表性传承人）、钟团玉（福建省宁德市非遗项目畲家拳代表性传承人）、雷勇昌（福建省宁德市非遗项目畲族拳术和棍术项目代表性传承人）等。畲族武术是唯一入选福建省非物质文化遗产的畲族民间体育项目，而蓝进平是浙江省唯一一位省级畲族体育项目类的非物质文化遗产传承人。畲族民间体育虽然已经开启了保护之门，但是起步较晚，还有很大一部分体育项目亟须挖掘、整理和保护，同时迫切需要传承人对其进行传承。

随着人们对畲族民间体育认识的深化和提高，随着体育事业的不断发展，各地、市的体育文史工作委员会和众多的体育史学者、体育工作者围绕畲族民间体育的历史发展、系统与融合、特征、功能、作用等进行了理论探讨。1993年5月，福建省体育局、福建省体育科学学会与宁德市政府联合举办了"畲族与体育"研讨会，入选论文17篇，来自国家体育总局文史办和福建、浙江、江苏、安徽、新疆等地的54位专家学者参加了研讨。研讨会的中心议题为"如何继承和发展畲族体育"，会上，专家、学者对畲族民间体育在项目的形式方法、比赛规则等方面的改进和提高，使其更加科学化、系统化，并为广大畲民所接受等内容进行了深入研究和探讨。与会专家认为，畲族历史悠久，在生活、生产、斗争实践中演变而来的传统体育是中华民族传统体育文化的一个重要组成部分，研究、继承与发展它，对中华民族的繁荣和加强民族大团结具有现实和历史意义；畲族体育项目繁多、内容丰富，集竞技性、健身性与娱乐性于一体，在继承与发展中，如何做到既保留它的原始面貌又积极创新显得十分重要。

为推动海峡两岸文化繁荣发展,促进体育文化学术交流与合作,由福建省体育科学学会、福建省体育社会发展研究会与集美大学诚毅学院联合举办的"海峡两岸畲族体育文化"学术研讨会暨课题论证会于2016年3月25—27日在集美大学诚毅学院召开,会议主题是"延续民族文化血脉,推动畲族体育持续发展"。共收到论文40余篇,入选论文33篇,其中包括来自武汉体育学院、郑州大学等大陆高校以及台湾部分高校在读硕士、博士研究生的论文。研讨会邀请了国家体育总局的相关领导,北京、浙江、江苏、安徽等省、直辖市以及台湾部分高校的相关专家学者,与会专家和学者还就海峡两岸畲族体育文化进一步继承与发展等问题畅所欲言(如图1)。

图 2016年"海峡两岸畲族体育文化"学术研讨会

畲家拳是南少林武术中的一支流派,它动作朴实无华,讲究实用,独具特色,深受畲民的喜爱,并广泛流传于畲民聚居的地区。畲家拳以畲族传统文化为理论基础,摄养生之精髓,集技击之大成,玄机秘法深邃莫测,形成了较为系统的技击方法和众多门派,如八井拳、洪拳、连环拳、蓝技拳与内文拳等,有些技法作为军事训练的辅助手段被应用。畲民练拳习武之风经过千百年流行、传承,已形成了别具一格的畲族民间体育文化。多年来,武术专家、学者对畲家拳这一民族传统体育项目进行了卓有成效的研究,有关畲家拳理论和实践技艺的专著、论文先后问世,如福建警察学院林荫生教授出版了专著《畲族拳》(福建教育出版社1994年版),该书较全面和系统地对畲家拳进行挖掘和整理,除了被列入"中华武术"丛书外,还被翻译成日文在日本出版,深受好评,扩大了国际影响力。

为全面了解国内外对畲族民间体育问题的研究现状,通过中国知网、中国期刊全文数据网、维普及国家体育总局信息所中文体育文献数据库,检索出

1980—2005年、2006—2017年期间国内外体育期刊发表的20余篇相关文章。目前尚未见到国外关于此课题的研究报道，国内学术界在该研究领域也尚无权威定论。

三、研究方法

主要采用了文献资料、专家访谈、个案分析、实地考察与逻辑分析等研究方法。

（一）文献资料法

通过中国知网（CNKI）数据库、中国期刊全文数据网、国家社会发展研究中心信息文献数据库、国家体育总局信息所中文体育文献数据库、厦门大学图书馆、集美大学图书馆，针对研究目的和研究内容，以"畲族体育法律""社会运行机制""畲族体育项目""传承人""社团组织""家庭传承"与"文化传承保护"等关键词检索，从中选出和本书相关的文献仔细研读，并对搜集到的论文进行分析。

（二）专家访谈法

通过对福建省、浙江省畲族体育界有关的专家学者等进行走访，并通过召开"海峡两岸畲族民间体育文化"学术研讨会暨课题论证会，就论文的相关内容进行访谈，听取多方宝贵意见，为研究报告提供依据和参考。

（三）个案分析法

选取非物质文化遗产传承人雷盛荣、蓝进平、钟团玉和蓝大瑞等为个案，对闽浙两省传承人、社团组织与文化传承保护的相关问题进行深入了解。

（四）实地考察法

通过前往浙江金华、丽水与景宁以及福建宁德、福安与霞浦等畲族聚居地，与当地村委、县民族宗教局等单位相关人员进行访谈，搜集到第一手图片资料与影像材料，为本书提供理论支持和数据参考。

（五）逻辑分析法

通过搜集、整理和研究畲族民间体育相关材料，采用分析、归纳、演绎和推理的逻辑方法，并结合文化理论，对畲族民间体育保存现状与保护措施进行客观分析。

四、理论框架及结构安排

本书旨在借鉴国内外相关研究,通过积极开展我国畲族民间体育工作的挖掘、搜集、整理、保护与科学研究工作,探索我国畲族民间体育的特点、规律、现状、保护措施和发展趋势,研究我国畲族民间体育的规范体系与发展机制,充分完善我国民族传统体育和"全民健身"理论体系,推动民族传统体育学科建设,进而对全球文化背景下畲族民间体育发展提出几点建议,希望能够抛砖引玉。

本书的结构安排如下:

第一章,畲族文化与畲族民间体育文化。在全球化的背景下,我国畲族民间体育是在竞争中保持独立,还是交融发展?是消极保护,还是积极创新?本章梳理畲族与畲族文化、畲族文化与畲族民间体育文化、畲族民间体育与现代体育之间的关系。

第二章,畲族民间体育分布与开展情况。分析畲族民间体育分布与开展现状,主要从人口、地区与项目的分布,以及传统节庆、竞赛活动、学校教育、社团组织、家庭教育与传承人活动等开展情况进行论述。

第三章,畲族民间体育的美学特征与现代意义。梳理畲族民间体育的美学特征与价值判断,认为畲族民间体育具有形态的原始性、内容的民族性、场地器材的简易性、观赏的娱乐性、社会的整体性与象征的纪念性等美学特征;畲族民间体育审美内容主要是由身体美、运动美与精神美等方面构成的,其表现形式为整齐划一、对称均衡、节奏韵律与多样化统一;畲族民间体育作为畲民生活状态的艺术重现,具有很高的现代价值与保护意义。

第四章,畲族民间体育文化在乡土社会治理中的现代价值。在对畲族民间体育文化来源及特征进行探究的同时,对畲族乡土社会治理的历史及途径进行回顾,阐述了畲族民间体育文化与乡土社会治理关系,并在此基础上,对功能、价值做了深入的学理性分析研究,为畲族民间体育文化推动畲族乡土社会走向善治提供了具有现代价值的有益参考和实践借鉴。

第五章,畲族民间体育项目保存现状与保护措施。我国畲族民间体育项目发展目前存在政府扶持力度不够、项目生存面临挑战、项目保存处境艰难、自身理论基础薄弱、项目竞赛规则不够完善与项目延续传承方式单一等问题。为此,提出了加大政府扶持力度、强化文化认同意识、加快项目挖掘整理、纳入学校体育教学、融入竞技体育赛事与打造畲族体育旅游圈等方面的保护措施,旨在发掘、保存、保护和发展少数民族体育。

第六章，非物质文化遗产视域下畲族民间体育文化法律保护现状与发展。就体育法制现状而言，存在政府主导作用不够强、管理不到位、法律条文缺乏操作性、地方尚未出台保护条例与保护措施不健全等问题，提出加强法律保护，完善各位阶法律规范、法律责任中的条例与传承人制度，推出相关项目的保护条例。

第七章，畲族民间体育文化传承的社会运行机制。就传承方式与社会运行机制而言，由于社会变迁的影响，各种传承方式运行过程中存在文化认知消极变迁、传承方式作用弱化、不良传统习惯制约和语言文字传承失灵等现象，需要建立畲族民间体育传承运行的动力机制、整合机制、激励机制、控制机制与保障机制。

第八章，畲族民间体育传承人的现状与保护措施。就传承人现状而言，存在传承人年纪偏大、学员数量偏少、资金支持缺乏、场地器材缺少等问题，应加大对传承人的关爱，体现以人为本理念，重视政府立法，加强组织管理，建立保护机制与落实人员经费，从建立人才培养基地、工作室、收徒、培训等诸多方面给予扶持。

第九章，畲族社会组织与畲族民间体育的保护措施。就体育社团组织而言，在立法、制度、管理、规模、技术、资金、人才及保护理念等方面存在问题，需要在少数民族这个相对封闭的社群中，积累社会资本，秉持文化自觉，树立文化自信。

第十章，畲族民间体育的家庭传承与发展。从家庭传承现状来说，存在家庭教育、社会转型与文化变迁等家庭、社会、文化三位一体的问题，提出了畲族体育家庭传承从单一式传承到多样化传承、从全面泛化传承到部分强化传承相结合、从正向传承到反向传承、从机械传承的依赖到有机传承的包容等方面的发展路径。

第十一章，畲族民间体育在少数民族学校传承的现状与发展趋势。从学校传承现状来讲，在教育政策、师资队伍、校本课程、场地设施与项目开展等方面仍存在问题，指出学校体育是最重要、最广泛的传承畲族民间体育的阵地。

第十二章，畲族民间体育旅游资源的开发与利用。畲族民间体育旅游资源开发存在的问题有：政府宣传力度不够，企业经营理念相对落后；旅游产品缺乏吸引力，面临同类产品竞争压力；产业要素发展不均衡，未能形成特色旅游产品；等等。在现状分析的基础上提出：树立正确的发展思路，调整畲族民间体育旅游经营理念；加大畲族民间体育旅游宣传，改进畲族民间体育旅游营销方式；突出畲族体育旅游文化建设，提升旅游产业要素均衡发展；加强地方政府财政扶持力度与完善社会投融资体系等方面的保护措施。

第十三章，畲族民间体育文化的传播与发展。首先，介绍传播对发展畲族民间体育文化的影响，包括促进畲族民间体育文化传承与发展，提升畲族地区民族文化认同感，改善畲民的生活方式，带动畲族地区经济发展与文化产业繁荣；其次，对畲族民间体育文化传播主体、传播对象、传播内容与传播途径的现状及影响因素进行分析，在此基础上，从传播主体、传播对象、传播内容与传播途径四个方面提出推动畲族民间体育文化传播新发展的对策。

综上所述，课题组通过多种定性分析，希望在以下方面有所突破：第一，挖掘和搜集我国畲族民间体育内容的宝贵财富。畲族民间体育作为一种文化，具有历史性，其中某些项目已经或即将从历史上消失，亟待进行发掘整理、田野实证。第二，积极抢救畲族民间体育项目。关于整理改造，我们立足于畲族主体，尽可能按照保持原汁原味的方式行事，确立民间体育活动在现代生活中的独特价值和重要作用。第三，不断赋予畲族民间体育新的内容、新的形式、新的价值、新的时代特征，使其不断地走向科学化、规范化和社会化。

但是，由于研究条件、时间与篇幅的限制，研究课题尚有许多不完善的地方：第一，由于主要应用实证分析的研究方法，这种研究方法的局限势必导致理性分析、理论描述、定性分析突出而定量分析不足；第二，由于本研究课题是从理论上对我国畲族民间体育保存现状与保护措施进行实证与抽象研究，不可避免地会与现实产生一定的差距；第三，由于目前我国少数民族体育科研数据尚存在不完整性与落后性，故本研究课题不能应用大量的数据进行定性与定量相结合的研究。针对这些不足，研究课题组负责人和团队将在今后的科研工作中不断弥补，力争在不久的将来让全面的研究成果问世。

第一章 畲族文化与畲族民间体育文化

一、畲族与畲族文化

（一）畲族概况

畲族，中国南方游耕民族，1000多年来，畲民不畏艰难险阻，从原始居住地广东省潮州市凤凰山四散迁徙到福建、浙江、广东、江西与安徽等省份，有的还远赴贵州和四川，75%居住在福建、浙江的广大山区，其余散居在江西、广东、安徽等省份。唐代，居住在福建、广东、江西三省交界地区的、包括畲族先民在内的少数民族被泛称为"蛮""蛮僚""峒蛮"或"峒僚"。南宋末年，史书上开始出现"畲民"和"拳民"的族称。"畲"（Shē），意为刀耕火种。元代以来，"畲民"逐渐被作为畲族的专有名称出现在汉文史书上。1956年国务院正式确认畲族是一个具有自身特点的单一的少数民族，从此，畲族成为法定的族称。1963年邮电部发行的《中国民族舞蹈（第三组）》特种邮票，全套6枚，其中第一枚就是根据闽东畲族婚礼中男拜女不拜的习俗设计的（如图1-1），1999年11月又推出一款畲族人物图案邮票（如图1-2）。1985年4月22日，即畲族传统节日"三月三"，中国第一个畲族自治县——景宁畲族自治县正式成立，这是中国唯一的畲族自治县，享有"中国畲乡"之称。畲族是中国人口较少的少数民族之一[①]，根据全国2010年第六次全国人口普查统计，畲族人口为708651人。畲族有自己的语言——畲语，属汉藏语系苗瑶语族，但无自己的文字，通用汉文，唱畲歌，且畲歌是潮州歌谣的源泉。

（二）畲族文化

畲族是一个古老的民族，勤劳、智慧与朴实的畲民在长期生产和生活实践中，不仅创造了大量的物质财富，而且创造了丰富的精神财富，形成了灿烂且具有鲜明民族特色的文化。畲族文化是中华传统文化的一个分支，它是由本族群社会对自然界和社会生活的不同认知，以及受不同历史发展因素影响而形成

---

① 畲族［EB/OL］. http://www.gov.cn/guoqing/2015-07/24/content_2902186.htm.

图1-1 《中国民族舞蹈（第三组）》第一枚邮票——畲族婚礼

图1-2 1999年畲族人物

的文化，这种独具风格与特色的文化，如语言文字、行为模式、娱乐与生活方式等，对族群全体成员均有一定的约束力，是一种具有族群特征的区域文化。畲族文化的风格与特点正如其他诸多少数民族一样，不仅在我国整体文化中聚合为独具特色的传统文化，而且在进入现代化社会的过程中被视为一笔宝贵的文化遗产。从现实来看，在文化多元化、经济全球化的背景下，畲族文化无疑与众多少数民族文化一样，面临着两个方面的问题：一是如何弘扬、保存自己的传统文化，使之与现代社会的主流文化融为一体；二是在融入主流文化的过程中，怎样才能更好地体现出和而不同的适应性发展，使畲族文化自身不断发展与创新。

　　畲族民间文化是一种民族文化形态，也是宝贵的非物质文化遗产，更是我国优秀传统文化的重要组成部分。目前，自然和文化生态环境的变化已经威胁到畲族文化的传承与发展，如果畲族文化不能正常地传承和发展，那么畲族的独特性将会在社会一体化的潮流中不断地被削弱，这对于一个国家的文化多元性来说是不利的。随着畲族山歌、畲族小说歌（如图1-3）、畲族医药、畲族银器（如图1-4）与畲族凤凰冠装（如图1-5）等项目陆续被国务院批准纳入国家级非物质文化遗产名录，得到了较好的保护，这对今后的畲族民间文化保护工作将大有启示。

图1-3 国家级非物质文化遗产"畲族小说歌"

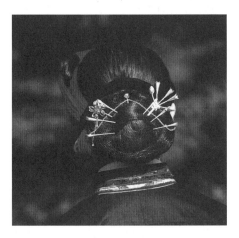

图1-4 霞浦畲族妇女发型背面银器

图1-5 畲族凤凰冠装

二、畲族文化与畲族民间体育文化

（一）畲族民间体育文化

众所周知，民间体育是源于普通民众生活的一种文化现象，与民风习俗关系密切，主要存在于民间节庆活动、宗教祭祀、日常生产与生活之中，是一种世代相传和延续的体育文化形态。民间体育既是过去的，也是现实的，更是未来的。就过去而言，它产生于竭力恪守先民对生存环境的体验、对自然世界未知现象的追索,守护着对原创者的记忆、对本土原型的忠诚,故而展露出它难以磨灭的历史印记;就现实而言,它记述了族群的迁徙跋涉、异域他乡的遭遇、对严酷生活环境的接纳和融入,并因乡土社会的多样性使自己得到改造、获得重生,故而有着厚重的民间现实生活气息;就未来而言,它会随着不断变迁的社会状态,自然附着于民众之中,呈现出奔腾不息之势。可以说,产自于人类自身的民间体育如同人类社会一般,始终是一种"活着的过去"和"现实的存在"而代代相传,永不停息。畲族民间体育文化的产生与发展是与自然环境、生产方式与生存方式融为一体的,是一定地域范围内普通民众文化共同体的一种整体形态。因历史的缘故,畲族分布于闽、浙、赣、粤、黔等80多个县(市)内的部分山区,它依据不同自然生态环境和生存方式而衍生的民间体育带有鲜明的区域性运动风格。如丽水地区《畲族志》记载,"畲民欢乐舞""庆丰收""赶歌会"中男女对演的套路"似武似舞",与其他畲族区域单纯的舞蹈形态大相径庭;浙江景宁畲族盛行的民间体育铃刀舞、马灯舞在闽、浙、赣、粤、黔、皖、湘等地都没有相同运动形态的记载,而流行于闽、浙、赣、粤、黔、湘畲族村落的畲家拳、打尺寸、盘柴槌在浙江景宁、皖畲族村落中却无迹可寻,这些不同民间体育形态的存在正是畲族民间体育文化魅力之所在。

在古代,游耕为主的畲族先民在缺乏本民族文字的情况下,历史渊源、血缘传承和生产生活状况都只能靠口耳相传。到了明末清初,畲民生产生活的地域范围逐渐固定,畲族村落的布局基本定型,修谱之风逐渐盛行并延续至今。祠堂是供族内祭祖和存放祖牌的地方,是全族办公、议事和盘歌演出的公共场所,这些既是畲族历史文化传承的载体和见证,也是畲族文化的重要组成部分。家家户户逢年过节、喜庆之时都要祭祀本家族的祖先,每年正月初八(俗称"上八日")是畲族祭祀始祖的日子。这一天,族内男女老幼身着畲装,来到本姓氏的宗祠,瞻仰族图,其图腾物为龙麟。在蓝氏宗祠中,祠堂正中摆放着历代祖宗牌位,左右两壁各有吉庆语长联。据福建溪塔村村干部蓝锦锋介绍,目前绝大多数畲族祠堂存在不同程度的破损和失修情况,但因财力限制,维修方面存在困难。近年来,不少文物贩子采取偷盗方式,造成宗祠内大量文物流失。①

畲族人民和其他民族的人民一样,在长期的生产劳动和阶级斗争实践中,为了强身健体,保家卫寨,编创了许多适宜地域特点和民族习俗的畲族民间体

---

① 口传千年的畲文化面临失语 [EB/OL]. http://news.xinhuanet.com/travel/2004-10/19/content_2104685.htm.

育项目，如打尺寸、盘柴槌、节日登山与骑海马等，都是畲族民间流传的别具一格、生动有趣的体育活动项目，尤其是练拳习武之风盛行，经千百年传承，已形成独具特色的传统武术。新中国成立前，畲族群众习武是为反抗压迫和剥削，成立后则是为了强身健体，陶冶性情，丰富文化生活。①

（二）畲族民间体育对畲族文化的融合

畲族人民能歌善舞，酷爱体育，诸如打尺寸、跳竹竿、打枪担、摇锅、考龟等，都是在畲乡广泛流传的民族民间体育运动形式。畲族民间体育虽没有现代体育的波澜壮阔，却有着适应居住环境的小巧灵活；虽没有现代体育的多彩多姿，却有着独具一格的民族特点。

从畲族民间体育的形态看，一般都是日常劳动或生活技能的再现，其体育的原始性显著。例如骑海马，这是流传在闽东沿海山区畲乡中的一项体育活动。海马，又称滑溜板，它本是畲民海上捕食的一种生产工具，每当退潮时，人们足踩海马，在滩涂上疾走如飞，可以十分灵巧地海上捕食。后来慢慢地被传承下来，成为畲乡开展的一项体育活动。又如爬竹竿，它是畲民利用山区竹林丰茂的优势而发展起来的，选几株挺直翠绿的毛竹作为工具，比谁爬得高、爬得快。爬竿的姿势可以只用双手不用脚，也可以人倒立着用双手往上攀爬。一方面，正因为这些体育的技能技术并不复杂，且一般都是畲民日常劳动或生活技能的再现，加上这些体育劳动生活气息十分浓厚，其原始性适应了畲民文化消费的需要层次，所以受到畲民的普遍欢迎，成为老少皆宜的体育活动，同时也适应了畲族文化发展的需要。另一方面，畲族的文化氛围多多少少也适应了这种体育产生与发展的需要。

畲族人民长期从事刀耕火种的农业生产，他们的生存主要依附于条件极差的山地，依赖于农业种植。这种长期依附于山地的农业劳动生活，使他们形成了这样的一种心理性格特点，即习惯于经常性的和单调的劳动，习惯于循规蹈矩，对任何事物都采取极为保守的防范态度，而不愿有半点变革。也就是说，他们认为与其变革承担风险，还不如墨守成规。这种习惯守旧、不愿变革的民族心态，这种对传统生存方式的深深依恋，恰恰为原始形态体育的生存和延续提供了条件，畲民也从未意识到这些劳动或生活技能的再现是原始形态的体育，只是认为这些活动是他们祖祖辈辈都进行过的，因此，他们也应该这样进行下去，而不管是否切合时宜。在他们看来，这些先验的文化产品，其存在是那么合情合理，如果去改变它们，反而是不合情理、不可思议的。

---

① 千里原. 民族工作大全[M]. 北京：中国经济出版社，1994：121.

在畲民看来，这些传承下来的原始形态的体育不需要专门传授，人人都会玩，人人都可以玩；玩的时候，它能令人开心，用的时候，它又能直接为生产生活服务。畲族民间体育就是在这样一种民族心态下传承下来的。这也是畲民与汉人长期杂居、受汉文化的辐射而民族传统体育始终未被泯灭的一个重要原因。当然，从心理的深层结构来看，喜欢怎样的体育形态，亦反映了民族的文化思想意识、价值观念和审美情趣。在畲民的心目中，这种具有浓厚的劳动和生活气息的体育就是美。在这样一种文化氛围的影响下，千百年来，畲族体育尽管一直处于一种原始形态，却始终为畲民世世代代所喜闻乐见。

（三）畲族文化与畲族民间体育文化的关系

一定的体育形态总是反映一定的文化特征，而一定的文化模式也必然塑造出一定的体育形态。畲族民间体育有一个明显的特征，就是重视表演而轻视竞技。如打尺寸这项运动，它主要是通过对竹条的击打、跑接、回投、截击等动作，以表现人的机智勇敢。又如操石磜，它是通过2~4人的协作，在组与组之间进行推石块表演。反映在畲族民间体育中的这一文化现象，说到底是由当时的政治经济制度所决定的。普列汉诺夫曾经说过："一个民族的文化，都是由它的精神本性所决定的，它的精神本性是由该民族的境况造成的，而它的境况归根到底是受生产力状况和它的生产关系所制约的。"① 从畲族的社会组织来看，畲族村寨一般多以血缘相近的同姓聚族而居，村寨设有祠堂，同姓同祖多属于同一祠堂，祠堂中设族长一人，既为祠堂领袖，亦为一村之长。从家庭结构来看，畲族地区一般以一夫一妻制的父系小家庭为社会生产、生活的基层单位，由此可见，畲族的政治经济制度是一种以土地和家族为向心凝聚力的社会结构，既强化了家族统一的观念，又限制了人们的眼界和主体创造精神，使畲民的心理性格倾向于稳定与和谐。从经济生活来看，畲民始终生活在一个狭小的农业天地，他们开垦山地，春天播种，秋天收获，年复一年稳定的经济生活节奏亦孕育了畲民保守内向的性格特征。畲民们干什么都不紧不慢，因为在他们的生活中从来没有疾风暴雨式的骤变，刀耕火种的劳动方式虽不能使他们富有，却也很难将他们饿死。他们没有奢望，不需要竞争，也不需要冒险，所以，摔跤、马术这一类展现自我的民族传统体育只能产生在我国的内蒙古大草原，而绝不会出现在浙江南部与福建东部的畲乡。

畲民的这种倾向于稳定与和谐的性格，在他们民族生活史上亦有突出的反

---

① [俄] 普列汉诺夫. 普列汉诺夫美学论文集：第1卷[M]. 曹葆华，译. 北京：人民出版社，1983：350.

映。历史上，他们曾多次遭受汉族地主对他们的土地的兼并和掠夺，生存受到威胁，但他们不是采取斗争的方式去解决，而是通过民族大迁徙进行消极的回避，通过不断地发现和开垦新的山地，以维持民族的生存。对于具有这样一种心理性格特征的民族，要求他们的民族传统体育表现出一种强烈的个体竞争意识，确实是一件很困难的事情，因为民族传统体育本来就是民族文化的一种外在表现，是民族文化的象征，要求在一块保守、内倾的民族土壤上生长出一片奔放、自由性格的体育之林，确实是不可思议的。尽管体育的产生和发展有它自律性运动的特点，但它毕竟是在一定的文化模式中生成的，必然会表现出其与文化发展的一致性。

畲族民间体育与畲族文化具有相互影响的关系，一方面是文化对体育的影响，它主要表现在表层和深层两个层次上。从表层看，畲族是一个非常活泼的民族，特别爱唱山歌。不管是在阳光明媚的春天，还是在层林尽染的秋季，只要踏进畲乡，几乎随处可以听到悠扬悦耳、韵味无穷的歌声。他们以歌为乐，以歌代言，以歌叙事，以歌抒情，不但在各种节日和喜庆场合唱歌，即便在丧葬场合，也是成夜地唱歌。在这样的文化传统影响下，畲族民间体育表现出的又一特征就是形式不拘一格，内容轻松愉快。比如打秋千，既与汉族不同，亦与朝鲜族有异，而是在竹林中，将约碗口粗细、十分柔韧的翠绿的新毛竹拉弯使之下垂，然后在竹子末梢上将嫩枝编织成圈状座位，人坐在上面，利用毛竹的弹力和人体重心的变化进行秋千游戏，别有一番风味。

从深层的影响来论，畲族社会不像汉族那样等级森严，除祠堂的族长一般由辈分最高、年纪最大、办事公正、有一定威信的人担任外，其余族人通常在各方面都是平等的。如在家庭生活中，虽然家庭中男性是家长，但妇女在家庭中的地位一般要比汉族妇女高，表现在：妇女往往同男人一样享有财产继承权；倘若丈夫死亡，可以改嫁，或另招男人入赘；儿了多的人家可以出赘，赘婿一般改从妻家姓，方可继承财产。又如，在集体狩猎中，畲民对于猎物的分配亦体现出平等的原则。通常除第一枪击中野兽的猎手可分得兽头兽皮、第二枪击中野兽的猎手可分得兽颈外，其余部分一律按人数平均分配，随同出猎的妇女亦可分得一份。更有趣的是，没有参加狩猎的人，只要在被击毙野兽的四只蹄子尚未被捆缚之前赶到现场的，也可分得一份。所以，在畲乡，只要枪声一响，无论在家休息还是在田间劳动的男女老少，都会急忙往枪响的地方奔去。对于已丧失狩猎能力的老人或鳏寡孤独者，每次也照例分得一份猎物。如果碰到捕猎的人多而猎物又少的情况，就把猎物烧好，让全村男女老幼都来品尝，畲民称此为"散野神"。正是这种渗透在各个方面的平等意识，使畲族民间体育一开始就表现出广泛的群众基础。

在畲族的历史上，从未产生过少数人的体育（或贵族体育），全是大众体育、全民体育，在畲乡，人人都有进行体育娱乐和享受的权利。如流传在畲乡的节日登山就非常突出地表现了这一文化倾向。在畲乡，每年的农历正月十五、三月初三、五月三十、九月初九等，男女老少均要着盛装艳服，一起参加登山活动，即使是过路的客人，也可参加助兴。登山结束，接着就是一场有趣的山歌对唱。

体育也会对文化产生影响。如畲族人民特别重视体育道德的养成，老拳师们不仅武德高尚，而且在带徒授艺时，亦很强调以武德育人，严禁仗艺凌人，惹是生非。这种注重武德养成的传统亦对畲乡的其他文化层面产生了良好的影响，并渗透在畲族民俗文化活动中。最典型的例子就是，在畲乡，一般都以村落为单位，畲民订立一些社会公约来约束自己的行为，如一些公约中规定：忤逆尊长，罚跪赔礼；与人争骂相斗，赔礼道歉；盗窃他人财物，罚鞭打，正是每个人的自觉规范维系了畲乡的社会道德。由此可见，体育既是文化的一个层面，代表了一种文化的某些倾向，同时它又对文化起着一定的促进作用，畲族民间体育与畲族文化正是通过这样的互补而不断得到发展的。

综上所述，我们大致可以得出这样的认识：畲族民间体育与畲族文化具有显著的相关性，这种相关性主要表现在它们相互适应、相互一致和相互影响上。这种相关性亦说明了体育是文化的一部分，体育是文化的一种外在表现。同时，它亦代表着一种民族的文化倾向和传统，反映着一种民族文化的深刻内涵。所以，对畲族民间体育与畲族文化相互关系的研究，我们既不能对畲族民间体育全盘否定，认为其一无是处；亦不能以民族传统为由，全盘吸收，而应该坚持实事求是的科学态度，进行客观的分析与评价。特别是在如何使少数民族传统体育走向现代社会问题上，要通过传统节庆、宗教信仰、婚庆丧葬等活动形式，体现出畲族民间体育文化的发展历程和民族特色、民族社会心理，使之既有自己的民族特性，又有现代体育的共性。我们不能忽视少数民族的实际，而是要在"民族自我"的基础上，对其传统体育加以改造和重建，这样才有可能使少数民族体育成为我国现代体育生活一个极好的补充，成为我国现代体育生活中一朵大放异彩的奇葩。

三、畲族民间体育与现代体育

在文化多元化、经济全球化的背景下，经济的发展、物欲的刺激和享乐主义的滋生，使人们更加注重时尚、娱乐和休闲，尤其是现代竞技体育项目，如足球、篮球、网球、跆拳道等深受人们喜爱。现代体育项目对畲族民间体育项目也产生了巨大冲击，这已经是不争的事实，加上现代体育项目的赛事转播，使得现代体育项目的形式和内容的观赏性与结果的不确定性带给人们更多的感官享受，越来越多的人通过参与现代体育项目来获取运动快乐和体验，排解生活与社会压力。相对而言，畲族民间体育运动却远离人们的视线。我国非物质文化遗产研究中心主任乔晓光教授说过："一种文化的兴衰往往依赖于拥有这种文化的人数。"① 今天，中华民族优秀的传统文化正承受着多方面的冲击，年轻一代受现代文化的影响更为深远。

（一）畲族民间体育与现代体育相互协调

1. 把握时代机遇，更新体育文化

从现代体育发展过程来看，其中有很多值得畲族民间体育文化借鉴的地方。四年一届的奥林匹克运动会可以说是现代体育的狂欢，除了既有的运动项目的竞赛外，各种衍生的体育文化节庆活动更是其重要的一部分。畲族民间体育文化可以借鉴这样的发展模式，在举办集中展示畲族民间体育运动项目的同时，开展丰富多彩的文化活动，向人们展示畲族所特有的民间体育文化，在发扬光大畲族民间体育文化的同时，还可以更好地继承这些畲族民间体育项目。同时，现代社会的快速发展为畲族民间体育提供了更好的发展条件，在人力、物力与财力等方面都提供了支持。近年来，民众多样化的体育需求以及国家在政策法规方面的保证，也为畲族民间体育文化的发展提供了机遇。

2. 正视现代体育的冲击，推动畲族民间体育文化发展

但是我们也不得不看到，现代体育的发展对畲族民间体育文化存在着一定的冲击。现代体育的发展与工业文明的发展关系紧密，运动项目多发源欧洲等西方国家，虽然与各类民族民间体育相比历史积淀较少，但是它紧随时代的发展，不断赋予其新的时代内涵。无论是奥运会、世界杯还是世界锦标赛，人们除了乐于观赏各类现代体育赛事之外，也乐于参与其中，从健身到路跑，人们通过各种形式参与到现代体育之中，体育已然成为全世界通行的一种文化现象。而畲族民间体育文化的传播范围更多地集中在畲族聚居地所在区域，参与其中的也多为畲族民众或各个项目的继承人。文化是由特定的民族所创造，并在一定的民族范围内形成和发展，打上本民族的烙印。畲族民间体育文化是畲族在其生活的自然、经济、地理、政治、文化等环境中形成的一种文化现象，带有鲜明的民族性。现阶段，人们对畲族民间体育项目所知之甚少，甚至认为

---

① 转引自邱丕相. 全球背景下民族传统体育发展的思考[J]. 体育科学, 2006 (8): 63.

这只是一种具有畲族民族特色的文化形态,参与困难,这样的局面不利于畲族民间体育文化的推广与发展。

(二) 畲族民间体育与现代体育相互促进

1. 畲族民间体育与全民健身

畲族的各种民间体育文化活动,都是千百年来勤劳勇敢的畲族人民在日常生活的劳作中逐渐发展而来的。随着时代的发展与社会的进步,畲民在生活水平不断提高的同时,参与体育锻炼的热情也在不断增长,已从最初的被动式的体育锻炼向积极参与转变。除选择现代体育以外,畲民也通过参加一些有趣味的民族传统体育活动来提高自己的身体素质,而畲族民间体育项目活动恰恰符合畲民的这些需求。通过参与这些富有民族特色的体育文化活动,在践行全民健身计划理念的同时,也有利于畲族民间体育文化活动的传承与发展。

2. 畲族民间体育与娱乐体育

畲族民间体育具有健身性、娱乐性与趣味性的特征。畲民创造的多种体育活动项目,如骑海马、击草、狮子舞、舞铃刀等,除了固有的强身健体的功能之外,也具有强烈的观赏性,不但能够愉悦身心,还可以达到自娱自乐的目的。而三月三、封龙节与九月九等畲族民族传统节庆活动更是畲族民间体育文化的嘉年华。可以说,畲族民间体育是一种具有鲜明民族特色的娱乐体育,与现代体育一样,具有强身健体、锻炼体魄、教育传承的功能。同时,畲族民间体育文化自身拥有的民族特色和价值意义,使得其发展方向和现代体育又有所不同。只有两者共同促进、共同发展,才能实现双赢。

(三) 畲族民间体育与现代竞技体育相互融合

在过去相当长的历史时期,畲族民间体育总体上说是民族自我认同的一种现实依托和价值依托。随着信息时代的到来,在强势的现代体育面前,这种依托有的已经分崩离析,有的正摇摇欲坠。这是一个世界性的问题,不仅仅表现在畲族民间体育领域,文化、教育领域同样存在。时尚是一种标新立异、一种缺少价值判断的从众生活方式,是具有影响力的人、具有影响力的地方,利用自己影响力去同化大众而形成的一种风尚。无疑,时尚与传统在多数时空中是矛盾的,但也并非处处矛盾,传统有时也能变成时尚。

1. 畲族民间体育与现代竞技体育的融合

现代竞技体育之源应追溯到古希腊体育。古希腊体育的重要特征是在形式上追求健与力,在理念上强调勇与刚。随着欧洲社会的进步,"健、力、勇、刚"的古希腊竞技体育精神,逐步演化为"更高、更快、更强"的现代奥林匹克精神，这种精神已深入人心，成为现代生活方式的重要组成部分。中国古代体育由于深受儒家"中庸""合规"与道家的"寡欲不争""以柔克刚"等思想观念的影响，与现代竞技体育相比，显示出力量、刚强、竞争力的不足。畲族民间体育既具有现代竞技体育"健、力、刚、勇"的崇高美（如蓝技拳、洪山拳、八井拳、畲家拳、骑海马、打尺寸等），又具有中国古代体育"柔、美、雅"的优美（如敬茶舞、功德舞、狮子舞等）。尽管畲族民间体育在表现形式上与现代竞技体育有所不同，但都具有一定的竞争性、游戏性、规则性和实践性。为此，在发展现代竞技体育的同时，应广泛地继承和畲族民间体育宝贵的文化财富。

2. 畲族民间体育与现代学校体育的融合

随着全民健身计划纲要的实施和素质教育的进一步推广，学校原有的达标体育项目受到健身娱乐体育项目的冲击，很多枯燥无味的竞技体育项目渐渐退出学校体育课堂，取而代之的是极具健身性、娱乐性、趣味性与规则性的体育项目，以此达到体育与健康的目的。学校是体育的摇篮，是原始体育走向规范化、科学化和普及化的必由之路。畲族民间体育要想得到更好的发展，必须纳入校本课程，以学校教育为平台进行传承、保护、改造与完善。让学生了解和学习更多的畲族民间体育项目以及相关的历史、文化、规则、背景等，将其健身性、娱乐性和畲族体育文化融合在一起进行继承和发扬光大，这样做既可以缓解畲族地区学校体育经费短缺、体育设备匮乏等问题，为畲族地区学生的体质健康水平做出积极贡献，又可以普及与提高畲族民间体育，为畲族民间体育的传承人和畲族体育科研人才的培养打下坚实的基础，进一步推动畲族民间体育的发展。

我们必须在传统与现代、理论与实践、内容与形式等方面找到一种平衡，使畲族民间体育事业沿着健康的道路不断前进。很显然，把现代化拒之门外是不明智的，也是徒劳的，同样，对畲族民间体育生存环境和发展前景上存在的困境视而不见也是不可取的。发展是畲族民间体育延续文化形态的根本途径。畲族民间体育作为一种文化形态，是我国优秀传统文化中的一个重要组成部分，不能单纯地强调现代体育的发展，而忽略畲族民间体育的进步，唯有保持协调发展，充分借鉴现代体育的发展模式和优秀案例，同时借助信息时代的各种新媒体进行推广，使得畲族民间体育文化为人们所熟悉，畲族民间体育文化才能更好地发挥其对现实的促进作用。

第二章 畲族民间体育分布与开展情况

一、畲族民间体育分布

（一）人口分布情况

根据2010年第六次全国人口普查统计，畲族总人口708651万人，同2000年第五次全国人口普查相比，减少了0.13%。我国畲族主要分布在福建、浙江、江西、广东、安徽等省份80多个县（市）内的部分山区。虽然随着城市化的推进、畲汉文化交流的不断深入，当前中国畲族人口分布与2010年普查的情况会有所差异，但总体来说，畲乡畲村布局基本不变。

1. 福建省畲族人口分布情况

福建省畲族人口有37.5万人，占我国畲族总人口的51.5%，数量位居我国畲族人口首位，分布在福州、三明、漳州、宁德、龙岩等地区的11个县市。福建畲族主要集中在闽东地区（宁德市、福安市、福鼎市、霞浦县），约21.8万人，占福建省畲族总人口的59.7%。其他主要分布地为福州（连江县、罗源县）、厦门、莆田、三明、泉州、漳州（漳浦县、龙海市）与龙岩（上杭县）。福建省现成立了16个畲族乡，即福安市坂中乡、穆云乡、康厝乡，福鼎市硖门乡（如图2-1），宁德市金涵乡，霞浦县水门乡、盐田乡、崇儒乡，上杭县庐丰乡、官庄乡，罗源县霍口乡，连江县小沧乡，漳浦县赤岭乡、湖西乡，龙海市隆教乡和永安市青水乡。

2. 浙江省畲族人口分布情况

浙江省畲族人口有16.6万人，占全国畲族总人口的23.4%，主要分布在温州、丽水、金华三个地区的十多个县内。浙江畲族人口分布状况为：温州市28.63%，丽水市19.42%，杭州市11.37%，金华市9.26%，宁波市8.53%，其他6个市合计仅占22.79%。我国设有景宁畲族自治县，并设有18个畲族乡（镇）：丽水市老竹畲族镇、丽新畲族乡，云和县雾溪畲族乡、安溪畲族乡，遂昌县三仁畲族乡，龙泉市竹垟畲族乡，松阳县板桥畲族乡，苍南县凤阳畲族乡、岱岭畲族乡，泰顺县司前畲族镇、竹里畲族乡，文成县西坑畲族镇、周山畲族乡，平阳县青街畲族乡，武义县柳城畲族镇，兰溪市水亭畲族乡，龙游县沐尘畲族乡和桐庐县莪山畲族乡。

图2-1 福鼎硖门乡畲族村

图2-2 霞浦畲族文化站

3. 江西省畲族人口分布情况

江西省畲族人口有9.1万人,占全国畲族总人口的12.8%,大都散居在鹰潭龙虎山、铅山、贵溪、吉安、永丰、全南、武宁、资溪、兴国等市(县),以大杂居、小聚居为特点。截至2010年,江西省设有8个少数民族乡:贵溪市樟坪畲族乡、铅山县太源畲族乡、铅山县篁碧畲族乡、永丰县龙冈畲族乡(如图2-4)、南康市赤土畲族乡、吉安市青原区东固畲族乡、乐安县金竹畲族乡、峡江县金坪民族乡和82个少数民族行政村。

图2-3 江西省永丰县龙岗畲族乡

4. 广东省畲族人口分布情况

广东省畲族人口有2.9万人,占全国畲族总人口的4.1%,分布在14个县市:潮州市潮安县、饶平县、河源市和平县、连平县、龙川县、河源市东源区漳溪畲族乡、汕尾市海丰县、梅州市丰顺县、惠州市惠东县、博罗县、广州市增城区、韶关市南雄市、始兴县、乳源瑶族自治县等地。广东省的唯一畲族乡为河源市漳溪畲族乡。

5. 贵州省畲族人口分布情况

贵州省畲族人口有3.6万人,占全国畲族总人口的5.1%,主要集中在麻江县(杏山、碧波、贤昌、谷硐、宜威、下司、坝艺、龙山与景阳9个乡镇)、凯里市(炉山镇与角冲村)、都匀市(杨柳、沙包堡与洛邦镇)、福泉市(马杨坪、凤山、兴隆与黎山)。

(二) 项目分布情况

1. 福建省畲族民间体育分布情况

福建省的畲族民间体育项目主要分布在宁德市与福安市,项目众多,具有鲜明的民族特色。项目主要有登山、畲家拳、打尺寸、骑海马、打枪担、插竹把、狩猎、擦红脸、猴子占柱、敬茶舞、踏步舞(功德舞)、狮子舞、舞铃刀、举八吨、考龟、弹弓、爬竹、猴抢果、前岐马灯、虎捉羊、猴抢蛋、稳凳、摔油茶球、连环拳、畲家拳、蓝技拳、击草登山、盘柴槌与八井拳等。

2. 浙江省畲族民间体育分布情况

浙江省景宁县畲族民间体育的代表性项目有射弩、千人押加、赶野猪、抄杠、摔油茶球、打尺寸、盘柴槌、功德舞(踏步舞)、稳凳、舞铃刀、操石磉、走三棋、弹弓、爬竹等(参见图2-4)。

图2-4 浙江景宁畲族自治县民俗表演

3. 江西省畲族民间体育分布情况

江西省的畲族民间体育项目除了登山、畲家拳、打尺寸这些畲族普遍开展的民间体育外，比较有特色的项目还有狮子舞、马灯舞、祭祖舞、走三棋、孵鹅蛋、放纸鸢、射弩与摔油茶球等。

4. 广东省畲族民间体育分布情况

广东省畲族民间体育最具代表性的项目是位于广东省河源市东源区漳溪畲族乡畲族的踏步舞，它以极富畲族特色的图腾形式表现、以体育舞蹈的形式展开。同时，蓝技拳也在粤东一带流行，潮州雷楚山、河源东源等地的畲族祠堂都曾是畲族民众习武练拳的地方。

5. 贵州省畲族民间体育分布情况

贵州省畲族民间体育项目粑槽舞（如图2-5）、凤凰装被列入贵州省省级非物质文化遗产保护名录；畲族祭祖舞、畲族武术等多种民间文化均得到很好的保护和传承。杏山镇六堡村是麻江县畲族人口居住集中、传统文化保留最为完整的村寨，2013年11月该村被国家住建部、文化部与财政部列为第二批中国传统村落，2014年11月被国家民委命名为首批中国少数民族特色村寨。

图2-5 贵州畲族粑槽舞

二、项目开展情况

(一) 传统节庆

畲族的节日大多与汉族大致相同,有春节、元宵节、清明节、端午节、中秋节、重阳节、冬至等,其中以春节、端午节最为隆重。畲族也有本民族的传统节日,代表性的有三月三、二月二会亲节、封龙节、招兵节等。

每年的三月三都要举行盛大的民间体育活动,并祭祖先拜谷神,载歌载舞,热闹非凡。比较典型的是登山与押加,这天清晨,人们来到登山的起点。比赛一开始就很激烈,参加者为了先到达山顶,争先恐后,越沟跨堑,攀登峻岭,观光的人群也跟着上山助兴,最先到达山顶者将受到奖赏。当人们都到山顶之后,就开始盘歌对唱,歌声此起彼伏,洋溢着欢乐的气氛,登山比赛结束后,又开始了盛大的文娱联欢会。[①] 押加比赛时,参加者将一条用长绸布带做成的圆环套于颈部,带子从两腿间通过,四肢着地并背向对方,向自己的前进方向奋力爬进,以一方将红布标志拉过河界为胜利。通过民族性、集体性、表演性、展示性的体育竞技活动,押加大赛展现出别具一格的畲族风俗(如图

---

① 兰润生,林荫生,苏肖晴. 畲族传统体育特点及其成因分析 [J]. 成都体育学院学报, 2004 (4): 241.

2-6)。此外,三月三节庆活动的体育项目还有龙接凤、采柿子、摇锅等。(如图2-7)

图2-6 押加大赛

图2-7 广东海丰红罗畲族三月三文化节

二月二会亲节是畲族传统节日之一。由于族支繁衍,子孙散布于浙南、闽东各地,省亲路远,探亲无期,便约定在每年春耕前的农历二月二为会亲节,迄今已有200多年历史。这一天,人们从四面八方云集而来,访亲友、致问候。入夜,约为信号的纸炮凌空而起,一队队提灯游村的人穿行于各个畲村,山谷里礼炮齐鸣、烟花怒放。主要体育活动包括:①竹竿舞表演。表演者拿着竹竿和柴刀，将畲族先祖们劳动的场景演绎得淋漓尽致。②蹴球表演。在一个10米×10米的舞台中，分两队进行比赛，每队两只球，分蓝红二色，每队两名运动员。比赛时脚跟着地，脚掌触球，用力蹴球，击中对方球得分。此外，会亲节现场还会表演畲家拳、丈二棍等精彩绝伦的畲族传统体育项目。

潮州凤凰山畲族招兵节是畲族最隆重的传统民俗节日，是一个以祭祀、祈祷为主要形式的图腾崇拜和祖先崇拜相结合的民俗活动。畲族是中华民族大家庭中较古老的民族之一，具有悠久的历史和灿烂的文化，而潮州凤凰山的畲族招兵节和图腾文化是畲族文化的结晶，是畲族文化不可或缺的部分，其活动项目有猴抢蛋、耍石狮、玩石锁、跋山涉水、舞龙头、舞铃刀、狮子舞等。

以下以表格的形式列出畲族民间体育项目资源的分布情况（见表2-1）。

表2-1 畲族民间体育项目资源分布情况

序号	项目名称	地区分布	表演时间或场合	备注
1	狩猎	福建东部罗源、宁德、福安、霞浦、福鼎等	一般在农历一、二月农闲和七、八月农作物快收获时进行	在一次打猎行动中，忠勇王受伤不幸过世，畲族后人每年举办隆重的祭祀活动纪念这位祖先
2	擦红脸	浙江南部、福建东部畲族聚居区	闲暇娱乐	
3	打枪担	福建东部畲族聚居区	各种节庆	全国少数民族传统体育运动会表演金奖五连冠
4	打尺寸	福建东部畲族聚居区	各类节庆	
5	骑海马	福建东部畲族聚居区	各类节庆	
6	敬茶舞	福建华安、南靖、龙海、平和等	婚礼	
7	踏步（功德）舞	浙江南部、福建东部畲族聚居区	丧葬仪式	

续表 2-1

序号	项目名称	地区分布	表演时间或场合	备注
8	狮子舞	福建漳浦、龙岩一带	春节	
9	舞铃刀	福建东部畲族聚居区	节日期间	
10	舞龙灯	福建东部畲族聚居区	节日期间	
11	前岐马灯	福建东部畲族聚居区	节日期间	
12	举八吨	福建寿宁	节庆表演	也称叠罗汉
13	抄杠	福建东部畲族聚居区	宗教活动	活动中师公动作
14	弹弓	畲族聚居区	少儿娱乐	竞技项目
15	虎抓羊	福建东部畲族聚居区	少儿集体	娱乐项目
16	猴抢蛋	福建东部畲族聚居区	少儿娱乐	竞技项目
17	摔油茶球	福建东部畲族聚居区	少儿娱乐	竞技项目
18	猴子占柱	福建畲族聚居区	少儿娱乐	竞技项目
19	击草	福建东部畲族聚居区	少儿娱乐	竞技项目
20	爬竹	浙江南部畲族聚居区	少儿娱乐	竞技项目
21	登山	福建福安、宁德、霞浦、福鼎、周宁、寿宁，浙江景宁等	三月三与九月九	

续表2-1

序号	项目名称	地区分布	表演时间或场合	备注
22	猴抢果	福建畲族聚居区	祭祀三公之后，将五牲、果品置于棚中，爬柱取祭品	
23	考龟	福建漳浦、龙海等	时常在春节、元宵节举办	
24	畲家拳	福建福安金斗洋村	节庆以及各类武术比赛	福建省非物质文化遗产省级传承人雷盛荣、市级传承人钟团玉
25	蓝技拳	福建宁德、福鼎等	节庆以及各类武术比赛	武术比赛
26	洪山拳	福建南靖县山城镇	节庆以及各类武术比赛	
27	八井拳	福建罗源县的八井村	节庆以及各类武术比赛	武术比赛
28	盘柴槌	福建福鼎	节庆以及各类武术比赛	也称齐眉杖，福建省非物质文化遗产省级传承人蓝大瑞
29	插竹把	福建霞浦	畲家拳所独具的指、掌硬功训练方法	

（二）竞赛活动

新中国成立后，国家非常重视畲族传统体育的普及和提高工作。特别是改革开放以来，畲族民间体育进入了一个蓬勃发展的时期。1982年9月2—8日，在内蒙古呼和浩特市举行第二届全国少数民族传统体育运动会，福建省畲族运动项目打尺寸、畲家拳获得表演奖。1986年5月6—8日，在宁德市召开了福建省首届少数民族传统体育运动会；1986年8月10—17日，在新疆乌鲁木齐市举行了第三届全国少数民族传统体育运动会，畲族运动员取得了多项好名次，并获大会集体表演奖。1991年，在福建省三明市召开了福建省第二届少数民族传统体育运动会；同年11月1—17日，在广西南宁市举行第四届全国少数民族传统体育运动会，畲族运动员表演的打枪担、稳凳荣获一等奖，抄杠获二等奖，打尺寸、虎捉羊、猴抢蛋与舞龙头获三等奖。1992年在中央电视台、福建电视台播放的《中华民族体育》栏目中，畲族的竹竿舞引起体育界的浓厚兴趣；1995年5月，第五届全国少数民族传统体育运动会在昆明市举行，畲族运动员表演的稳凳、打枪担荣获一等奖。1999年9月24—30日，第六届全国少数民族传统体育运动会在北京和拉萨两地同时隆重举行，畲族运动员再创佳绩，稳凳等项目荣获一等奖。以上取得的成绩表明，在党和政府的关心和大力提倡下，福建省畲族民间体育项目得到稳步发展和广为普及。2003年9月20—27日，在宁夏回族自治区举行的第七届全国少数民族传统体育运动大会上，特别是在近年的三月三大型活动中，畲族民间体育项目表演被单独列为一个竞赛活动，引发了群众极高的参与热情。2007年11月10—18日，第八届全国少数民族传统体育运动会在广州隆重举行，打枪担、操石磉获金奖，赶野猪、稳凳、抄杠荣获表演银奖。2011年9月10—18日，第九届全国少数民族传统体育运动会在贵阳隆重举行，摇锅与稳凳两个项目分别荣获一等奖、三等奖；2015年8月9—17日，在鄂尔多斯举行的第十届全国少数民族传统体育运动会上，畲族操石磉荣获一等奖，稳凳、采柿子获二等奖，畲山武韵获三等奖。（见表2-2、表2-3）多篇论文在全国、省、市刊物上发表。其间，央视五套、央视少儿频道、东方卫视、东南卫视，广西卫视，《中国体育报》和《民族画报》等多家媒体对项目进行了多次报道。

表2-2 历届全国少数民族传统体育运动会竞赛畲族民间体育项目获奖情况统计

届次	时间	地点	竞赛项目与获奖	备注
一	1953年11月	天津	福建：矛盾对打 表演奖	
二	1982年9月	呼和浩特	福建：畲族拳① 表演奖 打尺寸 表演奖 畲族拳对手式 表演奖 畲拳空拳对打 表演奖 畲族棍术 表演奖	教练： 王国柱

---

① 畲族拳，也称为畲家拳。

续表 2-2

届次	时间	地点	竞赛项目与获奖		备注
三	1986年8月	乌鲁木齐	福建：	舞龙头　三等奖 男女双人对棍　三等奖 畲族拳　表演奖 打尺寸　表演奖 福建队获大会集体表演奖	教练： 林宜华
			浙江：	踢石磉①　表演奖	
四	1991年11月	南宁	福建：	打枪担　一等奖 猴抢蛋　二等奖 打尺寸　三等奖 虎捉羊　三等奖 舞龙头②　三等奖	教练： 缪丽容 林宜华 钟秀容等
			浙江：	稳凳　一等奖 抄杠　二等奖	
五	1995年11月	昆明	福建：	打枪担　一等奖 舞龙头　二等奖 打尺寸　三等奖	教练： 缪丽容 王艺 钟秀容
			浙江：	稳凳　一等奖 抄杠　二等奖	
六	1999年9月	北京、拉萨	福建：	打枪担　一等奖 舞龙头　二等奖 赛竹卜　三等奖	教练： 缪丽容 缪鸿景 钟秀容等
			浙江：	稳凳　一等奖 抄杠　二等奖 腹顶棍　二等奖	
七	2003年9月	银川	福建：	打枪担　一等奖 赛竹卜　表演奖	教练： 王艺 陈龙 王丽安等
			浙江：	十字稳凳　一等奖 踢石磉　二等奖 抄杠　三等奖 腹顶棍　三等奖	

---

① 踢石磉，也称为操石磉。
② 舞龙头，也称为龙头舞。

续表 2-2

届次	时间	地点	竞赛项目与获奖	备注
八	2007年11月	广州	福建：打枪担　金奖 　　　畲族健身操　银奖 浙江：稳　凳　银奖 　　　抄　杠　银奖 　　　蹴石磉　金奖 　　　赶野猪　银奖 　　　畲族健身操　银奖 广东：畲武神韵　金奖	
九	2011年9月	贵阳	福建：竹响畲山　一等奖 　　　盘柴槌　二等奖 　　　龙头迎祖　三等奖 　　　体育道德风尚奖 浙江：蹴石磉　一等奖 　　　摇锅　三等奖	
十	2015年8月	鄂尔多斯	福建：技巧类　抛陀螺　二等奖 　　　综合类 　　　击竹踏歌　二等奖 　　　竹林刀花　二等奖 　　　铃卜情　二等奖 　　　攀高取机　二等奖 　　　山哈藤阵　二等奖 　　　竿　球　三等奖 浙江：竞技类　蹴石磉　一等奖 　　　技巧类　稳凳　二等奖 　　　综合类 　　　采柿子　二等奖 　　　畲山武韵　三等奖	

表2-3 福建省历届少数民族运动会畲族民间体育比赛（表演）情况

届次	时间	地点	竞赛名称	竞赛项目与获奖	参赛运动员
一	1985年2月	福州	福建省首届舞龙、舞狮比赛	舞龙　第五名	福安穆云畲族乡代表队
二	1986年5月	宁德	福建省第一届少数民族运动会	畲族拳　表演奖 打尺寸　表演奖 舞龙头　表演奖 猴抢蛋　表演奖 男子对棍　表演奖 女子对棍　表演奖 虎抓羊　表演奖 角力　表演奖	雷寿荣等30人
三	1991年5月	福安	福建省第二届少数民族运动会	打抢担　表演奖 畲族拳　一等奖 女子对棍　一等奖 男子对棍　一等奖 打尺寸　表演奖 舞龙头　表演奖	雷寿荣、雷盛爱等29人
四	1995年6月	连江	福建省第三届少数民族运动会	畲族拳　一等奖 畲族棍　一等奖 舞龙头　二等奖	钟团玉、王丽安等12名
五	1999年5月	上杭	福建省第四届少数民族运动会	打尺寸　特等奖 打枪担　一等奖 赛竹卜　二等奖 舞龙头　二等奖	雷盛荣等人
六	2002年12月	漳州	福建省第五届少数民族运动会	打枪担　特等奖 畲族拳　一等奖 赛竹卜　二等奖	雷盛荣、钟团玉等
七	2006年12月	泉州	福建省第六届少数民族运动会	打枪担　一等奖 畲山猎　一等奖	钟团玉等

续表 2-3

届次	时间	地点	竞赛名称	竞赛项目与获奖	参赛运动员
八	2011年5月	莆田	福建省第七届少数民族运动会	打尺寸 一等奖 打枪担 一等奖 舞龙舞狮 表演奖 起洪楼 表演奖	雷寿荣等
九	2014年11月	厦门	福建省第八届少数民族运动会	打枪担 一等奖	钟团玉等

第三章 畲族民间体育的美学特征与现代意义

一、畲族民间体育的美学特征与价值判断

（一）美学特征

1. 体育形态的原始性

由于畲族人民大多聚居于偏远的山区或海隅，极少与外界交往，因此，畲族民间体育保留着其古老的传统风貌，以自然为美，鲜为人知，乃至被蒙上一层神秘的面纱。从闽浙流传的畲族民间体育活动的形态来看，它极接近自然，一般都是日常劳动或生活技能的再现，或是动作技术的加工、改造和升华，而且大多数活动自由、随意，很少受规则约束，体育的原始性比较明显，如狩猎与打尺寸等项目，与生产劳动紧密相连，动作简单易学。

2. 鲜明的民族性

作为畲族社会风俗典型体现的畲族民间体育，其文化内涵既与民族思维方式有关，又与特定的文化氛围有直接的联系。畲族民间体育在其产生与发展过程中，由于特定的地理环境和风土人情，形成了由语言、性格与民族气质等构成的传统文化审美特征，而一定的文化模式也必然塑造出一定的体育形态，畲族民间体育作为畲族文化的一个方面，具有鲜明的时代性，一些体育活动如舞龙头、舞铃刀与前岐马灯等与宗教、节日、婚姻和祭祀等活动紧密结合，民族性十分鲜明。

3. 场地器材的简易性

畲族民间体育除了内容和形式喜闻乐见、趣味醇厚外，许多运动项目不受场地和器械限制，容易开展，且所用器材多取之于自然，大部分是用木、竹、铁与石制作而成。如，摇锅是在制作粽子的过程中，为了能让粽子更香、存放更久，摇晃大铁锅而来；采柿子起源于畲族群众采摘柿子的劳作活动；摔油茶球源于畲族牧童赶牛；骑海马源于畲族人民讨海生活；等等。正如美学家车尔尼雪夫斯基所说："任何东西，凡是显示出生活，或使我们想起生活的，那就

是美的。"①

4. 观赏的娱乐性

在畲族民间体育活动中有许多观赏价值很高的项目。如,畲族武术,综合畲汉两族拳术的特长,形成了短促有力、迅速凶猛的剽悍特点;蓝技拳、洪山拳、八井拳、金斗洋畲家拳、盘柴槌等,体现了畲族人民强悍、坚韧、不屈不挠的美学品格;操石礤项目,通过 2~3 人的协作来进行组与组之间的堆石块的表演,表现人们的机智勇敢;舞龙头,对动作有很高的要求,充分体现了畲族武艺之巧妙、风俗情趣之典雅。

5. 整体的交融性

整体交融性是体育美的一个特定形态,它表现在集体项目的群体组合和活动中。作为一种文化形态,畲族民间体育与宗教、军事、生产活动、民俗、舞蹈等有着密切的关系:打枪担是民俗体育,也是体育表演;骑海马是生产活动,也是体育项目;舞狮舞龙是宗教表演,也是体育活动。这些交融正是畲族民间体育的独特吸引力所在,体现了体育与宗教、艺术、生活"你中有我,我中有你"的整体交融。畲族民间体育是畲族人民在长期劳动和生活中创造出来的,并广泛流传于畲民之中,在畲族,人人都有进行体育娱乐和享受的权利,比如节日登山,不分男女老少,盛况空前,因而活动吸引了整个村寨乃至整个民族的参与。

6. 项目的纪念性

畲族不少民间体育活动的背后都有一个引人入胜、美丽动人或可歌可泣的传说或故事,内容大多数是表达人们对生活的憧憬和热爱,以及对某些活动和人物的纪念,而体育活动则被畲民认为是最好的表达方式之一。如龙在畲族人民心目中是吉祥之物,在春节期间要舞龙,俗称舞龙灯,以求风调雨顺,谷物丰收,保村佑户;又如纪念畲族首领蓝奉高率领畲族群众奋力抗击外来侵略的打尺寸、纪念抗倭名将戚继光的赛海马等,这些民间体育项目都是由美丽动人的传说或故事逐步演化而成的。

(二) 价值判断

价值判断,是指某一特定的主体对特定的客体有无价值、有什么价值、有多大价值的判断,更直白地说,就是人们对各种社会现象和问题做出的好与坏

---

① [俄]车尔尼雪夫斯基. 生活与美学 [M]. 周扬,译. 北京:人民文学出版社,1957:19.

或应该与否的判断。① 以我国古人提倡的"三才"概念为例，人与天地万物共同组成一个完整的生态系统，而这个生态系统是由不同活动层次的物质，通过自然进化和优胜劣汰、适者生存的自然竞争而演化形成的一个整体生态圈。在这个巨大的自然和社会的生态系统中，各组成物质层次和地位不同。尽管人类先天的生物结构非特定化导致其自然本能薄弱，但人类能够通过各种思维活动，去模仿和学习天地万物所长，以此创造各种思想文化来提高自身的本质力量。人类创造发明了文化世界，而文化世界又反过来塑造了人类，使人类具有强大的征服自然和改造社会的能力，并随着不断地征服天地万物的脚步，逐渐形成以人为本的思想观念和价值取向。我国的历史资料显示，早在春秋战国时期，以人为本的思想已经成为先民们认识和把握世界的价值尺度和衡量标准。据《论语》记载，当马棚失火时，孔子关心的是是否伤了人而没有问及马，这说明，在孔子看来，与马相比，人更为重要。实际上，从孔子开始，这种以人为贵、以人为本的价值理念就以文化基因的形式贯穿在各家经典论著之中。如在《礼记·礼运》中就提到，"人者，天地之心也"，"故人者，其天地之德，阴阳之交，鬼神之会，五行之秀气也"②。《孝经》也引用了孔子之言，认为"天地之性，人为贵"③。《道德经》云，"故道大，天大，地大，人亦大，域中有四大，而人居其一焉"，"名与身孰亲，身与货孰多，得与亡孰病，是故甚爱必大费多藏必厚亡"，"金玉满堂，莫之能守。富贵而骄，自遗其咎"。④ 这些思想认识都体现出以人为本的价值取向，把人的价值放在根本的地位。作为中华优秀传统文化的儒家和道家文化贯穿着以人为本的文化元素，而且在整个中华民族传统文化中也体现了以人为本的民族文化精神。

一切理论和技法都必须以人的健康长寿作为其价值尺度和衡量标准。而具体到畲族民间体育文化，其根本的价值功能就是以服务畲民的生存生活为中心，并且其理论和技法的功能也是以人的健康为核心价值进行建构的，以自然、社会以及生命的规律和原则为理论指导，形成各种增进健康、增强体质的运动技术和技法，如畲家拳、盘柴槌、打尺寸、打枪担、虎抓羊、爬竹、登山、猴抢蛋、畲族棋类（多种）等。而畲民也正是通过长期而系统的畲族民间体育锻炼来增进健康、增强体质。

---

① 价值判断[EB/OL]. https://baike.so.com/doc/6682368-6896268.html.
② 王梦鸥. 礼记今注今译：上 [M]. 天津：天津古籍出版社，1987：301.
③ 孝经 [M]. 上海：中华书局，1936：19.
④ 任法融. 道德经释义 [M]. 西安：三秦出版社，1990：64.

二、畲族民间体育的审美内容与表现形式

（一）审美内容

1. 身体美

（1）身体素质美。苏联著名诗人马雅可夫斯基说："世上没有更美丽的衣裳像结实的肌肉与古铜色的皮肤一样。"[1] 畲族人民因生活条件有限，一般都会进行生产劳动，这间接地使他们拥有结实的肌肉、挺拔的身姿和健康的古铜色皮肤，给人以健康的美的感受。畲族民间体育不仅展现出体育运动矫健的轻松感、艺术动作诱人的韵味感，而且表演者通过躯干和四肢动作及配合，表现出美的形态、造型。他们之所以具备健美的体型，是由于他们长期进行着有利于增强身体素质美的体育运动，如，打尺寸原是为纪念抗敌英雄，后专门用于提高人的灵敏、速度、力量、耐力的素质训练。盘柴槌、打石锁、手顶棍与八井拳都是作为提高身体素质、提高运动机能的锻炼手段。稳凳原是宗教问卜活动，经过适当改造后，体育性更突出，造型更优美，气氛更活跃，锻炼效果更好。

（2）服饰美。服饰作为文化的一种表现形式，从某种程度上反映着一个民族的文化风貌，一个民族的服饰是该民族最醒目的文化符号。畲族的服饰既是畲族文化的重要组成部分，也是畲族区别于其他民族的外在显现。畲族崇尚黑色、蓝色与红色，在服饰上以黑、蓝、红为主调，显得凝重深沉、朴实无华，有五谷丰登之意，颇具民族特色。在以黑、蓝、红为主调的基础上，加上一点色彩鲜艳的花边或头巾、围腰之类，增添几分情趣（如图3-1）。相传畲族始祖盘瓠王率领族人征战南北，后移居广东凤凰山繁衍生息（如图3-2），将美丽的凤凰作为本族的图腾，凡本

图3-1 畲族服饰

---

[1] 雷音. 世界名人妙语大全 [M]. 太原：北岳文艺出版社，1992：211.

族人生下女儿，均赐予凤凰装束，世代相传，延续至今。畲族人民崇拜祖先，重视寓意，对美的追求较为细腻。在畲族民间体育项目表演中，运动者一般都身着华丽的节庆服饰，搭配颜色鲜艳的刺绣工艺品，这种浓郁的民族气息给欣赏者带来强烈的视觉冲击。

图3-2　被视为畲族祖居地的广东潮州凤凰山

（3）姿态美。培根说："相貌的美高于色泽的美，而秀雅合适的姿态动作的美，又高于相貌的美，这是美的精华。"[①] 姿态是指人们平时的一举一动，它是人体的无声语言。姿态美是指人们在长时间的工作、学习与生活过程中形成的一种习惯的优美身体姿势。畲族民间体育中的优美姿态是畲民在实践活动中表现出的合规律性与合目的性的自由形式，也是自然和社会生活中的美在体育作品中的一种艺术反映。畲族民间体育的姿态美主要体现在两方面：一方面是优美类项目的千娇百媚。畲族民间体育姿态的优美强调动作的优雅与柔美，端立、行走、回首、旋转、收膝等优雅的姿态给人以美感，在表演和比赛中给观众美的享受。另一方面表现在壮美类项目的英姿飒爽。按照美的表现形态划分，畲族武术属于壮美类，在运动过程中表现出雄伟的气概、激昂的魄力、复杂多变的动作和超凡脱俗的技巧等特点，其"站如松、坐如钟、行如风、卧如弓"的姿态和敏捷的身体素质给人以阳刚壮阔的审美感受。如，狩猎这项畲族民间体育活动与畲族历史紧密相连，围猎时，队伍有几十人，有时几乎全

---

① ［英］培根著，安沁园主编. 培根随笔［M］. 长春：北方妇女儿童出版社，2013：2.

村出动，久而久之，狩猎逐渐演变为体育项目。而在狩猎活动开始前和胜利后，畲民都要跳狩猎舞。当夕阳西沉，熊熊燃烧的火把照亮整个村寨，一个个身着畲族服装、缠着头巾、拿着捕猎工具的畲族小伙子，围着火堆或猎物成大圈旋转跳跃，他们有的手持弓和箭，有的手执棍和竿，向空中挥舞，其粗犷的动作和宏伟的气势，在火树银花的映射下，在号角声、尖叫声的烘托下，显现出健壮的姿态和强悍的身影……这就是畲族民间体育姿态美的写照。由于畲族民间体育项目两大类风格迥异，因此，表演者所表现出的动作姿态不尽相同，但总体而言，优美类畲族民间体育项目中强调运动员姿态的优雅、舒展、挺拔；壮美类畲族民间体育项目则强调惊心动魄、壮阔粗犷、阳刚之美。

（4）节奏美。节奏是宇宙间一种符合周期性变化的运动形式。大千世界，万事万物都是按照一定的节奏运转，体现着升降强弱、动静交织的节奏之美。在美学上，节奏往往是指审美对象的各部分在反复动作中有强弱、次序合乎规律的变化。节奏包含三方面的构成因素：一是时间关系，即动态的流程；二是空间关系，即静态的展示；三是力的关系，指强弱的有次序的变化。[①] 畲族民间体育随着时间的延续，以运动的方式将各种动作在一动一静间完美呈现。如人们喜闻乐见的畲族民间体育项目之一骑海马，其历史悠久，可以溯源到原始社会群居时期，当时人们过着以采集为主、渔猎为辅的生活，为了生存，畲族人制作和使用极其原始的生产工具，到海上捕捉鱼虾，海马就是其中之一。骑海马又名滑溜板，比赛时，参赛者一只脚跨在木板上，另一条腿屈膝脚踩地，做好准备后安静地等待，出发口令响起后，参赛者用力蹬地快速向前滑行，在滑行过程中身体常常做出一些优美动作。[②] 动，是活力之美，是生机，是人体生命力的展现；静，是沉静之美，是协调，是力量积蓄的过程。骑海马动作一滑一蹬、一蹬一滑，周而复始，节奏感和规律性强烈，具有浓浓的节奏美。

2. 运动美

（1）技艺美。技艺美要符合力学原理和生理解剖条件，它包括合适的韵律、稳妥的力量以及其他同艺术内容相适应的要素。技艺美是畲族民间体育活动中表现出来的技术、动作与艺术达到完美程度，主要体现在两方面：一方面，畲族民间体育中优美类项目的技艺兼具艺术色彩，风格柔美，四肢舒展，其动作的完成程度离不开技美的保障；另一方面，在畲壮美类体育活动项目中，体现的技艺符合力学原理和人体生理结构，经过艺术加工、艺术修饰后

[①] 雷国梁. 美学与审美——体育（艺术）美学素质教育[M]. 北京：北京体育大学出版社，2009：45.

[②] 兰润生. 畲族民间舞蹈与传统体育之研究[J]. 福建体育科技，2005（4）：7.

又赋予人体动作鲜明的韵律与意蕴,把最合理、最优美、最高规格的动作展现出来。

畲族民间体育在长期的发展演变过程中,一些最富有表现力和感染力的形体动作经过规范整理、序列安排和风格保护,逐渐形成了畲族民间体育中一套相对固定的动作姿态和审美情趣。如,摇锅是一项融竞技、娱乐、健身于一体的畲族民间体育项目,常在春节、元宵节、三月三等节庆举办。畲民用一口大铁锅作为移动工具,人双脚分立,踩在大铁锅内两侧,利用身体平衡性左右摇摆,并挪动大铁锅向前移动。此活动在浙江省丽水市很受欢迎。另一项体育活动项目是猴抢果(龙海畲民称抢果棚),每逢重要节庆,畲民在祭祀之后,将祭品放置在事先搭好的一个高6米的竹棚中,参加者争先恐后爬上竹棚将祭品扔给村民。而在龙海畲乡,猴抢果活动中的竹棚不仅搭建得更高,还在竹棚上部增加边檐,参赛者只有悬空身体、收腹勾脚缠住棚,才可登上竹棚拿到祭品。同时,随着锣声节奏的加快,逐一展现转身、抬手、举足、转身、悬体等动作,充分体现出畲族民间体育鲜明的技艺之美和别具一格的艺术魅力。

(2)风格美。风格美指在畲族民间体育活动中体现出的运动员技术、战术特色之美以及思维方式、意志品质、道德修养等综合的意识之美。依据美的本质,畲族民间体育运用优美或壮美的肢体语言和动作变化告诉人们美之所在。在这个过程中,富于变化的动作激起审美者对美的渴望。独特的文化环境造就了畲族民间体育刚柔并济的风格魅力,这一风格也恰恰反映出畲族民间体育文化的地理、历史、经济和人文特色。残酷的生存环境造就了畲族人民坚韧不拔的意志品质、健壮的体格与剽悍的脾性。畲族民间体育中很多项目都集舞蹈动作的柔美与武功招式的刚劲于一身,赋予了畲族民间体育刚柔相济、动静结合、进退有序的风格,显现出质朴而不乏华美、豪情而不乏细腻、迅猛而不乏文雅的风格美。

全国少数民族运动会表演项目之一的畲族民间体育打枪担正是刚柔并济风格之美的最好阐释。表演者是一群身着绚丽民族服饰的畲族女子,在优美的音乐背景下,她们一手持竹竿一手执柴刀,边跳边用柴刀背面敲打竹竿进行演出。表演过程中,她们时而跳转,时而翻身,既吸收了畲拳畲棍中的拔、挑、架、劈等有对打的武术套路,又形成了优美细腻的舞姿和灵活多变的队形。①

(3)造型美。畲族民间体育蕴含着浓郁的生活气息和特有的艺术魅力。在畲族特有的民情民俗基础上演化出来的打枪担、打尺寸、踏步舞等民间体育项目,均体现出造型柔而有势之美。如踏步舞(功德舞),每逢举行丧葬仪

---

① 陈琳. 畲族舞蹈的传承与发展 [J]. 丽水学院学报,2007(6):75.

式，四或八名祭师身穿道袍，两人面相对或背相对跳跃，右手持龙角，左手持灵刀，边吟边舞。舞者有时脚步轻盈，有时沉步低吟，有时左右转动，有时上下跳跃，有时加快速度，形成四方对阵，有时摩肩擦背，放大动作。最精彩的是舞者身上的长袍飞舞环绕，显得异常洒脱别致，造型优美。再如前岐马灯，它是福建畲族群众独创的民间体育项目，表演时间一般从正月初一至元宵节。一到傍晚时分，华灯初放，前岐马灯游艺活动就开始了，与别的灯类游艺有所不同，其制马技艺高超，马的形象栩栩如生，扎制的马灯形式多样、活灵活现，而马灯表演不仅有阵图变化，还与歌伴舞相结合，在表演过程中时而跳跃、时而旋转、时而换步、时而转向、时而穿插着变换队形，在移动中将造型动作表现得凹型有致、淋漓尽致。其形式、造型秀丽多样，场面蔚为壮观。畲民在春节期间表演前岐马灯带有美好的意愿，即庇护全村祛邪消灾，祈求风调雨顺、四季平安。

（4）智慧美。马克思在《1844年经济学哲学手稿》中提出了"美是人的本质力量的对象化"的观点，人的本质力量是指人在认识世界和改造世界过程中的力量。人的本质力量体现在畲族民间体育中，将畲族人民的意志品质、智慧谋略、胆识才干通过体育这种方式展示出来，并由潜在价值向显性状态转变。畲族民间体育是凝聚着畲族人民主观力量和创造智慧的存在，是主观见之于客观、主体与客体相统一的过程。畲民多居住在高山峻岭或边远地区，而且在历史上长期受到剥削阶级和大汉族主义者的压迫和歧视，生产落后，生活贫困。他们为适应恶劣的自然环境和困难的生活境遇，需要练就一副强壮的体魄，从事体育活动成为他们生活中的一种需要，成为民族发展的必然趋势。因此，在漫长的历史发展过程中，他们发挥集体智慧，结合狩猎、农事、征战、宗教以及其他风俗习惯，创造了许多具有特定意义且富有民族特色的传统体育项目。如，结合民族风俗或婚嫁喜庆举行的登山，由纪念先祖首领兰奉高英勇抗敌事迹演化而来的打尺寸，寓活动于生产生活的骑海马，祈福保佑村寨平安的舞龙灯，用于丧葬祭祀活动的功德舞（踏步舞），用于求医问神保平安的蹬凳，源自生产劳动的采柿子、赶野猪，等等，均不受场地、时间限制，易学易做。勤劳朴素的畲族人民发挥无穷智慧，将体育活动糅合于生产和活动形式之中，避免了单调与枯燥，增强了趣味性与吸引力，显得十分美妙。

3. 精神美

（1）意志美。畲族民间体育活动所体现的精神追求也是备受推崇的，这种精神追求表现在：遇到困难时坚强不屈的坚毅品格；开拓创新、勇于实践的时代精神；团队成员之间团结奋发的协作精神；对手之间相互尊重的优良品德；对自身的不断挑战与超越。这些高尚品质给人以激励和鼓舞。如蹴石磉在全国第十届少数民族运动会中荣获一等奖，其完美的技艺充分体现了畲族人民百折不挠的意志品质。又如具有鲜明特色的登山活动，正如一首畲歌所唱的："生在青山里头过，山客总得要快活；登山赛似逛闹市，唱歌赢得咬莲窝。"① 畲族同胞居住在崇山峻岭的山腰寨村，他们自称"山客"，这是有社会根源的。进入阶级社会后，阶级压迫和民族压迫迫使畲族同胞逃入崇山峻岭，由于社会生产劳动和生活的需要，经常上山下山，又由于历代统治者派军镇压反抗者以及土匪侵扰，各村寨相互支援，必须以飞快的速度上山下山。敌人被赶走后，他们就在山上载歌载舞，庆祝战斗的胜利，或庆祝农业丰收。经过漫长的历史演变，形成了今日的登山活动。登山活动体现畲族先民勇敢、智慧的民族品格和不畏艰险、不怕困难、迎难而上的勇敢精神，也寄托了畲民战胜黑暗的强烈愿望和对美好幸福生活的向往。畲民通过这些体育活动来表明勤劳智慧、勇于斗争、吃苦耐劳的拼搏精神和顽强的民族风范。畲族民间体育将民族创造力和凝聚力予以展现，将民族的气度、节操与风范，通过精神内涵感染人、陶冶人、净化人。

（2）情操美。畲族是一个勤劳勇敢、能歌善舞的民族，畲民具有高尚的情操。一方面，畲族民间体育虽属于体育大范畴，具有竞争性，但更多地表现出娱乐功能，体育与娱乐融为一体，且多在音乐伴奏下表现出来，载歌载舞，活泼风趣，既能锻炼身体、增强体质，培养勇敢、坚强、吃苦耐劳的精神，又能陶冶情操，修身养性。这种方式既可以愉情悦性、寓教于乐，又可以表现畲族人民的美德，激发民族高尚的情操，还能作为增进情感的教育手段。另一方面，畲族民间体育所反映的情操美表现在畲族人们以"忠""勇"作为立身之本。畲民的人生价值就是忠勇精神。"忠"就是忠诚，忠于畲族，忠于华夏，忠于祖国，忠于人民；"勇"就是勇敢，勇于吃苦，勇于牺牲，勇于拼搏，勇于胜利。例如打尺寸项目是畲族人民世代相传、耳熟能详的活动，表示畲族人民忠诚和勇敢的民族精神。又如畲民学武，重视武德，按照他们的说法，学武，一是为了练筋，二是为了练技，三是打抱不平，四是养性，而非逞凶闹事、惹是生非。畲族拳师每逢遭遇敌对势力侵犯，必挺身加入正义斗争的行列，如，"安史之乱"期间轰动一时的陈吊脚领导的汉畲农民起义就是畲族人民出于正义而打抱不平的明证。畲族人民有勇气、有毅力、有理想、有宏图，积极进取，奋发向上，为集体利益艰苦奋斗，为民族利益赴汤蹈火，为祖国利益献出生命的"忠""勇"的民族精神体现出高尚的情操美。

（3）风尚美。风尚是一种社会风气，指那些在社会上普遍持有的具有道

---

① 蒋炳钊. 从《盘瓠王歌》探讨畲族来源和迁徙 [J]. 民族学研究，1982（1）：69.

德意义的风俗和习惯。勤俭朴实是畲民在生产生活中最为突出的风尚之美。由于畲民分布于自然环境较为恶劣的高山峻岭或边远山区，需要付出更多的劳动力来维持生存，因此，在畲族道德风尚中存在着以勤劳俭约为荣、以懒惰浪费为耻的观念，畲族的谚语中所描述的"一粒米，一滴汗"正是其风尚美的反映。人类历史社会的发展经历了原始集群狩猎、原始农业到现代农业几个发展阶段，畲族的历史发展与刀耕火种、狩猎密切相关，至今有些山区交通不便利，经济不发达，部分畲民仍然把狩猎当作一种经济收入来源，由此形成了自然宗教信仰。他们认为"万物有灵"，产生了自然崇拜、鬼神崇拜、祖先崇拜。在畲族族谱中明显看出祖先崇拜的色彩。又如祭山神、神灵"保佑牲畜"，从祭祀内容与对象的演变来看，畲族节日活动融进了许多农业生产中的祭祀风俗。在畲族诸多民间体育活动中，畲民参加到生动活泼的集体练习中，协调，默契配合，团结协作，运动员在各类比赛中服从裁判，尊重观众，听从指挥，表现了人与人之间的关系美和社会风尚美。

（4）道德美。道德美是指道德行为、道德品质和道德境界的美。道德美的核心是善，即凡符合大多数人的利益、符合社会历史发展的规律、推动社会进步的道德行为就是善的。由于长期的封建统治，畲族人民受尽压迫和欺凌，生活困苦，颠沛流离。在动荡不安的生活中，畲族民间体育的发展也历经周折，尽管如此，畲族民间体育还是在与汉族和其他少数民族体育互相学习、取长补短中存活下来，究其缘由，不乏其极具道德行为、道德品质和道德境界。畲族民间体育的道德美是真与善同感性形象相统一的显现，产生根源在于现实实践中客观存在的美。畲族民间体育表现出的道德美包括两个方面：一方面是基本道德规范美，即热爱体育事业，以及刻苦训练、不伤对手、公平竞争、尊重裁判、裁判执法公正等体育规范。畲族民间体育项目如打尺寸、打枪担、稳凳、骑海马、操石磉等都有明确的比赛规则、比赛程序等，运动员间公平竞争、友好竞争，这些都表现了畲族民间体育良好的道德规范操守。畲族民间体育活动的拼搏意志是其向上进取精神的具体体现，它寓意深刻，意境纯美，形象丰富，神韵无穷，给人以享受、鼓舞和力量，发人深省。同时，通过体育这样一种美的形式，能宣扬优良的道德品质，歌颂高尚的道德情操，能潜移默化地感染人们，激起人们的道德感受，影响人们的道德行为，在比赛中起到一定的规范、约束、教育的作用。另一方面体现为爱国、敬业、诚信、友善的社会主义道德规范上。"忠"和"勇"的因子在畲民的血脉中代代相传。畲族武术是畲族民间体育中重要组成部分，畲民学武，重视武德，他们认为学武是强身健体、打抱不平、除暴安良之所用，而绝非用事滋事生非。由此可见，畲族民间体育蕴藏着浓厚的以爱国主义为核心的民族精神和崇高的社会主义道德规范,后人开展这些体育活动也是民族精神的一种再现。

(二) 表现形式

1. 整齐划一

整齐划一是最简单的形式美表现,简洁的形态也可以蕴含丰富的内在信息。它的特点是一致和重复,没有对立和矛盾冲突,其作用是引人注目,增强视觉效果。重复是表达单纯美的一种重要手段,它是指某一个单元有规律地反复(不变化)或逐次出现,或者有秩序、有节奏地变化,达到整齐划一的效果。[①] 在畲族民间体育活动中体现整齐划一形式的项目有很多,尤其是在节庆活动等集体表演中,整齐划一更是广泛体现,如统一的服装、统一的器具、统一的节奏、统一的招式,包括队形的编排和变化在空间上都遵循了整齐划一的法则,给人以有序、规整、一致的美感(如图3-3)。畲族武术的剽悍勇猛更是夺人眼球,畲族武术经数百年的传承和沉淀,独具一格,呈现出快速、敏捷、有力、连贯、紧凑的特点,经过整齐划一的形式展示,深深地震撼着每一位观赏者。

图3-3 形式多样的畲族体育舞蹈

2. 对称均衡

对称均衡是要求在差异与对立中显出一致与平衡,这种一致与平衡符合相

---

① 王世德. 美学词典 [M]. 北京:知识出版社,1986:32.

辅相成或相反相成的公理性质。对称均衡给人以平衡感、稳定感，可以起到衬托中心、突出主干的作用，使人心理上感到舒坦愉悦。畲族民间体育项目在重要场合表演时常常需要表演者带妆容上场，而且需要对表演动作进行编排。如打尺寸时令人目不暇接的抛引、畲族武术表演时动作的翻腾跳跃等，都使观赏者深深感受到动作的优美和技巧的惊险。而在畲族民间体育的表演中，男子很多动作大气磅礴，表现出阳刚之美，女子的动作则温婉玲珑，表现出阴柔之美。在运动中，阳刚之美与阴柔之美忽而交融、忽而分离，节奏轻重缓急，队形时而平衡对称、时而整齐分散，表演有条不紊地进行。这种表演形式多姿多彩，因时制宜，高低起伏，通过线条的变化造就体育表演中男女的刚柔平衡，通过队形和器械达到视觉平衡，表现出一种稳定中的动态之美，给人以艺术的美感享受。①

3. 节奏韵律

节奏与韵律是一对具有动态特征的形式美法则。节奏原本指音乐中乐响节拍轻重缓急的变化和重复。从一定意义上说，人的生命体征表现为生理上的节奏，如呼吸、脉搏、血压等生理现象都呈现出节奏。所谓韵律，是指由节奏的律动产生的一种情调或意味。在配合畲歌、畲舞的畲族民间体育活动中有较多趣味性和较强节奏感的项目，如打枪担，活动时左手握枪担，右手执砍柴刀，口唱畲族民歌，伴着民歌的节拍，砍刀敲枪担，枪担碰地面，枪担与枪担相击，笃笃有声。随着敲击的节奏，或转身，或抬手，或举足，整个身体尤其是四肢都产生规律性的动作活动。这类体育活动与艺术形式和谐统一，既是体育活动项目，又是优美的歌舞形式。体育与艺术融为一体，在强身健体之中给人以美的享受和情感体验，使人朝着健康美、心灵美的方向发展。

4. 多样化统一

多样性统一是形式美中一种高级形式，体现为整体性与和谐性，它也是自然界中对立统一规律的体现。多样化统一就是寓多于一，在丰富多彩的变化中保持着某种一致性，它使人感到既丰富多彩又协调一致，既活泼生动又安静舒畅。如许多畲族民间体育项目都是在音乐伴奏下进行的，甚至是以音乐舞蹈的形式来表现。载歌载舞，节奏明快，活泼风趣，将音乐、舞蹈甚至杂技融为一体，既增强人们体质，益于身心健康，又陶冶情操，给人以美的观照。

古希腊哲学家毕达哥拉斯提出"和谐是美"的理念，中国古代哲学家和思想家孔子也提出"中和之美"，"和谐美"既是西方美学的最高典范，也是

---

① 孙珊珊. 少数民族传统体育舞蹈类项目的审美价值探源[J]. 贵州民族大学学报（哲学社会科学报），2014（1）：164.

我国儒家文化中最重要的审美价值形态。少数民族体育材料的绿色生态特征即是物质维度的和谐表现；少数民族无功利动机的体育热情即是价值维度的和谐表现；少数民族仪式性体育活动中的人文风尚与民族信仰则是人本位制度的和谐体现。① 在畲族民间体育项目中也处处体现着"和谐美"。畲族古老的骑海马、打尺寸、打枪担和登山观日时载歌载舞等体现的就是一种积极的群体意识和一种自然质朴的人性化情感，而其他具有浓厚畲族气息的舞龙灯、畲族武术、狮子舞、前岐马灯、祭祖舞、稳凳等韵味无穷的畲族民间体育无不诠释着大自然赋予的和谐意蕴。每逢重大节庆，人人都是民间体育活动的参与者，男女老幼同享欢乐，整个民族一起狂欢，这种高度和谐可以使观赏者怡情悦性。畲族民间体育活动蕴含和展现了积极向上、乐观进取的优良品质，这是畲族民间体育带给人们积极的审美愿望，同时也为畲族人民与中华民族留了一笔宝贵的精神财富。

（三）畲族民间体育审美内容与表现形式之间的关系

1. 审美内容决定表现形式

一方面，在美的内容和形式之间，内容起着主导和决定的作用。一件物品美与不美，决定于它所体现的内容。畲族民间体育文化作为畲族文化的重要组成部分，迄今已挖掘出的体育项目为65项，在各种大大小小的民族体育比赛中，都能看到畲族民间体育健儿挥洒汗水、奋力拼搏，捧回无数奖牌和奖杯。如，畲族武术金斗洋畲家拳传承人雷盛荣、钟团玉等人曾在2009年首届世界中华国术大赛中取得四金一银的好成绩，竹竿舞获得第五届全国少数民族体育运动会一等奖，稳凳连获第六、七届全国少数民族体育运动会一等奖，打枪担获得第八届全国少数民族体育运动会金奖，等等。每个人看到这些奖牌都会振奋喜悦，无不感受到这些奖牌的美，从中更是获得一种激动人心的高度自豪感。而这些奖牌之所以美、之所以如此激动人心，就在于它们凝聚着畲族体育健儿们的心血和汗水，它体现着畲民"忠""勇"的民族精神，显示着民族之气、民族之魂，它体现着中华民族的拼搏精神。另一方面，美的内容也决定和制约着美的形式。随着时代的变更和发展，数千年前的畲族先民所从事的实践活动与今日的畲族民间体育存在着巨大的差异，不同水平、不同性质的创造性实践活动，必须要求不同的感性形式予以表现。这种美的内容的差异，必然要以物化的形态表现出来，这也就成为今日的畲族民间体育。

---

① 冷新科，张继生. 少数民族体育的现代美学意义揭示［J］. 贵州民族研究，2014，35（7）：90.

2. 表现形式对审美内容的积极作用

别林斯基说过："没有内容的形式或没有形式的内容，都是不能存在的。"①在美的内容与形式之间同样如此。不能想象，没有人的创造性实践活动，没有体现或表现这种实践活动的感性形式，还能产生什么美。美的内容与形式的关系是辩证统一的，但同时要明白，只有适合内容的形式，才会对内容的发展起积极的作用。从审美角度来看，畲族民间体育的内容是畲民在长期的体育实践活动中创造出来的合规律性与合目的性的自由形式，而其表现形式则是这种高度自由的创造实践活动的物化形态。由畲民在实践活动中创造的畲族民间体育，是畲民本质力量的成果，其展现的形态也将直接促进人的本质力量。畲族民间体育的表现形式是适合其内容诸要素的结构方式，随着内容的变化而变化。形式美不是固定的，它总是随着社会的演变和创造力量的发展而形成新的审美标准。畲族民间体育的独特性正是通过其线条、色彩、形体、图案等各种形式表现出来。在畲族重要的节庆活动中，观众往往会被一些最具民族特色的服饰装扮、运动风格、动作造型等吸引，而这些外在形式恰恰就是畲族民间体育美的内容的展示。因此，我们只有深入探讨其表现形式，才能真正理解畲族民间体育的魅力，否则，畲族民间体育所蕴含的审美内容就不会被我们发现，其魅力将大大减少。正如桑塔耶纳所说："假如雅典娜的神殿巴特农不是大理石筑成，王冠不是黄金制造，星星没有火光，它们将是平淡无力的东西。"② 总体而言，畲族民间体育中积极的形式才能促进其内容的发展，形式越适合内容，其发生的作用就越大。

3. 审美内容与表现形式的辩证统一

内容与形式是哲学上的一对范畴。内容是指构成事物的内在要素的总和，是决定事物性质的基础方面；形式是指内容诸要素的结构方式和表现形态，即事物矛盾运动的存在方式及其外部风貌。③ 关于内容与形式之间的关系，黑格尔做过精辟的分析："内容非他，即形式之回转到内容；形式非他，即内容回转到形式。"④ 事物的内容与形式之间是相互交织、相互对立的辩证统一关系。就畲族民间体育来说，有些项目的内容与形式俱佳；有些项目内容丰富，但形式表达没有充分显示出其内在美，由此可见，美的内容与形式只能是具体的、

---

① ［俄］别林斯基. 别林斯基论文学［M］. 满涛，辛未艾，译. 上海：上海译文出版社，2000：74.
② ［美］桑塔耶纳. 美感［M］. 北京：中国社会科学出版社，1982：52.
③ 苏厚重. 马克思主义哲学教程［M］. 北京：解放军出版社，1988：135.
④ ［德］黑格尔. 小逻辑［M］. 贺麟，译. 北京：商务印书馆，1980：278.

历史的相对统一。正因为这样，畲族民间体育各项目间才能展现出各具特色、个性鲜明、互不重复、多姿多彩的风貌。同时，畲族民间体育的形式与它要表达的内容是和谐一致的。畲族聚居区的民间体育活动十分活跃，其活动项目繁多，表现形式多种多样。在数千年以前，畲族祖先已经具备一定的想象力和创造力，对祭祀佑福活动的认识对生存生活技能的掌握，以及其他各方面的能力已经达到一定水平，于是这种美的内容也就必然要求一定的感性形式予以表现，因此，畲族民间体育各种各样的形式应运而生。从畲族民间体育的表现形式可以看出，其蕴含了一定的畲族民间体育文化的内容，双方是相互促进、相互作用的关系，否则，畲族民间体育活动项目很难得以传承与发展。

三、畲族民间体育保护的价值与意义

（一）实现文化多样性需要

当今时代，人们已经关注并认识到生物多样性消失所带来的危害性，但很少有人关注文化多样性消失所带来的危害性。我们都知道，在自然资源受到破坏、生物多样性减少的同时，文化资源、文化多样性也在减少。畲族民间体育在被西方等外来文化侵蚀的同时，其文化必然受到多方冲击，这无疑会导致畲族民间体育文化、中国文化乃至世界文化多样性减少。我国一直是多民族融合与共存的国家，畲族体育文化为中华文明的发展做出了贡献。历史上，中华文明通过容纳不同的民族文化，共同发展、进步，形成了博大精深的文化共同体；中华文明的未来同样还继续需要不同民族的文化做出不同的贡献，从这个意义上说，畲族民间体育非物质文化遗产的保护尤为重要。畲族民间体育项目内容丰富、形式多样，主要包括传统武术和民俗体育两大类，有65个项目。保护畲族民间体育文化遗产，就是在对畲族民间体育文化等特色文化的传承和保护的同时，对其进行扬弃，与西方等外来文化交融发展，这既是实现文化多样性的需要，也可避免畲族民间体育文化遗产的流失。

（二）延续民族文化血脉

2014年9月24日，中国国家主席习近平出席了纪念孔子诞辰2565周年国际学术研讨会暨国际儒学联合会第五届会员大会开幕会并发表重要讲话，强调指出："不忘历史才能开辟未来，善于继承才能善于创新。""只有坚持从历史走向未来，从延续民族文化血脉中开拓前进，我们才能做好今天的事业。"畲族民间体育是随着民族的起源而产生、随着民族的发展而发展的，并在人类进步发展过程中不断吸收先进的、具有实效的内容。诸多传统节日的形成过程，是一个民族、一个国家的历史文化长期积淀凝聚的过程，民族文化在节日这一特定的时空设置中进一步得到传承与弘扬。就畲族传统风俗而言，每年的正月十五、二月二、三月三、九月九等节日，福建省宁德、福安、福鼎等地的畲族民众都会身着盛装，举家登山赏日出，夜晚在篝火旁唱歌庆祝。除了唱歌，畲民亦有跳舞的风俗习惯。明代《赤雅》一书曾记载："十月祭贝多大王，男女联袂而舞，谓之踢瑶，相悦则男腾跃跳踊负女而去。"畲民为爱情舞蹈，为生活舞蹈，能歌善舞是其民族特色。而猴抢果、前岐马灯、弹弓、畲家拳等畲族民间体育则诞生于畲族民众的生活实践。无论是唱歌、跳舞这样的娱乐性体育，还是舞刀弄拳这样的竞技性体育，畲族民间体育不仅强健了畲民的体魄，更是表达了畲民对美好生活的向往与追求。这样的民族精神与价值取向是积极向上的，既充实了畲民日常生活，也延续民族文化血脉，更丰富了中华优秀传统文化。

（三）发挥体育竞赛杠杆作用

畲族民间体育内容丰富，其中不乏娱乐性、趣味性、知识性、艺术性和实用性很强的体育项目，许多运动项目为广大畲族群众喜闻乐见，具有一定的群众基础和广阔的发展前景。近30年来，我国畲族竞技体育得到蓬勃发展，但部分项目缺乏竞争性和竞技性，阻碍了其走向现实生活的步伐。事实证明，竞赛是发展体育事业的有力杠杆，为了发展我国畲族民间体育，使之长盛不衰，现已充分利用这个杠杆来推动畲族群众性体育活动不断向新的高度发展。除组织参加全国性大型民运会，定期举办省、市、县级畲族体育比赛外，还派团参加国际上举办的少数民族体育赛事，增进体育交流，扩大畲族民间体育的影响。在畲族聚集的各县、乡、村的基层比赛都与传统民族节日结合起来，因为民族节日大都是体育活动的集中时间，这些节日活动对畲族民间体育的普及和提高起到了很大的推动作用。

（四）促进民族经济发展

在改革开放的今天，要赋予畲族民间体育新的价值，直接或间接、现实或潜在地为畲族的经济发展服务，促进畲族民间体育的发展，切实发挥畲族民间体育在经济建设中的作用。畲族民间体育产业化离不开市场，畲族民间体育仍处于发展初级阶段，发展潜力巨大。在社会主义市场经济条件下，应积极拓展畲族民间体育产业发展思路，提供新的发展动力，增强其市场竞争能力。随着人们生活质量的不断提高，人们的精神需求不断增长，对精神需求的质量也提出了更高的要求,越来越多的人开始考虑如何休闲娱乐,体育旅游就是一个很好的途径。以畲族地区为例,结合体育旅游,以二月二、三月三与九月九等体育节庆活动为主,举办富有畲族特色的体育文化节,通过一系列民族民间体育项目的综合展演,宣传畲族悠久的民族历史和灿烂的民族文化。同时,开发极具民族特色的文创产品,推动畲族民间体育发展,而畲族民间体育产业化必将促进畲族经济的发展。

(五) 为构建社会主义和谐社会做贡献

文化建设是构建社会主义和谐社会的重要内容。文化是国家和民族的灵魂,文化的力量深深熔铸在民族的生命力、创造力和凝聚力之中。畲族民间体育文化是中华文化不可分割的重要组成部分,是发展社会主义文化事业的重要内容,是构建和谐社会的客观需要,为中华文化不断向前发展、历久而弥新尽自己的一份力量。从某种程度上说,保护畲族文化遗产、传承和发展畲族民间体育文化为和谐社会构建提供了精神来源,而和谐社会的构建又迫切需要民族文化的精髓——"和而不同"思想来支撑和提供动力。畲族民间体育文化产生于畲族人民的劳动生活中,并在其特有的劳动生活模式中创造出畲族民间体育文化的价值取向——和谐,这一价值取向始终贯穿于畲族民间体育文化的思维模式当中。传承和保护畲族民间体育文化,要以满足人民群众日益增长的体育文化需求为出发点,充分汲取优秀的文化基因,挖掘其文化内涵,发挥和谐功能与价值。总之,在继承和吸收的基础上进行改革和创新,不断赋予畲族体育新的内容、新的形式、新的价值、新的时代特征,使其不断地走向科学化、规范化和社会化,以其独具体育特色的风姿,展现在中国乃至世界人民的面前,为构建和谐社会做出新的贡献,实现中华民族伟大复兴的梦想。

第四章 畲族民间体育文化在乡土社会治理中的现代价值

社会经济结构调整和改革的全面深化带来了畲族乡土社会结构变动、利益格局调整以及思想观念的变化,针对畲族乡土社会存在着多领域、多类型以及突发性等问题,结合新时代赋予畲族民间体育文化新的时代价值,挖掘畲族民间体育文化的多元功能价值,解决治理困境,为乡土社会多方矛盾冲突的解决,提出时代性的发展思路,具有一定的理论参考价值。

一、畲族乡土社会治理的历史回顾与治理途径

(一) 畲族乡土社会治理的历史回顾

在我国传统乡土社会中,"礼"从宗教祭祀中的礼仪逐渐发展成为政治、经济和日常生活中的行为规范,随着"礼制"在两周时期上升到治国方略的高度,一直体现着长幼尊卑、贫富贵贱的等级秩序,它是以外在礼仪、习俗等形式存在的村规民约系统,由内在伦理判断、道德心理为内容的道德情感和价值选择构成,在社会治理的层面,体现出改善人际关系、化解矛盾等功能与价值。

改革开放以后,随着"依法治国"方略的逐渐展开,法治制度越来越深入到广大乡土社会之中。但是,在广大畲民看来,这是一套他们并不熟悉的规则。在畲族,有针对性地解决乡土社会中出现的具体问题的法律条款还较少,加上当前法律的运行成本较高,不免导致畲民对法律存在排斥和拒绝的心态,影响了畲族社会治理现代化的进程。在这种情况下,畲族乡土社会传统的礼治逐渐弱化,法治建设困难重重,显然,依靠礼治或法治单一方面力量很难实现有效的社会治理。在现代畲族乡土社会中,礼治和法治既相互对立、相互冲突、相互矛盾,又相互依存、相互促进。在这一特殊文化和社会的背景及现实中,应发挥文化所带来的非正式制度的价值功能,在社会治理中,利用重塑造乡规民约等方式来助推畲族乡土社会治理效能的提升。

我国传统的乡土社会是一个依赖于传统习惯和习性而生存的社会,是一个礼治社会,更多的是依靠"身内自省"来维持社会秩序,现行的法律在乡土

社会中发挥的作用还很有限。在"国权不下县,县下唯宗族,宗族皆自治,自治靠伦理,伦理造乡绅"的传统乡土社会之中,礼治经过历代的传承,已经成为乡土社会中被大家普遍公认的一种行为规范和行为准则,畲民主动去服从于这种传统的习惯,在生活中不断进行自我复制,作为维护社会秩序的主要手段,应对乡土社会日复一日的极少变化的生活,进而维系乡土社会的基本稳定。在畲族乡土社会中,主要体现在解决畲民之间出现冲突和纠纷时,由畲乡中声望较高的长老或者族长出面,对冲突双方进行调节和缓和,以维持乡土社会秩序的基本稳定。

李文群认为,有着千百年历史的畲族民间体育作为一种具有极强生命力的文化形式,在当今畲族乡土社会拥有着非常广泛的生存空间和极其强大的文化张力。在构建社会主义和谐社会的历史进程中,我们的社会必须充分发掘和利用传统文化的丰厚资源,在构建社会主义和谐社会中发挥积极作用。① 韩美群提出,和谐社会在本质上包含着一种重要的价值观、行为准则和文化品格,这就是和谐文化。它以和谐为思想内核和价值导向的观念体系,具有价值导向、实践规范、精神整合、智力扶持、思维方式等的社会功能。② 畲族民间体育文化作为文化的一部分,具有教化、经济、娱乐、传播、协调、控制等功能,如何发挥畲族民间体育文化在乡土社会治理的积极作用,趋利避害,挖掘其在畲族乡土社会治理中的价值,探索畲族乡土社会治理途径,是构建和谐乡土社会需要思考和探究的重要问题。

(二)畲族乡土社会治理的途径

1. 乡土社会中的礼治秩序

礼治是随着礼的内涵发展而不断发生变化的。在我国传统民俗的法律文化之中,宗法制是礼的核心。《礼记·曲礼》中记述:"道德仁义,非礼不成;教训正俗,非礼不备;分争辩讼,非礼不决。"③ 从某种意义上,在我国传统乡土社会中,由于血缘关系的存在,家族制度维系权利的运作,礼实际上就是法。

在乡土社会中,礼治具有规范成员的重要性,随着社会发展和意识形态的变化,传统乡土社会具有的保守和封闭性依然存在。礼治遵从一种惯性,主动

---

① 李文群. 发挥传统文化作用构建和谐社会 [J]. 中共石家庄市委党校学报, 2007 (2): 26.

② 韩美群. 和谐文化论 [M]. 北京: 中国社会科学出版社, 2010: 98.

③ 唐品. 礼记精粹 [M]. 成都: 天地出版社, 2017: 23.

维系着成员间的礼治秩序。畲族乡土社会中畲民生存空间的局域性导致了他们的价值观念和处理事务的特定性，使乡土成员的思想意识形态根深蒂固。在一些畲族地区，建筑风格保留了礼的文化传统，如有些牌坊、祠堂等都彰显了礼的痕迹。畲族乡土社会的礼治在潜移默化地影响着畲民的思想和观念。一些家规族约作为畲民恪守的道德依据和解决冲突的方式代代相传，不仅规范着他们的言行举止，也成为化解乡土社会中的冲突和矛盾的衡量标准。在畲族广大的乡村，族长和村主任的威望强大，维系着血缘和地缘关系，制约着畲民的行为和意识。

2. 乡土社会中的法治秩序

法治是人类政治文明的重要成果，是现代社会的一个基本框架，大到国家的政体，小到个人的言行，都需要在法治的框架中运行。对于现代中国，法治国家、法治政府、法治社会一体建设，才是真正的法治；依法治国、依法执政、依法行政共同推进，才是真正的依法；科学立法、严格执法、公正司法、全民守法全面推进，才是真正的法治。无论是经济改革还是政治改革，法治都可谓先行者，对于法治的重要性，怎么强调都不为过。实施依法治国基本方略、建设社会主义法治国家，既是经济发展、社会进步的客观要求，也是巩固党的执政地位、确保国家长治久安的根本保障。

法律也是契约。在畲族乡土社会中，运用法治解决乡民的纠纷问题，是法治社会的必然选择。在当下社会转型期，畲族乡土社会发生了历史性的变迁，土地流转、土地征迁补偿，大量青壮年涌入城市后的生存困境，留守老人、妇女和儿童生活困难等一系列问题，使乡土社会矛盾冲突加剧。伴随着乡土社会开放性的加大，乡村融入城市和城市进入乡村的群体增多，使得原有的意识形态发生了质的改变，单靠礼治来维系当下的乡土社会秩序，是很难从根本上解决问题的。所以，尽管法治理念在乡土社会有所普及，但是，司法制度的完善需要一个培育的过程。

3. 礼治与法治的共生与紧张

在当今全球化背景下，畲族乡土社会的市场化、信息化程度不断提高，在传统乡土社会中一直维护社会秩序的礼治，在现在越来越复杂的乡村利益关系面前已显得难以应付。一方面，畲民对公平公正的理解不断受到冲击与挑战；另一方面，新的秩序和法治虽进入乡村，但遭遇诸多的困难。就礼治与法治社会作用而言，就其共同作用于社会而言，在转型期的乡村社会中，法律是国家控制和管理社会的工具和手段，但礼治秩序也存在现实合理性和发挥作用的空间。畲族乡村社会不断变化及其丰富的地方性特色，难以适应稳定性、普适性和原则性为特征的法律条文，一些畲民对法律高昂的运行成本望而生畏，这些情况导致法治较难实现对乡村社会秩序的全面控制，而礼治因为其"路径依赖"和较低的运行成本，能够获得一定程度的认同。

从礼治与法治的紧张性而论，强行建构的法治秩序在畲族乡土社会缺乏一定的认同基础，在一定程度上遮蔽了礼治秩序应有的意义。在我国的传统礼法中，"法"是维护一种共同体的伦理和道德的认同；在现代法治中，"法"是在排除伦理制约的法律形式来系统协调个体间的利益冲突，把握当前的基本态势，实现两者的互动与整合，对于转型期乡土社会秩序的维护来说，是一种新的涵盖道德与司法领域的适合我国国情的公正观，在实现全面推进依法治国方面具有重大的理论和现实价值。

二、畲族民间体育文化在乡土社会治理中的功能

畲族民间体育文化作为传统文化的一种表现形式，是畲民日常生活和精神世界之中非常重要的内容和表达形式。现阶段，在政府行政控制能力较难到达的乡村，与宗教、祭祀等密切相关的畲族民间体育活动，在一定程度上具有强身健体、民间教化、规范行为、娱乐、维系人际关系和促进经济发展的功能，有利于处理好畲族乡土社会中民间风俗与法律法规的冲突，赋予法律和行政以较浓郁乡土性的人文关怀，使传统民俗、现行法律和行政管理相辅相成、有效配合，提升畲族乡土社会治理的现代化水平。

（一）畲族民间体育文化与乡土社会治理的关系

1. 在发展过程中相互渗透

在畲族乡土社会发展的历程中，畲族民间体育文化与乡土社会治理密不可分、相互渗透，体现出历史的、内在的、紧密的联系。畲族民间体育文化形成于畲民日常的生产生活之中，是每个社会成员情感维系、利益协调、观念统一的重要纽带。在现代新乡土社会的背景下，多方面的价值取向和追求对社会治理的影响越来越大，需要通过对各种观念的整合促使大多数成员接受、认同和遵守，在潜移默化之中形成共同的价值尺度和行为准则。畲族民间体育文化所带来的其他各类文化和社会共识，在社会活动中约束和规范着畲民，是畲族乡土社会治理的依据和要求，体现了畲族乡土社会治理的内涵，使人们更加充分地认知畲族民间体育文化在民族团结、村落社会治理、区域和谐社会建设、全民健身运动、新农村建设中的使命所在。

2. 在目标实现中相互补充

畲族乡土社会治理目标的实现，不仅需要利用畲族民间体育文化的价值来

弥补治理中的不足，而且需要发挥畲族乡土社会为民间体育文化提供平台的作用。畲族民间体育文化所蕴含的价值准则和行为规范以及伦理道德的判断标准，都会通过社会活动体现出来，在社会生活、环境影响和教育引导过程中，将这些精粹内化为畲民对美与丑、善与恶、真与假、是与非、好与坏等的判断和甄别，使之在掌握一定生存技能和生活经验的基础上，不断增长智慧，提高生产、劳动与生活水平，增进人与人之间的关系，构建乡土社会治理的思想基础和心理认同，促进乡土社会的和谐发展。

当前畲族乡土社会呈现的多领域、多方位、多类型和突发性等突出问题和治理困境主要在于核心价值观的引领不够。所以，在推进畲族乡土社会治理的过程中，需要重视人的再造，将畲民的公共意识逐步引导到人人重视和参与的氛围之中，核心目标指定在培养和塑造人的全面发展上，构建乐观进取、积极向上的生活方式，去除那些落后的、腐朽的、颓废的、负能量的价值观和行为取向，通过乡土社会治理这一平台，在发展畲族民间体育文化的基础上，推动乡土社会治理的创新，使畲族乡土社会治理有效进行，使畲民赖以生活的乡土社会更加稳定、安宁。

3. 在价值发挥上相互影响

畲族民间体育文化和乡土社会治理之间存在着相互影响与相互制约的关系，畲族民间体育文化的发展为乡土社会治理提供了思想上的引领，乡土社会治理为畲族民间体育文化的发展营造了外部环境。畲族民间体育文化贯穿于畲族乡土社会发展的始终，在这个过程中产生了各种各样的文化，那些契合乡土社会发展的文化，成为推动社会发展的动力。畲族民间体育文化是在长期积累和沉淀之中传承并发展起来的，乡土社会的稳定是政治、经济、文化、教育、生活稳定的基础和保证，社会治理的有效进行，使畲族乡土社会更加安定和谐，政治更加稳定，经济健康发展。社会治理为畲族民间体育文化创造了良好的外部发展环境和内部驱动力，更加有利于推动畲族民间体育文化的繁荣和发展。

（二）畲族民间体育文化社会治理的功能

1. 强身健体与休闲娱乐功能

畲族民间体育不仅承载着畲民对美好生活的向往和追求，也是畲民强身健体的方式。作为一种身体活动，运动员时而奔放、时而粗犷、时而古朴的动作，都是借助一定的身体练习得以完成的，在舞蹈、竞技、游戏中达到一定的强度和负荷，增强了体质，强健了体魄，通过各种肢体动作，如闪、转、腾、挪、投、跳、打、跑等发展了身体素质，具有极高的强身健体功能。

畲族民间体育文化在形成和演变过程中，通过各种娱乐方式进行表达，极大地丰富了畲民业余文化生活。如，畲族民间体育操石磉，它以2～4人为一组，以相互协作的形式，每一组项目中，有一项堆石块的表演，表现出人们的机智与勇敢。在舞龙头活动中，对舞动龙头的动作要求很高，整个活动过程充分体现了其艺术的巧妙以及情趣的典雅。这些民间体育项目令人欢欣愉悦，宣泄感情，具有极大的休闲娱乐功能。

2. 规范行为与教育转化功能

在我国，民族传统节日拥有悠久的历史。在畲族聚集地通常进行多种多样的传统节日庆典、娱乐、集会、游戏等活动，其中大多体现着"天人合一"的思想观念。传说畲族以龙、犬为他们的始祖，作为其图腾崇拜的象征。有的村寨设置了公祠堂，里面供奉的都是祖先的牌位，牌位上雕着龙首或者犬首。每当在祭祖时，畲民们将刻着龙头（或犬首）的祖杖用红布包裹好，然后在公祠堂里供奉，无论是仪式的前段、中段还是后段，始终体现着畲民对祭祖仪式的虔诚和对祖先的崇敬。在福建东部地区，畲民每年都按惯例和祖制举行祖杖和木祖牌位的祭拜仪式，在整个仪式中，畲民手里举着祖杖或肩上抬着木祖牌位，所有的畲民都参与游行，在鼓乐的伴奏下跳起祭祀舞。

祭祀舞是闽东一带比较稀有的拳种类型，是在祭祖的时候的一种表演，这个拳种以犬命名的动作就达到49种，包括奔、扑、翻、滚、掌、仰、蹬、卧、闪、窜、抖等一系列象形的格斗动作。由于畲民一直居住在老虎、野猪、猴子等野生动物经常出没的山岭之中，因此，他们对这些动物的动作和习性都非常熟悉，在长期生产生活中，通过对这些动物动作的模仿，形成虎捉羊、猴抢蛋、猴子占柱、孵鹅蛋等体育活动。原生态的畲族民间体育与其民族的传统思想相结合，形成了长幼尊卑、忠、孝、礼、信、仁、爱等一系列的规范教化功能。在现代的畲族村落社会中，对于国家权力机构不易触及的空间和不易解决的问题，需要借由民俗来处理。畲族民间体育作为民俗规范体系公开的展示者和宣传者，既迎合了时代要求，又继承了传统中国乡土文化所固有的特性，将"现代权利"与"乡土本性"有机地结合在一起，形成相互补充、相互融合、相互促进的"新乡土规范"。

3. 凝聚力与向心力维系功能

生活在闽东山区的畲族人，长期以来一直以农业、狩猎、采集和畜牧业为生，其民间体育活动就是在这样艰苦的历史条件和薄弱的经济基础上产生的。畲民为了抗击压迫、保卫劳动成果，对一些外来侵略者进行顽强的抵御，采取了很多充满实战性和智慧的防守与进攻手段，后来这些措施和技术在畲族乡土社会中形成和发展，如畲家拳、蓝技拳、推八字步等，这些项目后来作为军事训练的辅助练习手段，经过千百年的传承、演变和发展，现在已经形成了独具一格的畲族传统武术项目，成为锻炼体魄、强身健体非常重要的内容之一。

畲族民间体育在歌颂英雄、颂扬祖先光辉历史、模仿图腾动物的动作及搏斗的场景中，体现了民族凝聚力和向心力，让子孙后代更紧密地团结在一起，在整齐划一的动作规律和变化阵形中，培养畲民的群体意识，使每个参与者更深刻地体会到群体的伟大和不可战胜。畲族民间体育具有的增强民族凝聚力和向心力的功能，在畲族乡土社会治理中将发挥不可替代的作用。

4. 民族精神与道德培育功能

民族精神是一个民族存在和发展的核心文化和精神支柱，为社会组织进行有效的社会治理，提供可借鉴的核心价值观和方向性指导意见。人人参与的社会决策、社会管理和社会监督才是乡土社会自治的基础。乡土社会治理需要民众的参与，发挥民间体育文化对畲族民众政治态度的影响力，把畲族民众参与本族民间体育活动的积极性充分调动起来，激发他们参与乡土社会治理的热情，使每个人都肩负使命与责任，谋求自己的利益和权利，引导民众不断增强自觉意识，发挥主体意识，促进公民参与公共决策、参与社会治理，促进乡村自治，满足人民群众当家做主的需求。

在我国城镇化进程中，人与人之间的联系正在渐渐减少。道德作为公民精神的支撑，维系着社会发展的底线。如今，参与善治是一条切实可行的路径。相互尊重、相互爱护、诚信平等、和谐善良、尊老爱幼等道德准则与当前社会核心价值观——富强、民主、文明、和谐、自由、平等、公正、法治、爱国、敬业、诚信、友善是相吻合的。这些核心价值不仅体现了人们内心的积极参与社会的意识，而且增进了人际沟通，缓解了干群矛盾，减少了邻里纠纷，化解了新农村发展中出现的不稳定因素。

5. 文化传承与转变观念功能

畲族民间体育是畲族民间文化重要的传承形式，具有深刻的文化内涵和鲜明的文化符号，我们可以从打枪担、功德舞、骑海马、畲家拳、舞铃刀等畲族民间体育项目中了解到畲民的生活习性、生产劳动、日常生活、民族习俗等。有着悠久历史和传承性的畲族民间体育项目代代相传，记载着畲族的历史和畲族乡土社会的活动形式，是畲族民间文化传承过程中珍贵的"活化石"，即使在全球化的今天，畲族民间体育文化依然具有旺盛的生命力。

畲族民间体育文化原属于刀耕火种的农耕文化，具有强大的包容性和融合性，形成了自己独特的文化形式。在畲族乡土社会向现代文明转型的今天，在社会治理中，针对畲族民间体育文化的整理和挖掘势在必行。随着改革的不断深入，畲民的观念发生潜移默化的转变，无论是消费观念、婚姻家庭观念还是商品经济观念等均体现了这种转变。在这种情况下，就需要将先进的有利于乡土社会发展的观念融入乡土社会治理中，使畲族民间体育文化呈现出新形态，带动乡土社会变迁，完成传统向现代的转型，促进乡土社会的文化大繁荣大发展。

6. 推动经济与文化产业发展功能

当前我国许多农民生活水平还偏低，社会治理能力较差，这种现状是多方面原因造成的。在推进农村社会现代化的同时，农村社会治理能力要得到同步提升，以此促进农村经济发展，提高农民生活水平。畲族本身具有悠久的历史，丰富多样的传统民俗显示了畲族的特色，这里有大量的民间体育资源还未被开发。作为跨文化交流的重要组成形式，畲族民间体育、畲族服饰和畲族音乐等在我国对外体育文化交流中具有重要地位。这种"文体结合"的体育文化交流，促进了对外体育产业的对接与合作，为地区经济带来了更多的效益，帮助畲民增收，提高了畲民生活水平。

三、畲族民间体育文化在乡土社会治理中的现代价值

畲族民间体育文化乡土社会治理的价值主要体现在：在畲族乡土社会治理过程中的多元化主体，发挥畲族民间体育文化的社会治理功能，解决畲族乡土社会中存在的各种问题和失范现象，从而达到善治目的。鉴于畲族乡土社会特殊的历史和文化背景，社会治理不要遗忘乡土。畲族民间体育文化是畲民千百年来在社会生活和生产劳动中逐渐形成的，具有共同遵守的风俗习惯，是营造乡土社会治理环境非常重要的因素。

（一）陶冶情操和调节人际关系

在乡土情结浓厚的畲族地区，内容丰富多彩、形式多种多样的民间体育活动，提供给人们相互沟通交流的机会和宣泄不良情绪的渠道，促进了人与人之间友好联系，有效地减少了社会中恶性事件或暴力事件的发生。一直以来，畲族乡土社会的和谐稳定都是通过民俗文化的教化、规范、整合等功能维系的。随着市场经济体制的转轨和发展，大量的人民内部矛盾产生在基层，其主要表现形式就是现实生活中大量存在和发生的民间纠纷。畲族民间体育活动让人们在一定程度上通过集体活动的渠道增进了解，调节人际关系，发泄过剩的精力，调整生活节奏，缓解心中的压力，宣泄不良情绪，从而维护畲族乡土社会的稳定。

畲族民间体育进一步丰富了畲族村落的文化生活，满足了广大群众对美好

未来的向往和期盼。为了维护社会稳定与和谐，必须依靠法律来规范人们的行为，但是，人们生活中的很多层面法律很难真正渗透到。社会学理论认为，体育运动可以培养责任感，通过各种规范在一定程度上控制人类越轨行为。现代社会中，体育本身就对于社会的稳定和谐起着重要作用。

（二）构建乡土社会治理方式

习近平总书记指出，一个国家选择什么样的治理体系，是由这个国家的历史传承、文化传统、经济社会发展水平决定的，是由这个国家的人民决定的。推进畲族村落社会治理发展，需要发挥民间的作用，使畲族乡土社会生活有规则可循。推进畲族村落社会治理现代化，发挥民间体育的规范教化功能，重视民间体育文化在制定村规民约中的引领作用，规范畲民的日常行为规范，形成一种与现代畲族乡土社会相适应的伦理观和道德水平，将传统道德的约束、村民的自律与村落中社会组织管理结合起来，有效维护畲族乡土社会中民众的基本权益，如相关基层体育社团组织通过开展畲族民间体育活动，如三月三和九月九的民间体育活动，"以文化人"，对规范畲民日常行为，构建畲族特色的乡土治理模式具有很强的可行性。

就畲族乡土社会群体而言，文化包括社会规范和价值体系两个方面，是被一个民族大多数成员所接受和认同的社会规范和核心价值取向，是从一个民族长期的社会生活和实践中形成和发展而来的。

畲民敬奉神，崇拜祖先，最核心的就是祖先崇拜和图腾崇拜。龙犬盘瓠是畲族的图腾，被尊称为始祖。畲民们模仿狗的翻转、滚动、扑、窜、卧等姿势，在锣鼓的伴奏下跳起犬舞，祭祖结束后去瞻仰祖先遗像，通过进祠堂、社庙、拜大树等方式来祈求家族平安吉祥。在宁德市畲族聚居地区，每年在祭祀时，举行祭传祖杖和家族祖宗牌位的仪式。这些民族传统体育文化活动不仅记录了人们的日常生活，而且包含了丰富的民俗文化和普遍价值观，体现了畲民的乡规民约、语言和行为的禁忌、习惯等。在活动中畲民掌握了集体的规约，感受敬畏与信仰，体验勤劳勇敢的先祖们在长期迁徙中的悲壮高昂、粗犷豪放、豁达乐观的民族性格，并在生活中将它们逐渐内化为符合社会规范和要求的核心价值观。核心价值体系的构建为乡土社会文化繁荣提供了支撑，乡土社会文化的繁荣，对核心价值体系的构建起着反哺作用。

由此可见，善治需要依靠政府或国家层面来实现，更需要民众和民间社会力量的参与，依赖于正式制度与非正式制度相互依存、平行依存和相互转化。利用畲族民间体育文化"黏合剂"的作用和非正式制度的软治理功能，并将之与法律正式制度相协调，共同作用于畲族乡土社会治理之中，维护社会的稳定，对于促进社会善治将收到事半功倍的效果。

（三）消解社会治理不稳定因素

通过重塑畲族民间体育文化功能，提升畲民对乡土社会的认同感和内聚力。乡土社会善治的进程立足于民间，要建立一个有灵魂、有根、有源的现代乡土社会，而不单单关注快速发展的城镇化社会。这需要吸收畲族民间体育文化中公共规范价值的积极成果，通过重建代代相传的民间体育文化，重拾本民族历史与传统文化，再现乡村精神和传统文化的核心价值，建构畲民信仰，促进乡土社会振兴，保存新农村独特的传统文化魅力，彰显乡土社会特有的民间体育文化价值，深化畲民对民间体育文化的认同，使村落之间的联系更加紧密，增强畲民的归属感，规范畲民的生活秩序，加强地方文化的构建。

（四）维护乡土社会秩序稳定

畲族传统乡土社会形成了一个自足的乡村社会系统，具有自给性、封闭性等特点，部落、父权、人情、家族等观念在畲民心中根深蒂固，围绕这些关系，形成了相应的意识形态和价值信念。民俗就是畲族乡村社会的"魂"，通过口耳相传、行为示范和心理影响的方式传承与发展。畲族民间体育是带有集体、传承、模式、地方等性质的民间文化，是一种具有程式化和集体习惯的民间体育活动。如源于祭祀和婚礼的祭祀舞、敬茶舞等项目，舞蹈的动作幅度较大，很灵巧，单人或者多人都可以表演，为祭祀和婚礼增添了欢乐的气氛。场上和场外组成一个完整的祭祀典礼，场上的时间是整个祭祀仪式的过程，场外分为祭祀开始前的准备工作和祭祀结束的善后工作。制定整个仪式的礼仪程序、一系列动作套路和节奏规范，仪式上所用的器具标志、服饰准备，祭祀禁忌宣示等，属于祭祀前的准备工作；善后工作则包括神器的归位、器物封存、财务结算等。

畲族民间体育活动在进行的整个过程中将各环节进行串联整合，在规范村民身体行为、道德规范、日常生活、生产行为和维护乡土社会秩序等方面具有极其重要的作用。为了实现畲族民众的根本利益，在人民和政府之间形成良好关系，需要在社会中建立一种良好的治理形式，即善治。所谓善，内容是伦理规范。善治，就是治理的伦理化与道德化，是相对于以力或权服人而言的，它需要借助于"义""礼""知"得以实现。善治就是打破政府对社会的权力垄断、还政于民的过程，政府肩负起对民众引导、扶持和监管的责任，使畲族民众的利益最大化。在社会治理中，善治需要政府与民众的共同参与和合作。民众对权威的自觉认同与权威的自愿合作是善治得以实现的最基本条件，如果民众不积极参与、不积极合作,善治便无从谈起。把畲族民众参与本族民间体育活动的积极性充分调动起来,引导民众不断增强自觉意识,发挥主体意识,促进公民参与公共决策、参与社会治理,满足人民群众的需求,维护乡土社会秩序的稳定。

(五)促进乡土社会文化繁荣

畲族民间体育文化的发展为乡土社会治理提供思想上的指引,从这个角度来说,畲族民间体育文化对乡土社会文化繁荣具有重要价值。畲族乡土社会营造畲族民间体育文化发展的土壤和外部环境,畲族民间体育文化向社会成员传导思想、理想、信念,进行相应的文化输出,使社会成员能够从灵魂深处去吸收某些文化元素,形成与群体相同或者相近的情感、信念和价值观,进而融入社会之中。如祭祀舞源于祭祀,畲民的精神世界烙上了祖先的痕迹,渗入血液之中难以磨灭。在这种崇拜心理的作用下,舞者挥动铃刀踏足、跺脚,在吟诵的同时进行舞蹈,与此同时,寄希望于神灵的保佑与庇护,祈愿家族和睦、六畜兴旺、国泰民安、风调雨顺。长期延续下来的体育活动,使他们逐渐形成了尊老爱幼、关爱他人、和谐共生、博爱仁德的思想观念和文化特征。再如打尺寸,畲民世世代代肩负着沉重的生活压力,在历史变迁中辗转、迁徙,为了保卫自己的家园和来之不易的劳动成果,他们采用各种手段抗击外来入侵的敌人,打尺寸就是一项源自唐代发展至今的畲族民间体育项目。

除此之外,还有畲家拳、舞铃刀、八井拳、洪拳等,形成了畲族民间独特的传统武术项目,在国内外的体育文化交流中受到了普遍认可和好评。乡土社会治理为畲族民间体育文化创造了良好的外部发展环境和内部动力机制,对乡土社会文化大繁荣大发展具有重要的促进作用。

(六)助推乡土社会经济增长

1. 实体经济与传统工艺相结合的产品开发

畲族具有悠久的历史文化,有着丰富多样、特色鲜明的民间体育活动,许多畲族民间体育资源都具有很大的产品开发价值。畲族民间体育活动中畲族运动员所穿的具有民族特色的运动服饰和一些具有特色的道具、音乐等,都具有较大的开发价值。

利用畲族所在地域特色,结合我国"一带一路"倡议,对畲族民间体育文化做到"文体结合,经贸唱戏",使畲族民间体育逐渐成为经济交流的先行者、媒介或载体,成为经济文化一体化和对外开放的重要形式,促进畲族乡土社会的经济、社会发展,提高畲民的收入水平,从而带来更加明显的经济效益。

2. 民间体育竞赛项目的开发价值

在畲族民间体育项目中有很多运动项目是大家喜闻乐见的，在开展的过程中具有一定的群众基础，审美特征凸显，具有高度的娱乐性、趣味性、知识性、艺术性和实用性，具有广阔的开发前景。闽东的畲族传统竞技体育项目参加第一至十届全国少数民族传统体育运动会的比赛，如打枪担、竹竿舞、打尺寸、舞龙头、虎捉羊、猴抢蛋等项目在全国少数民族运动会中多次获奖。

具有竞赛性质的畲族民间体育运动，是发展畲族民间体育事业强劲有力的杠杆。除了按照国家的要求参加全国大型少数民族运动会之外，应定期或不定期举办区域性的比赛活动，并与民族传统节日相结合，打造具有强大生命力的畲族民间体育文化产业，让更多的畲民拓展视野，主动走出家门，参与到畲族民间体育活动中来，带动乡村社会的文化生活和生产，推动畲族乡土社会的经济发展。

3. 积极打造特色体育旅游产品

在畲族村落中，可供开发的民间体育旅游资源十分丰富，在展现地域特色、民族传统文化风貌与乡土风情的同时，可充分利用深厚的畲族文化底蕴和丰富的畲族民间体育旅游资源，加强畲族民间体育旅游产品的研发，发展畲族民间体育文化旅游产业，让畲族民众在家门口致富，使得传统民俗村落成为宜居宜业的美好新家园。提高畲族民间体育旅游产品的原创性，不断融合健康、文化等相关产业，积极培育独具畲族民俗风情且发展潜力大的体育旅游产品，促进畲族民间体育旅游产品的不断更新。引进国际时尚体育旅游项目，促进畲族民间体育旅游资源的开发与利用。

在国家政策法规的鼓励与支持下，在地方教育、文化、体育、旅游与少数民族管理等多部门高度重视与指导下，旅游企业高效整合畲族民间体育旅游资源，扶持重点景区景点发展畲族民间体育旅游，打造畲族民间体育自然旅游特色线路，围绕以身体活动为主要表现形式的畲族民间体育品牌，通过打造"文化生态旅游村"的概念来寻求发展，充分利用畲族乡土社会具有独特的民间体育文化资源，打造"一村一体育民间文化品牌"。推出畲族民间体育文化旅游精品线路，在时间与空间上合理、灵活配置资源，提升畲族民间体育旅游的整体实力和吸引力，推动畲族民间体育旅游市场的发展，使畲族民间体育旅游业发展蒸蒸日上，以带动其他产业蓬勃发展，建设富裕、和谐、秀美的畲族村落，使之成为社会脱贫致富的重要支撑，助力畲族乡土社会治理能力的提升。

4. 发挥民间组织活动能力，辅助推动经济增长

在畲族村寨中开展的大部分民间体育文化活动都是由民间自发组织的，主要由德高望重的尊辈组成。他们将社会经验、互助精神、伦理道德和思想观念带入组织活动中，借以提高社会资源利用能力，加强乡土社会成员之间的合作意识，从而提升民间组织在畲族乡土社会中的运作效能。

面对现代化的发展，应努力发挥畲族民间组织的活动能力，加强畲族民间体育文化建设，制定和实施畲族民间体育文化发展战略，为社会文化发展提供精神支撑，促进畲乡文化繁荣发展，可以保证畲族民间体育文化能够在相对稳定的社会环境和文化氛围中传播，构建畲族民间体育文化之旅。畲族乡土社会独特的传统文化产业的构建，不仅能在一定程度上加快乡村经济增长，缩小城乡差距，还能吸引青壮年群体"回流"，激励人们热爱生活，热爱中华民族，促进畲族乡土社会治理现代化。

第五章 畲族民间体育项目保存现状与保护措施

一、畲族民间体育项目起源

由于畲民长期居住在崇山峻岭中，交通闭塞，与外界交流少，社会发展相对较为落后，在长期的农耕生产劳动、岁时节日习俗、军事斗争、宗教图腾信仰、民族迁徙等过程中形成了内容丰富、形式多样、简单易学的畲族民间体育项目。例如，为了适应生存所需而进行耕种、狩猎，为了抵御外来入侵而练拳习武，为了安居乐业而进行祭祀祈福，等等。畲族民间体育文化作为中华民族的一种文化形态，融合了多民族文化而形成的具有浓郁民族特色的民间传统体育文化，不仅是中华民族传统体育文化遗产中的一颗璀璨的明珠，而且也是我国社会主义体育事业不可或缺的重要组成部分。

（一）农耕生产劳动中形成的体育项目

从生产劳动来说，畲族是一个农业民族，从战国时期至新中国成立以来，2000多年来久居深山，穷乡僻壤的边远山区，物质贫乏、交通不便，过着刀耕火种的生活。在这种极端困难的条件下，为了生存、生活和发展的需要，在从事耕、捕鱼、狩猎以及大自然的抗争中形成了最初的体育形态，在农忙季节过后，畲民常聚集在一块进行集体活动，这些活动具有较强的竞争性与娱乐性，使得一些用于生产的劳动工具逐渐演变成畲民从事体育活动的器械，一些生产劳动的肢体语言也逐渐成为畲民进行身体活动最初的动作。这些与农耕生产劳动有关民俗体育的活动，后来逐渐发展成为体育项目，如在防御驱赶野猪过程中形成的赶野猪，在滩涂上滑行讨小海生产活动中形成的骑海马，在山林狩猎中形成的斗牛、击草与摔油茶球等。

（二）岁时节日习俗中形成的体育项目

就岁时节日而言，畲族的节庆大多数与汉族一样，有春节、元宵节、清明、端午、中秋、重阳、冬至等，其中以春节与端午尤为隆重。畲族也有本民族传统的节日，典型的有二月二（会亲节）（如图5-1）、三月三（乌饭节）、九月九、招兵节（如图5-2）、封龙节（如图5-3）等。比较典型的是节日登山活动，福建东部、浙江南部的畲民会身着艳服，载歌载舞，成群结队参加登山运动，攀登白云山、太姥山、雁荡山等山脉。在长期历史演变中，形成了较有代表性的民间体育项目如登山、跋山涉水与跳竹竿等。

图5-1 会亲节

图5-2 招兵节

图5-3 封龙节

（三）军事斗争过程中形成的体育项目

从军事斗争历史上看，畲民长期遭受历代封建统治阶级的欺凌、压迫，同时又经历了长期战乱和不断迁徙，如源于唐代的打尺寸项目，是为了纪念畲族英勇抗敌英雄蓝奉高的事迹并流传至今。在新民主主义革命时期，畲族同胞自始至终坚忍不拔地同汉族人民一起投入革命斗争，倾其所有来支援革命。正如开国上将叶飞同志所说："畲族人民'第一最保守秘密，第二最团结，……自始至终都忠于人民，忠于党'。"[①] 在战火纷飞的年代，畲民形成了与军事斗争

---

① 福建省体育史学专业委员会. 畲族与体育论文集 [M]. 福建省体育文史工作委员会，1993：8.

有关独具一格的畲族武术,如连环拳、蓝技拳、法山拳与八井拳等武术项目。

(四)娱神慰祖礼俗中形成的体育项目

从娱神慰祖来谈,畲民非常崇敬祖先,其核心是图腾和祖先崇拜,各种娱神慰祖与图腾祭祀仪式中均体现相对应的舞蹈,场面十分庄严。对于祖先的崇拜主要体现在,畲民无论迁移何处都会带上自己的祖先牌,在农历初一、十五以及春、秋两季均举行盛大的祭祀活动,畲民通过娱神慰祖礼俗活动怀念祖先、祈求平安。传说畲族以龙、犬为其始祖,每家每户都保存一根龙头祖杖。有的还在公祠堂里供奉雕有龙头(或犬首)的木主牌位。在祭祀中还形成了如舞龙头、舞铃刀、狮子舞、马灯舞、稳凳、踏步(功德)舞与祭祖舞(如图5-4)等体育项目。

图5-4 踏步(功德)舞与祭祖舞

(五)民族迁徙流变中形成的体育项目

就畲族迁移过程而言,由于受到历代封建统治阶级的欺凌与压迫,加上天灾人祸,他们被迫多次迁徙,沦落天涯海角、深山丛林,遭受自然生存环境恶劣和可耕地面积不断减少等困扰,农业经济落后,农作物的微薄收入满足不了畲民日常所需。为了生存和发展,畲民不断寻求更好的生活环境,在多次迁移中,他们在加强与外界的联系和交流的同时,为了抵御外来入侵而练拳习武,逐渐形成了铁砂掌、铁臂功、避露功、盘柴槌与畲族棍等武术项目。如迁移福建省福安市畲族金斗洋村已有700余年的历史,该村人人习武,被誉为"全国武术之乡",被中央电视台拍成电视片《闽海雄风》在全国展播,很好地展示出畲族人民的聪明才智与朴实无华的特性。(如图5-5)

图 5-5　福安市金斗洋畲寨

二、畲族民间体育项目保存现状梳理与分类

畲族长期居住在崇山峻岭中，由于地理环境的不同和生产、生活方式的差异，形成了独特的文化形态，而作为人类历史文明的一个组成部分，畲族传统体育与生产劳动、宗教活动、生活习惯、军事斗争等密切相关，这些源于自然生活、因地制宜、就地取材、简便易行、富有民族气息的传统体育深受群众的喜爱，按畲族民间体育项目分类，大体可分为畲族传统武术与畲族民俗体育两大类型（如图 5-6）。

（一）畲族传统武术保存的主要内容

畲族人们非常重视武术，许多武术项目源自征战与生产。畲族武术分功法、拳术与器械三大类。畲族拳师对练功有句口头禅："练拳加练功，胜似孙悟空。"他们摸索出一套在练疾、练硬、练力等方面及方法独特、行之有效的练功法。畲拳乃畲族独创，已有 700 多年的历史，在民间十分普及；畲族器械种类繁多，动作名称十分复杂。

1. 畲族传统武术的功法类

畲族传统武术中一疾、二硬、三力的特点被誉为"三绝"，它讲究实战，套路简短精练，朴实无华，结构紧凑，其动作招招立足于实用，强调体现疾、硬、力的特点，并且很重视功法的练习。在此，我们选择其中的桩功、一竹功、二竹功、竹把功、三年功、铁砂掌、铁臂功、避露功、眼功、搬石磨、推石球、耍石狮、玩石锁等部分功法做具体介绍（见表5-1）。

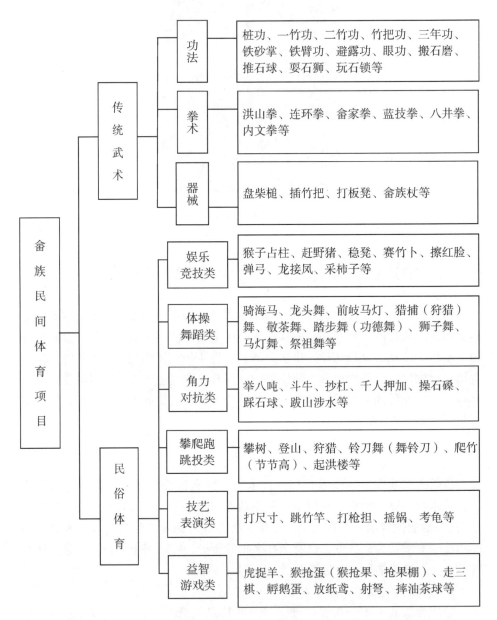

图5-6 畲族民间体育项群分类

表 5-1　畲族传统武术项群分类

功法类	拳术类	器械类
1. 桩　功	1. 洪山拳	1. 盘柴槌
2. 一竹功	2. 连环拳	2. 插竹把
3. 二竹功	3. 畲家拳	3. 打板凳
4. 竹把功	4. 蓝技拳	4. 畲族杖
5. 三年功	5. 八井拳	
6. 铁砂掌	6. 内文拳	
7. 铁臂功		
8. 避露功		
9. 眼　功		
10. 搬石磨		
11. 推石球		
12. 耍石狮		
13. 玩石锁		

（1）桩功。

1）静力站桩。练功者两腿成八字马或不丁不八马，两拳向前平抬起（如图 5-7a）。要根据本人的具体情况逐渐增加练习的时间，可锻炼桩马的持久力和稳固性。

2）负重站桩。在静力站桩的基础上，身负石锁、沙衣等重物进行站桩，并逐渐增加站桩的时间和负重的重量，但不能因负重而降低对马步的要求。（如图 5-7b）。这种方法可使桩马更加稳固和耐久。

3）拖桩。两腿成八字马桩站立，两手抱拳当胸，拳心朝内，随后上体左转，左脚向前进步，右脚拖步跟进，如此连续前进（如图 5-7c）。它可锻炼桩马在前进中的稳定性。

4）负重拖桩。负重拖桩是按八字马或不丁不八马的动作要求站桩，两手抱握一定重量的石锁进行拖桩练习，行进中两臂可结合伸缩的动作将石锁推出、拉回，也可缚一定重量的石磨或铁块、石锁等重物，将绳子的另一端捆系在桩马的后脚踝关节上，向前连续进步（如图 5-7d），这是针对有一定基础的练习者进行的负重训练，此法可加大桩马的力量，增强行进时的稳固性和持久性。

a. 静力站桩　　b. 负重站桩　　c. 拖桩

d. 负重拖桩

图5-7　桩功

（2）一竹功。一竹功是将一根毛竹架在两个三脚架上，练习者在这根竹子上站桩马、打拳，做进步、退步的练习。当练习到能在上面进退自如时，可在竹上抹上一层菜油，使其光滑难行，以提高练习的难度。训练有素的拳师可以两人在毛竹上进行推手、格挡、拉拨等技击练习，被打或被推落者为输（如图5-8）。这种方法不但可以提高练习者的平衡能力和桩马的稳定性，更重要的是进行了田埂模拟性的训练，对惯常活动在山区的水田田埂上的畲民们来说打下了实地相搏的良好基础。这种功法对提高畲民在田埂上的实战能力是很有益处的，故而当地有"畲人上田埂，十人难近身"的说法。

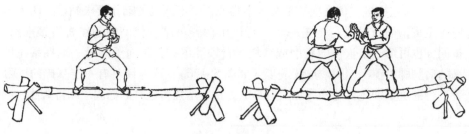

图5-8　一竹功

(3) 二竹功。二竹功是将两根毛竹置放在两张长凳上，并加以固定，在不同的方向挂上 2～3 个沙袋。练习者两脚站在毛竹上，击打悬吊在半空中的沙袋，并要求前使手、后使肘、左右同时出两手（如图 5-9）。待练到一定程度时，可以增加沙袋的数量和变换沙袋的方向位置。另外，还可用头顶、肩扛、膝撞等打法进行攻防的假设性练习。这种练习既可练习桩马的稳定性和平衡能力，又可练习手法的疾速和对不同方向来"敌"的应变能力，是一种很有实战意义的练功方法。

图 5-9　二竹功

(4) 竹把功。竹把功是将许多小竹子扎捆成把，竖靠于墙，习者用掌尖往里插，插入后迅速抓住少量小竹往外拉（如图 5-10）。这种练习需具有一定的铁砂掌基础。待练到一定程度后，可逐渐扎紧竹把以提高练习的难度。这种功法可练掌指"插"的难度和插入往外"拉"的力量，它是畲族传统武术所独具的指、掌硬功训练方法。

(5) 三年功（千层纸功）。三年功是将 1000 张粗纸（草纸）叠钉在墙上或柱子上，习者每天采用拳击、掌插、指点等方法进行练习，逐日打，逐日

图 5-10　竹把功

撕，这 1000 张纸撕完了，"三年功"也就练完了。这种功法是练拳、掌、指之硬度的特殊方法，它符合由易到难、循序渐进的科学原理，如采用药物辅助

练习，效果会更佳。（如图5-11）

（6）铁砂掌。畲族传统武术的一个重要特点是掌法、指法居多，所以练习铁砂掌更有其特殊意义。其方法是：练习者手蘸一种特殊的药水后顿感奇痒，就往准备好的米堆、谷堆、黄豆堆、沙子堆、铁砂堆里进行插、拍、砍击练习，习后不感疼痛，反觉舒适（如图5-12）。如此数年坚持不懈便可练成铁砂掌。练功的步骤强调循序渐进，由轻到重，从易到难。开始练时，先拍击米、黄豆等，而后慢慢过渡到沙子。当能在铁砂上进行插击时，铁砂掌即大功告成。

图5-11　三年功

图5-12　铁砂掌

（7）铁臂功。畲族人多居住在偏僻的山区，房前屋后树木环抱，翠竹如林，到处都是练功的好场所，铁臂功正是利用这些自然条件来训练的。

其练习方法是：练习者正对一棵大树，距约30厘米，略屈膝蹲成八字马，两手抱拳当胸，拳眼朝上，拳心朝内，两拳之间的距离约10厘米。具体动作为：①右臂向右摆直，随即向左前下方横击，用前臂内侧击打树干（如图5-13a）；②右臂屈肘内收，向左绕摆，随即向右前上方横击，用前臂外侧击打树干（如图5-13b）；③右拳收抱腹前，同时，左臂向左摆直后向右前下方击，用前臂内侧击打树干（如图5-13c）；④左臂屈肘内收向右绕摆，随即向左前上方横击，用前臂外侧击打树干（如图5-13d）。

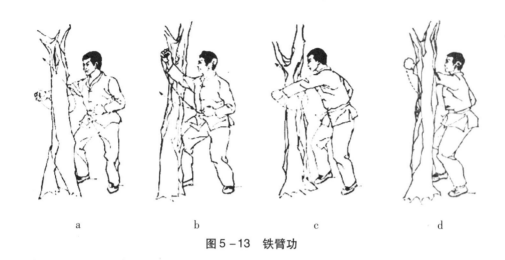

图 5-13　铁臂功

按此方法由轻到重、由慢到快地进行练习，也可先打树皮较软的树，而后渐渐过渡到打坚硬的树干。练习者也可在前臂上涂抹药水进行练习。苦练数年，铁臂功练成时，摧竹击木轻而易举，与人相搏，稳操胜券。

（8）避露功。黎明鸡啼时，晨练者趁这时树木、毛竹上带有露水，站在树荫外，然后疾步跃于树干旁，分别用拳打或脚踢，更多的是用两掌切击树干（即假设敌的肋或肋下部位），随即快捷跃出，以被震落的树干、毛竹枝叶上的露水不沾身为度，反复持续进行（如图5-14）。这种功法要先在较小的树木、竹下进行，随着功夫的长进，慢慢转移到较大的树木、竹下进行。畲民们就是利用这些自然条件进行避露功功法练习的，它可磨炼手脚的硬度，熟练进

图 5-14　避露功

击的方法，加快进退的速度，以提高进退的速度为练功的主要目的。

（9）眼功。眼功是武术运动中眼神与动作配合的功夫。在技击中密切注视对方的举动，是反击的前提，是精神气势的体现。练拳时若没有眼神的配合，动作就没有生气，套路也就成了呆板的动作罗列。反之，如果能练到眼神和一招一式配合恰当，就能把练习者内在的精神意识通过眼神充分体现出来，使整个动作协调而富有生气。在技击中，眼神可以威慑敌手，从心理上战胜对

方。注视着对方,还可以对对方的意识企图、一举一动明察分析,并通过大脑做出正确的判断和反应,从而做出相应的防守和进攻。

畲族传统武术眼功的练习方法很多,如:

1)对物静视。对物静视即是眼睛望着一个物体。多在户外树林中,目不转睛地注视一物,练习眼对物静视的持久力。这种方法一般在早晨起床后练习效果最佳。

2)设意随视。练习者假设对方以各种动作从各个方向攻来,视线随之迅速移动,随想随视。这种方法既可练在千变万化的情况下不眨眼睛,又可练视力的持久性。

3)盯视击拳。练习者按八字马的要求站桩,目视前方。陪练者握拳向练习者的眼前快速突然地击打,约在离练习者的眼前10厘米处急停。击拳可有节奏地连续进行,要求练习者双眼圆睁不动,并对来拳有所意识,但不做躲闪动作。可使眼睛在各种突如其来的攻势中不眨不闭,以便做出正确的判断。

4)套路眼神。套路眼神指的是在演练套路时,各个动作与眼神的配合,即要求手到眼到。练习时,根据动作要求,先视防守点,再视攻击处,使眼神与动作相融洽,并通过眼神表现出勇敢、顽强和无所畏惧的气概。

(10)搬石磨。在畲族居住的村庄里,有许多大大小小用来磨米、磨豆腐的石磨,石磨小的百余斤,大的数百斤,这些大小石磨成了畲民练习力量的好用具。一种练习方法是靠近石磨站八字马,双手托住底盘搬动、抱起放下,再抱起又放下,反复进行。练习的石磨由轻到重,逐渐增加。另一种练习方法是将石磨抱起后做套路的步法练习,这种练习主要是为了提高"弓马"的身腰和手臂的力量(如图5-15)。

(11)推石球。石球是畲族传统武术的一种特有的练功器械,用青石或大理石凿制而成,小的几百斤,大的千余斤。练习的方法是,将石球放在土地上,练习者

图5-15 搬石磨

靠近石球站好马步,用掌向前推动,继而"脱马"换步,向左或向右推动。先推小的,然后逐渐向大的发展。(如图5-16)

(12)耍石狮。石狮是闽东山区的畲民所喜爱的一种装饰品,家家户户的房前屋后几乎都摆着几尊用青石雕琢的狮子。这些石狮大的有数百斤,小的不

过几十斤，它们也是人们常用的练功器具。用单手或双手抓握石狮的脚进行提、举、推、抛、接、舞等练习，有的还可手托适重的石狮进行拖桩练习，或进行简单的推击练习。练习时，由小到大，逐渐增加石狮的重量。例如，双手抓握轻重适量的石狮成不丁不八马进行拖桩，每前进一步便向前推击一次，可连续前进，也可变换方向移动步法，向左或向右进行；还可两手各擒一个小石狮进行简单的套路练习（如图5－17）。耍石狮可以有效地提高练功者的力量素质，抛、接小石狮还可以锻炼练功者的反应、灵敏、准确的素质，所以畲民们每天早晚总喜欢耍上一阵子。

图5－16　推石球

图5－17　耍石狮

（13）玩石锁。石锁因用青石雕琢而成又形似铁锁而得名，其重量大小不等，小至二三十斤，大到百余斤。玩石锁的方法很多，可以根据石锁的重量和玩石锁者的水平进行。它是畲族传统武术师们喜爱的一种劲力练功用具，凡练拳的人几乎都能熟练地玩石锁。下面介绍一种简单的石锁练习法。

预备式：面向石锁直立，目视前方，气沉丹田（如图5－18a）。

1）右脚向右迈一步，两腿屈膝微蹲，右手手心朝里提握石锁于胯下（如图5－18b）。石锁的重量因人而异，一般为30～60斤。

2）身体左转，右脚向前上步，右手将石锁向上抛起，高过头顶，使石锁在头前上方向内翻转1～2周（如图5－18c）。

3）左脚向前上步，身体右转，左手向上托石锁，并顺势落至胯下（如图5－18d）。

4）左脚向前上步，身体右转，左手将石锁向上抛起，高过头顶，使石锁在头前上方向内翻转一至两周（如图5-18e）。

5）右脚向前上步，身体左转，右臂屈肘迎托石锁，同时两腿屈膝下蹲成马步（如图5-18f）。

6）右臂抖动托起将石锁抛离，右手接住石锁，顺势落至胯下（如图5-18g）。

7）右脚向前上步，身体左转，右手将石锁向上抛起，高过头顶，使石锁在头前上方向内翻转一至两周（如图5-18h）。

8）左脚向前上步，身体右转，左臂屈肘迎托石锁，同时两腿屈膝下蹲成马步（如图5-18i）。

9）左臂抖动托起将石锁抛离，左手接住石锁，顺势下落至胯下（如图5-18j）。

10）还原，将石锁置放于体前，身体直立（如图5-18k）。

图 5-18 玩石锁

2. 拳术类

(1) 洪山拳。明末,钟氏畲族兄弟钟元顺、钟元道父母双亡,沿途流浪求乞,后加入洪山拳班马戏团练习拳术。清初,钟氏兄弟因以打拳卖药为生,并在福建南靖县山城镇三下村过沟钟设馆习武,从此代代相传。洪山拳套路齐全,刚劲有力,低马低势,马低根固,防守严密,给人以凶猛的感觉。(如图 5-19)

(2) 连环拳。连环拳在浙江景宁一代流传,自称源于祖宗大相师的拳花、棍花等。拳花有四门拳、五步拳、七步拳(如图 5-20)、金子拳、拌子拳五个环节。棍花有四门棍、双头棍、交子柴、折花棍四个环节。

图5-19 洪山拳

图5-20 连环七步拳

(3) 畲家拳。清雍正年间，泉州少林寺惨遭劫难，寺被焚毁，僧侣被杀，逃难的武僧林铁珠几经辗转，孑身逃到福安，善良的畲民将铁珠收留于地势偏僻、山峦险峻的金斗洋。为报仇雪恨，铁珠卧薪尝胆，收徒习武，当时畲民雷朝宝已练了祖传武功，在铁珠指教下，如虎添翼，高师一筹，被誉为"虎豹师傅"。铁珠病故后，雷朝宝将盘瓠功夫和少林武功熔于一炉，衍生出技术和健身价值都独具一格的畲家拳。(如图5-21)

(4) 蓝技拳。有四步、削竹、龙车水、云

图5-21 传承人钟福录（上）、雷盛荣（左下）与钟团玉（右下）表演畲家拳

肩、中拳等套路，拳貌为马低腰低，手住力聚，脚来手到，能守善攻，硬如钢珠，软如糯糕。

1）预备姿势。步型为八字马，两手握拳，拳心向内，抱于腹中。

2）动作说明。左臂屈肘上架于前额上方，同时身体左转，重心略左移，右手拇指、食指、中指张开成掏裆指向左下方抛抓，目视右手（如图5-22）。

图5-22 蓝技拳

（5）八井拳。流传于福建罗源县的八井村，当地人称练武为"打拳头"。传说明成化年间，从广东迁来的雷安和、雷安居兄弟擅长武术，父子相承，演变成俗。八井拳攻防套路完整，特点鲜明，有半龙虎、虎装、五虎、七星、十八罗汉等动作，每个动作有攻有防、攻防结合、节奏分明、步伐稳健、短促实用（如图5-23）。

图5-23 八井拳传授

(6）内文拳。内文拳属南拳中的一个拳种，在北方称一路拳。该拳术系清末民初福建宁德市蕉城区赤溪镇杨忠忱所创，流传至今已延承四代，蔡作潘系第三代弟子。相传杨忠忱自幼聪明伶俐，喜爱习武，四处拜师求艺。在民国初年，他结合五祖拳、罗汉拳、龙桩拳、虎桩拳等拳术及北脚特点，自创内文拳，后传授于陈成兴等人。该拳术目前流传于赤溪镇、霍童镇及蕉城城区等地，台湾地区也有许多人会打。它不仅要求外在的气质动作与形体美，而且还讲究神韵，形神兼备，使人的思想与行动和谐统一。经过百余年的传承，内文拳形成了四种派别，有不同招数，但万变不离其宗，貌似简单，其实暗藏杀机，头、掌、肘、臂、臀、膝、脚尖、脚跟都可作为武器制敌。（如图5-24）

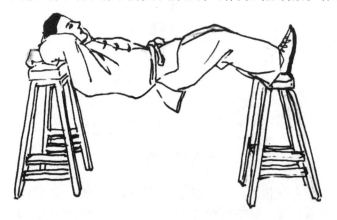

图5-24 内文拳"身穿抬轿"

3. 器械类

（1）盘柴槌。流行于霞浦的民间武术，又称齐眉杖。柴槌有两种：一种长一丈二尺，单人耍弄，称中栏；另一种长七尺，双人对打，叫盘槌。盘槌的每个动作都有攻有拦、攻拦结合，攻时以击对方，拦时以防对方，保护自己，步伐稳健，有快、猛、活的特点。（如图5-25）

（2）插竹把。是将许多小竹子扎捆成把，竖靠于墙，习者用掌尖往里插，插入后迅速抓住少量小竹

图5-25 霞浦盘柴槌

往外拉。（如图 5-26）这种练习需具有一定的铁砂掌基础。待练到一定程度，可逐渐扎紧竹把以提高练习的难度。这种功法可练掌指"插"的难度和插入往外"拉"的力量，它是畲家拳所独具的指、掌硬功训练方法。

图 5-26　插竹把

（3）打板凳。打板凳技术要领：上动不停，左脚上一大步，步型成弓步，同时，左手向上向左侧，后拉回到左上角；右手向腰间左侧伸出，使板凳竖在体侧，在左脚落地的瞬间，两手用力使板凳把端向前左下方斜戳（如图 5-27）。

（4）畲族杖。畲族杖流行于福建省福安市金斗洋。畲族传统武术杖法所用的棍子俗称为杖，属南杖流派，迥异于北棍。一是长度不同，南杖低于使杖者身高，一般与眉同高，故又称为齐眉杖；二是口径不同，南杖口径粗为 5～6 厘米，大大粗于北棍；三是木质不同，不是用北棍所使用的白蜡杆木造成，而是使用深山老林的特殊坚硬木材所制，材质坚硬沉重，击中可一杖毙敌。

图 5-27　打板凳

畲族的杖法练习是由单人套路开始，当拳术套路熟练后，开始练习杖法的初级套路,逐渐加大套路难度,增加套路的动作容量,步步递进。每个套路动作都是前辈的经验总结,有一些套路至今还在秘传之中,被视为珍宝,不轻易示人。单练套路熟练后再进行杖法对练,主要目的是熟悉杖的打击准确度,提高对速度的感觉,增强发力的力度等作用,到最后再进行攻防动作练习。这种攻防训练现在还是处于秘密练习当中,一般人难以窥其真貌。要达到对攻防动作变化方法运用自如则需要7～8年的时间。

而对练的对杖更是精彩,集基本功、攻防方法、训练方式于一体,是两人规范攻防套路动作练习(如图5-28)。

图5-28 畲族杖

（二）畲族传统体育保存的主要项目

畲族传统体育保存的主要项目见表 5-2。

表 5-2　畲族传统体育项群分类项目群

娱乐 竞技类	体操 舞蹈类	角力 对抗类	攀爬跑 跳投类	技艺 表演类	益智 游戏类
1. 猴子占柱 2. 赶野猪 3. 稳凳 4. 赛竹卜 5. 擦红脸 6. 弹弓 7. 龙接凤 8. 采柿子	1. 骑海马 2. 龙头舞 3. 前岐马灯 4. 猎捕 （狩猎）舞 5. 敬茶舞 6. 踏步 （功德）舞 7. 狮子舞 8. 马灯舞 9. 祭祖舞	1. 举八吨 2. 斗牛 3. 抄杠 4. 千人押加 5. 操石磜 6. 踩石球 7. 跋山涉水	1. 攀树 2. 登山 3. 狩猎 4. 铃刀舞 （舞铃刀） 5. 爬竹（节节高） 6. 起洪楼	1. 打尺寸 2. 跳竹竿 3. 打枪担 4. 摇锅 5. 考龟	1. 虎捉羊 2. 猴抢蛋（猴抢果、抢果棚） 3. 走三棋 4. 孵鹅蛋 5. 放纸鸢 6. 射弩 7. 摔油茶球

1. 娱乐竞技类

（1）猴子占柱。儿童娱乐竞技项目，流行于福建宁德。以厅堂梁柱作为目标，也可在平地上标明位置进行活动。主要动作是奔跑、追逐、闪避，锻炼灵敏性。其游戏规则是：在有四扇（榀）以上木架结构的较大房屋，5 人、7 人或 9 人一起，首先围在一起，采取手心手背亮掌淘汰，最后剩两人拍掌出指头，输者为无柱的"猴"，余下每人占据一根柱子，身体的某一部位必须碰到柱子。占有柱子的人互相跑动换柱子，无柱的"猴"则趁机抢占他们的柱子，被抢占了柱子的人又成了无柱的"猴"，周而复始。（如图 5-29）

图 5-29　猴子占柱游戏

(2) 赶野猪。赶野猪亦称打篾球,最早因畲族居民种植的农作物经常被野猪破坏,于是畲民集中起来赶、打野猪,后来经过不断发展演变就成为现在畲族传统的民间体育项目。它以篾球(即用藤条编织的球类)代替野猪,两个队在一块两端各有两个球门的长方形场地上,按照一定的规则进行对抗活动。每队5人,比赛分成上半时(20分钟)、下半时(15分钟),共35分钟,主要用球拍进行传、接、带、射、抢等技术竞争,进攻队力求用球拍将球打入球门,防守队极力阻止、破坏对方进攻并转守为攻。它具有比赛不受性别、年龄限制,技术多样,战术丰富,对抗激烈等特点,能有效地提高人体的速度、耐力、力量、灵敏等身体素质。(如图5-30)

图 5-30 赶野猪表演

(3) 稳凳。稳凳起源于上古时代,原名问凳。由于当时处于愚昧时期,人们身染疾病,家受灾难,故以问凳的方式祈求神灵保佑,以期消灾驱邪保全安宁。具体活动是支撑三脚架横放一条长板凳,两端各坐一人,上下翘动板凳,同时左右旋转,边问边答,告知除病的消灾方法,故称为问凳。随着社会的进步,这项活动逐步演变为民间传统体育项目,由2~4人在转翘的器械上做各种身体练习、竞赛或表演,主要动作包括抓、摆、蹬、摇、翻、挺、屈、仰、投、抛等。竞赛或表演的形式为稳凳套圈,参与者分别站在凳的一端,手持板凳两端,上凳后,在快速转翘板凳的过程中,将地上的小圈逐个捡起,并套进离凳3.5米远处的标志杆中,以套中多者为胜。(如图5-31)

(4) 赛竹卜。竹卜是用竹子制成的一种响器。执竹者利用竹的弹性,借助手腕的爆发力,使之发出"卜卜"的声音。竹节长短、大小不一的竹卜能发出不同的声音,在旷野之外,其声可传很远。每逢收获季节,山坳里不时会传来"卜卜"之声,这是山村畲民用竹卜驱赶雀兽,守护庄稼。

赛竹卜的情节如下:八月金秋,群群麻雀会飞来吃稻谷,东村和西村的畲

族姑娘都用竹卜驱赶。麻雀飞走后，两村姑娘因争功而竞技，比试结果不分胜负，大家都欢呼叫好。（如图5-32）

图5-31　稳凳表演

图5-32　赛竹卜表演

（5）擦红脸。擦红脸源于畲家婚礼中的擦乌脸。此项活动犹如击剑，规定脸部为有效部位。比赛时，进攻方可抓住对方的手争取主动或用躲闪、扭头等动作摆脱对方，跑过安全线得1分。守方互相配合，或抓住进攻者一只手，在有效范围内给对方抹上红脸而得1分。最后各队派一名队员对擦。得分多的队为胜。图5-33为擦红脸场地示意图。

图5-33 擦红脸场地

(6) 弹弓。即团土为丸，而和弓弹出。弹弓是畲族男孩的心爱之物，他们凭各自的想象和爱好而制成不同规格式样的弹弓。《吴越春秋》记载："弩生于弓，弓生于弹。"说明最早的射击器械很可能就是弹弓。我国西南的少数民族至今仍很流行弹弓，但其制作方法与畲族弹弓有较大差异，它是在一片竹条上，绷上麻线或牛筋，中部固定一个小方柜。两者同样保留了原始古朴的风貌，但畲族的弹弓更加突出了简便灵活性，具有携带方便的优点。弹弓大都用一支天然的"Y"形树枝削制而成，在两个枝顶端处缠绕一条近1尺长的牛筋，牛筋中部固定一块皮，用来包扎小石子，利用牛筋的弹力来击中目标。（如图5-34）很多小孩常成群结伙邀约在一起，轮流站在距目标十多米的地方射出弹丸，

图5-34 弹弓

击中次数多者为胜，有时还用弹丸射击鸟雀、果实。畲民从小练习弹弓并以此娱乐健身，因而形成原始独特的运动项目。

(7) 龙接凤。龙接凤是浙江丽水景宁畲族传统体育，4人参赛，2男2女组成一组。女队员将绣球抛向10米外的同队男队员，男队员用背着的背篓（背篓为椭圆形，直径约25厘米）（如图5-35）接住同伴抛来的绣球，每组队员共抛10个球，以接绣球数多者为胜。

(8) 采柿子。流传于浙江景宁等地的采柿子项目。畲民在种植水稻、玉米与大豆作为主食的同时，也种植野果作为副食，柿子就是其中之一。因为柿子

图5-35 龙接凤

树高大难以采摘，畲民便用柿子叉代替人工采摘，这样做既安全又省工，因此，每年畲民在农忙之后便聚集在一起练习采柿子，每逢柿子成熟之际举行采柿子比赛。经过长期的演变，成为现在集锻炼身体、生活娱乐与人际交往于一体的畲族民间体育项目。采柿子比赛主要包括持柿子叉、抛柿子与接柿子三个阶段（如图 5-36）。

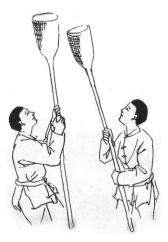

图 5-36 采柿子

2. 体操舞蹈类

（1）骑海马。骑海马亦称滑溜板，海马原本是沿海畲族居民在滩涂上抓捕鱼虾而制作使用的工具。经过长期不断的历史演变，体育活动方式与工具也在不断改进，沿海畲族居民在出海或返回时，以骑海马作为竞技性游戏活动，比速度、比负重、比花样，在滩涂上竞相飞奔，场面十分壮观。近些年，有关单位还专门加以组织，使这项生产活动成为一种富有地方特色和民族特色的竞技性的体育活动项目。它的强烈节奏感和有规律的动作令人目不暇接，就像欣赏一支支美丽的舞蹈。（如图 5-37）

（2）龙头舞。龙头舞亦称舞龙头，源于畲族的一种祭祀活动。器械只有龙头，没有龙身和龙尾。龙头和绣球用篾子编扎、用彩纸糊裱而成，直立安放在木桶上。运动参加者为 7~10 人，一人持绣球，其余人持龙头，在锣鼓声中，龙头随绣球翻滚、跳跃。该运动集技巧、武术、杂技、体操运动为一身，有各种造型，如迎龙伞、龙抢珠、龙珠伞大会串等，其运动形式有平地和桌子上两种。平地套路有龙王滚车、鲤鱼翻白、鲤鱼翻梁、猴子翻梁、小合包、大合包、雪花介顶、龙王成楼等。桌上套路有开四门、画眉四角、画眉跳对门、鲤鱼上滩、鲤鱼下滩、鲤鱼跳龙门等。宁德畲族同胞每逢节日必有舞龙头活动,流传于八都的猴盾和飞鸾的南山一带,用以纪念民族图腾,祝福村寨平安、庄稼丰收、族人欢乐。舞龙头曾在第三届全国少数民族传统体育运动会上表演并获表演奖。(如图5-38)

图5-37 骑海马比赛

图5-38 舞龙头表演

(3)前岐马灯。前岐马灯是福建省福鼎市前岐镇畲族群众独创的民间传统游艺项目。相传在明代正德年间就有了这种项目,每年从正月初三或初四开始活动,直到元宵过后才停止,至今已在当地民间流传了400多年。前岐马灯与别的灯类游艺有所不同，其造型大多为各种不同的人物形象。马灯队通常由30多名十来岁的少年儿童组成。他们跨着各种造型的马灯，再现"穆桂英挂帅""岳家将""郑成功收复台湾""戚继光平倭寇"等场面，时而表演，时而亮相，同时亦歌亦舞，极富情趣。（如图5－39）

图5－39　前岐马灯表演

（4）猎捕舞。猎捕舞亦称狩猎舞。由于生存环境的恶劣，散居在我国东南部的浙江、福建、广东等省内偏僻山区的畲民需要依靠狩猎活动来获取维持他们基本的生产、生活的物质资源。狩猎活动对体力、耐力、爆发力、智力和灵敏性要求均较高，尤其需要有较长距离奔跑的耐力，正是这种奔跑磨砺出畲民矫健的步伐和敏捷的速度。狩猎节就是畲族人祭拜祖先的节日。畲族祖图中有反映始祖盘瓠狩猎殉亡的故事，宗教祭礼活动中也有狩猎内容，生动地反映了畲民族曾经敏捷的狩猎的活动景况。（如图5－40）

图5－40　狩猎舞表演

(5) 敬茶舞。敬茶舞流传于福建华安、南靖、龙海、平和等地。每逢举行婚礼，常要长夜盘歌和跳敬茶舞。结婚这天晚上，新郎等 10 名男子分别模拟男女老少的神情，面对面站成两列纵队，在一名善舞的端茶人的带领下跳起敬茶舞。端茶人手捧茶盘，双臂向上画一个圆圈至胸前，屈膝向众舞蹈者做施礼动作，众人随之双手胸前交叉，屈膝做回礼动作。尔后，端茶人按东西南北方向反复向众人施礼，并向众人说贺喜的话，为婚礼增添欢乐的气氛。由于跳敬茶舞能舒筋活血，单人多人均可表演，舞蹈灵巧，动作幅度大、粗犷，故一直流传至今。（如图 5-41）

图 5-41　敬茶舞表演

(6) 踏步舞。踏步舞亦称功德舞，流行于浙江畲族和福建畲族，两地大致相同，都是祭祀性舞蹈。每逢举行丧葬仪式，8 名祭师身穿道袍，在畲族民歌曲调的伴奏下，祭师每两人面对面或背相对，每人左右手各拿龙角和灵刀，边吟边舞，有节奏地转动龙角和挥动灵刀，使它们发出清脆的响声。同时，一步一蹲地跳着。随着舞蹈者情绪的变化，舞步逐渐加快，在场的人面向里围成圆圈。（如图 5-42）

(7) 狮子舞。狮子舞流传于福建漳浦、龙岩一带。上杭县青水乡流传着这样的传说，畲族祖先曾居住在深山老林，凡遇节庆，藏在山洞里的狮精就出来残害百姓。畲民祖先与它斗法、比武，但因狮精通武道，无法取胜，遂请八仙助战，但还是无法获胜，只得请哪吒太子引狮精出山洞，才将狮精杀死。往后，每逢节日、庙会和迎亲时，畲民都会舞狮避邪，越来越盛行，相沿成俗。它有翻、爬、滚、扑的动作，似图腾之状，动作刚健、雄劲、敏捷。分为短狮舞和长狮舞两种：短狮舞，戴猴狮面具的男人们挨家挨户拜访，以求万事如意；长狮舞，狮长10米，分狮头、狮身、狮尾三部分，由3人舞弄，另一人持棍在狮前逗耍。耍狮者要求棍术娴熟，舞狮头者应为武术高手、彪形大汉。无论是耍还是舞，都要按一定的武术套路进行，一舞就要"十八盘"，舞得汗流浃背、气喘吁吁。（如图5-43）

图5-42 踏步舞表演

图5-43 狮子舞表演

（8）马灯舞。畲族人跳马灯舞，最初是为了祭奠祖先。他们从旧居住地请来了祖先圣人（银公主、三星公、元帅社三尊菩萨），由祖神坐镇寨头，镇守族土，驱灾御邪，防御外族欺压，由族首年高艺人组织青年制马、制灯，跳灯舞祭祖，保佑畲族人安居乐业、五谷丰登。每逢喜庆节日，畲族村村寨寨跳马灯，感谢圣祖赐福之恩，从初一跳到十五，直到元宵灯熄。马灯舞是融畲族传统的跳、唱、演于一体的舞蹈，畲族人传承民间灯舞的习俗，形成了畲族特

有舞种，体现了劳动和智慧的结晶。（见图5-44）

图5-44　马灯舞表演

（9）祭祖舞。这是浙江兰溪独具风格的民间艺术畲族祭祖舞。动作简单粗犷，模仿当年祖先拿着各种工具边哭边赶鸟兽的动作，拿起神刀赶兽，吹响龙角招魂，击檀板驱鸟。一般2～4人表演，多者数十人。表演者身穿赤衫，头戴莲花冠，手拿铃刀、鼓角或杨梅刀，边舞边唱，无外人伴奏。各段表演之间有些动作大同小异。祭祖舞音乐伴奏以打击乐为主，打击乐器包括铃刀、皮鼓等，根据不同角色分别运用打击乐器和吹管乐器。伴奏由演员自己担任，边舞边打，边唱边吹。整个音乐气氛悲愤，节奏强烈明快。各曲按情节需要，使用不同的乐器。表演时，舞者所采用的道具、着装有鲜明的畲族特色，其独特的表演形式更是为畲族传统舞蹈披上了神秘的面纱，让人感受到畲族独具魅力的民族文化。（见图5-45）

图5-45　祭祖舞表演

3. 角力对抗类

（1）举八吨。举八吨是福建省寿宁县畲族人民引以为自豪的体育活动之一。举八吨亦称叠罗汉，即一人举8人之意，一人站在另一人肩上逐层叠向高空，8人叠成罗汉后，中央层共5人顶层3人，底层罗汉还要自转一周，继续向前走，这时锣鼓由平衡节奏转向高亢激昂，呼声四起，主人忙向表演者献上茶水糖果，以感谢光临和庆贺表演成功。举八吨表演技术类似我国天津芦台叠罗汉表演中"单挑"和"三炉香"的特点。令人遗憾的是，由于畲族人口少，畲客叠罗汉虽保留至今，但是无法形成专项表演活动，但它的存在打破了叠罗汉是汉族特产的传统说法。（如图5-46）

图5-46　举八吨表演

（2）斗牛。斗牛主要广泛流传于福建省福安市畲族聚集地。斗牛亦称顶牛，属于对抗性竞技项目，两人在平地上争斗，有跳跃、顶碰、拨撞等活动。斗法有两种：一是用脚冲撞。一只脚跳动支撑身体，另一只脚后弯并用手拉着。两人互用膝部碰、顶、推，令对方双脚着地为胜。二是用头顶撞。两人头顶头，互拉双手，靠脚腿和腰的力量，把对手顶出活动界线为胜。（如图5-47）

（3）抄杠。抄杠源自畲族古时的自卫强身活动。历史上，畲族属于一个弱小民族，畲民经常遭受统治阶级的欺凌和自然灾害的困扰。在不断的抗争过程中，畲族人民意识到必须拥有强健的体魄才能够战胜困难和各种压迫。畲民

图 5-47 斗牛比赛

大多深居山中,扁担、拄棒不仅是他们的日常生产工具,而且是他们自卫防身的武器。在空闲时候,畲民经常聚集在一起,用拄棒、扁担、竹杠、木棍等物对顶、对拉、对推、对拧,以此提高自身上下肢和腰腹力量,增强自卫能力。抄杠是长凳两条、木棒四根,两人各自站在凳上,两人各持两棒(半)蹲。发令后,两脚原地前后交换,手持两棒,做前后推拉,以被推下凳子着地为输(三局两胜)。规则要求是:①手不能离棒;②手脚必须做前后运动;③必须服从裁判的发令。(如图 5-48)

图 5-48 抄杠表演

(4)千人押加。千人押加又称大象拔河,现已被列为全国少数民族传统体育运动会竞技项目。千人押加由押加演变而来,比赛前,选一块平地,先在地上选两条平行线作为河界,中央画一条中界,准备一条60米的绳子作为主绳,并在绳子的两边各扎上10条绳子,在两端打结。比赛由20人同时进行,排成两行,双方相背,并各自把绳子套在脖子上,将赛绳经腹胸从裆下穿过,然后趴下,双手着地,赛绳拉直。绳子中间系一红布为标志,垂直于中界,听到比赛开始的口令后,双方用腿、腰、肩、颈的力量奋力向前爬(爬拉动作模拟大象),将红布标志拉过河界方为胜。(如图5-49)

图5-49 千人押加表演

(5)操石磙。操石磙一般选择在石铺的街道上进行。操即推,石磙即石块。石块呈扁圆形,底面光滑,大小不一,大的可百来斤,小的仅几十斤,参加比赛的多为少年或青壮年。少年多为两人一组,一人双脚稳踩石磙,斜挺腰杆,称健杆;另一人为健杆挽臂包胸,合力共同推动石磙前进。青壮年多三四人一组,一人为健杆,余者手抬杠子。健杆仰面斜躺,双脚踩石磙,挺直腰杆,双手紧靠杠子,把石磙飞快地向前推进。也有不用杠子,由两人分别握住健杆的双手往前拉,四臂宛如一根曲杠子,推拉着石磙前进。此外还有对阵的操石磙比赛,又叫作对磙。参加比赛的双方,各自把石磙向对方推移,让双方的石磙猛烈地碰撞,如一方的石磙被撞滑到街边,就算输。有的健杆一不小心身体倾斜,往往被震翻在地,围观群众则发出诙谐的呼喊声:"烙,豆腐啦!烙,豆腐啦!"意即如豆腐般碰撞不得。对于胜利者则报以热烈的喝彩声和鞭炮声，整个活动具有浓郁的乡土气息和热切欢快的气氛（如图 5-50）。

图 5-50　操石磉表演

（6）踩石球。由操石磉发展而来。活动时，运动员站在 20 余千克重的圆形石球上，前后踩动石球，运动自如，又不至掉下来，要求运动员具有较强的平衡能力和力量、灵敏、耐力素质。分为接力比赛和角力比赛，接力赛分甲、乙两队，每队男女各两名。每队前方 25 米处、插有鲜花的标志杆为终点。比赛开始，各队第一名女运动员手持小旗，一脚站于起点线后，另一脚踩在石球上，下令后，双脚立即站上石球，快速向前踩动。到终点时，将小旗插进旗杆，换回鲜花，又背向踩动石球，回起点处，转身将花交给第二名女运动员。第二名女运动员接着踩球前进，这样依次进行（第三、四名男运动员途中增加过一坡度）。以先完成者为胜。（如图 5-51）

角力赛在一个直径 1.5 米的圆圈内进行，两名运动员两手置于背后，每个人踩一石球往中心点相靠。下令后，开始踩动石球，力争将对方石球挤出圈外，或使对方失去重心而落地，被挤出圈外或人落地者为败。比赛采用三局两胜制。

图 5-51　踩石球比赛

（7）跋山涉水。畲民在秋收季节喜获丰收，跋山涉水从野外农田运回谷物，沿途要经过独木桥、荒山野岭，还要穿越小河。于是这些劳动情景逐渐演变为一个负重障碍接力跑。双方参赛队员各9名，其中男6名、女3名，比赛是在长28米、宽2米的两个长方形的独木桥进行。比赛中若麻袋脱落必须自己装好，继续比赛；过独木桥（长凳子）时，若掉下来必须回到独木桥起始点继续比赛；翻小山丘（跨栏）时，不可以用脚踢栏架；过小河（踩木桩）必须踩过每个木桩，跑到终点将重物交给下一名队友继续比赛，依次逐个接力，最终比赛花费时间少的队名次在前。（如图5－52）

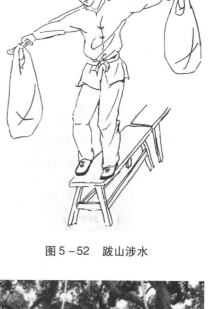

图5－52　跋山涉水

4. 攀爬跑跳投类

（1）攀树。畲村丛林多，山猪猛兽也多，平时山中猎铳一响，中枪的山猪就会猛扑伤人；并且秋天收获桐子、乌桕、板栗、橄榄也须攀树登高采摘，因此，攀树比赛既是娱乐体育，也是生产需要。所以，山村不论季节，多有自发组织攀树比赛，选择林间高树，以攀得快、攀得巧、攀得高者为胜。（如图5－53）

（2）登山。登山是福建畲族最喜爱的运动项目，在传统节日农历正月十五、三月三、夏至后的分龙节、九月初九，畲族人都盛装参加登山运动。登山运动有两种形式：一种是群众性的登山。每年三月三、九月九都有登山联欢活动，这种传统运动代代相传，是畲族同胞盛

图5－53　攀树比赛

大节日中的重要活动之一。畲民大多是登村庄邻近的山峰，登山人数少则几十人，多至上千人，都登上山顶后，观赏山景、盘答山歌。霞浦、福安等地的畲

民登到山顶时，各村寨另精选其中的五男五女组成十全队，另攀登新高峰，称赴蟠桃会，最先达到峰顶的十全队，得到摆设在那里的"仙桃""仙酒"。夜间篝火通明，直到第二天观日出后才返回。另一种是登山比赛，大多登海拔在600米以上的高山，不分地域，不论男女老少，甚至路过的行人都可以参加。（如图5-54）

图5-54 节日登山活动

（3）狩猎。狩猎是畲族传统体育项目，它与畲族历史紧密相连，与畲民生死攸关。畲民居住在深山幽谷，刀耕火种，野兽时常出没，因此，长期以来畲族保持着传统的较为发达的狩猎方式，以狩猎来弥补刀耕火种农业生产收入的不足。狩猎工具有弓弩、火枪，几乎每家都有。不少地区还盛行集体围猪，一般规模较大，在一二月农闲和七八月农作物临近收成时进行，这样可以消灭兽害，既弥补粮食不足，又可以保证农作物丰收。围猪时，一队五六十人至百余人不等，有的几乎全村出动。久而久之，狩猎这种作为生产劳动的经济手段逐渐演变为传统体育项目被保留了下来。

（4）铃刀舞。铃刀舞又叫舞铃刀、舞铜铃、舞钢刀。流传于闽坑、八都一带山区畲村。有跑、跳、冲、刺、劈等动作，由驱鬼祈求平安的仪式而来。传统习俗只许男性畲民参加。1949年后，经过整理，摒弃了封建传统，吸收女性畲民参加活动，成为一项活泼、有力的传统体育项目，曾在首届全国少数民族传统体育运动会上表演。（如图5-55）

（5）爬竹。爬竹也称节节高。畲族的聚居地群山环绕，翠竹成林，畲族青少年常在竹林中玩耍乘凉，更爱好爬竹游戏。这种游戏有多种玩法，简单的有手脚并用快速爬比赛、双手快速爬竹比赛、双腿夹竹倒滑比赛等。最具有刺激性的便是爬竹比赛，即先选出距离相当的成排竹子若干行，比赛开始，参赛者爬上起始竹末梢，利用竹子下坠力跳跃或攀爬到第二根竹子上，依次进行，坠落地者失败，最早到达终点者获胜。（如图5-56）

图5-55　舞铃刀表演

图5-56　爬竹（节节高）表演

（6）起洪楼。起洪楼起源于畲族古代祭祀、祈祷仪式，经过几百年的演变，逐渐成为流传于闽东畲族民间的一个传统体育运动表演项目。在表演现场，表演者不用辅助性手段，不设脚手架，直接叠桌为楼，轻身而上，在12

米高空且不足1平方米的桌面上做出繁复多样、惊险万分的高难度动作,其技艺独特,堪称绝技。(如图5-57)宁德市畲族起洪楼第27代传人雷彭斌等曾在福建省第七届全国少数民族传统运动会上表演"起十三洪楼"。

图5-57 起洪楼表演

5. 技艺表演类

(1)打尺寸。畲族民间亦称打寸。相传畲族将领蓝奉高反抗唐王朝的武装斗争,以断弓(尺)横扫敌人的乱箭(寸)而获胜。畲家子孙为了纪念他,开始训练弓击乱箭的本领。尺,代表断弓,寸即是残矢之意。其中,尺是长约1米、直径约2厘米的木棍。寸是长约40厘米、宽约3厘米、厚约0.5厘米的竹片。比赛在类似平整的链球区内进行,分为投寸区、击寸区、落寸区三个区域。击寸区为直径2米的圆形区域;投寸区的投手和击寸区的击手平行。投寸区与击寸区的圆为4米。落寸区是一个60度角的扇形区域。每逢节日或农闲之时举行,人们通常围在空地上打尺寸,逐渐形成一种独特的体育活动。(如图5-58)

图 5-58 打尺寸表演

（2）跳竹竿。跳竹竿是一种古老独特的民间体育活动，跳时不但姿态优美，富有节奏，而且气氛非常欢快热烈，很吸引人。畲民在立夏或平时都会身着漂亮的民族服饰跳竹竿舞。场地一般为 8～12 米长、6 米宽的平地。跳竹竿的人分成两排，距离约 3.5 米，面对面盘腿坐下或双膝跪地，每人双手各执一根竹竿的顶端，成平行状。它的节奏为开、合、开、合、开开合。在音乐伴奏下，由一人统一指挥或唱歌，手持竹竿者随着节拍向下不断地敲打竹竿，每对细竹竿随着音乐鼓点的节奏时开时合，不断地变换节奏、图形和方位。（如图 5-59）

图 5-59 跳竹竿表演

(3) 打枪担。打枪担是福建东部畲族村寨的一项夹杂武术成分的传统体育活动，是畲族同胞模拟上山挑柴等生产劳动动作，并以劳动工具做道具和乐器，经过艺术加工和升华而成的一项畲族传统体育项目。参加活动的人数成双数，一般为8～16人。在劳动之余或传统节日，人们穿着节日服装，成两路队形，每个人一手拿着一根像挑柴火棍子一样的长棍，一手持柴刀，在进行中，以刀敲棍，口唱畲族民歌，伴着民歌的节拍，敲打出"哒哒哒"的节奏声。表演者腰佩刀鞘（俗称割吊），一手握柴刀，一手持枪担（竹制或木制，用作挑柴、挑禾的工具），边敲边舞，时而在胸前，时而在身前、体侧敲棍，跳着不同的舞步，协调配合，动作简单、朴实、优美，虽无音韵，却有节奏。它吸收了畲拳畲棍中的拨、挑、架、劈等对练的动作，融武术、舞蹈为一体，颇具民族与地方特色。（如图5-60）

图5-60　打枪担表演

(4) 摇锅。摇锅源于畲族民间的技艺表演，在浙江省丽水市很受欢迎，是一项融竞技、娱乐、健身为一体的畲族民间体育项目，形式多样、简单易学，适合不同年龄、性别的人练习，常在春节、元宵节、三月三等节庆举办。畲民用一口大铁锅作为移动工具，一个或多个人站或坐在锅里，运用身体重心的变化和四肢、腰腹的力量，协调配合，使锅按不同的方向移动，达到强身健体的作用。（如图5-61）

(5) 考龟。"龟"是因糯米磨成粉制成龟状而得名，内包甜豆馅，蒸熟可食（如图5-62a）。畲民取新瓦片，贴上一块红纸做靶，靶距100～200米，参加者手举火药鸟铳枪射靶，中靶者可得一块甜米龟，是为考龟（如图5-

62b)。它属于技艺表演项目。

图 5-61 摇锅表演

a

b

图 5-62 考龟表演

6. 益智游戏类

（1）虎捉羊。虎捉羊属于少儿集体娱乐性项目。参加者一般需 10 人以上，以手拉成圆圈，推一人在圈中为"羊"，一人在圈外为"虎"。"羊"可在圈内外自由跑动。拉圈为"栏"的人按节拍移动、跳跃，双手上下摆动。双手上举表示"栏"门开，"虎"可窜入"栏"内抓"羊"，"羊"破"栏"而逃。"栏"门保"羊"阻"虎"，迅即松手让"羊"顺利地逃出，又立即复原阻止"虎"行动。场上"虎"追"羊"逃，"栏"门快速启闭，直到"羊"被"虎"抓住。被抓者罚唱山歌，或调换角色，重新开始活动。（如图 5-63）

（2）猴抢蛋。猴抢蛋属于少儿娱乐竞技项目。猴抢蛋（也称猴护蛋），三四人至十余人参加,在地上画一直径为30厘米的圆圈,圈内放3枚鸡蛋大小的圆石,代替"蛋"。一人手脚伏在圆线外作为母猴护"蛋",其余人则在圈外抢"蛋"。

图5-63 虎捉羊表演

游戏规则,一是护"蛋"者双手按入圈内,表示活动开始。二是护"蛋"者双手按地,双脚前后不断移动,以设法触及抢"蛋"者。被触及者当即与护"蛋"者交换角色,竞技重新开始。三是护"蛋"者可用手捡、脚踢,使"蛋"出圈外以获得此"蛋",待3个"蛋"都被抢完时,则一局结束,护"蛋"者继续护蛋。如三局中不能换人,则罚未护好"蛋"的护"蛋"者唱一首山歌,重新选人护"蛋"。(如图5-64)

图5-64 猴抢蛋表演

(3)走三棋。走三棋是霞浦畲族地区独特而普遍的一种智力游戏,可以随时随地,画棋盘(如图5-65),拣棋子(以石块、瓦片等物充当)。双方棋子有别,各12子。由两人对弈,先是布局,双方轮

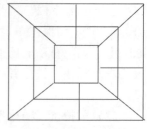

图5-65 走三棋棋盘

流在棋盘的交叉线上布一子，每子每次沿线走一步。若棋盘上出现一方有三子在同一直线上形成"三"，即可任意"杠"对方一子，待双方12子都布满后，将被杠的子去掉。然后，开局、走棋。先吃完对方棋子者，胜一局（若吃完对方12子，本方12子俱在，则胜12局，称十二盘）。除正常摆法外，还可以摆成棋局，让对方来破。

（4）孵鹅蛋。孵鹅蛋又称拾鹅蛋。原是福建省闽东农村青少年集体游戏之一。一般每场次由6人组成，择一广坪做孵"蛋"的场所，在地上堆放5个圆形石头做"鹅蛋"。而后用抽签的方式，谁抽到短签就由谁先充当母鹅孵"蛋"。孵"蛋"者用双手双脚蹬撑在地上，身体俯下护住5个"鹅蛋"，不让外来者偷抢去，即为"孵鹅蛋"。孵"蛋"者为保护"蛋"，可以用左右脚挥动去拦踢偷抢者。如果偷抢者身体的任何部位被踢中，就换由被踢中者孵"蛋"。如果孵"蛋"者没有保护好5个石蛋，被外来者偷抢光，就算孵蛋者输，然后用手绢蒙住孵"蛋"者的眼睛，让其他5人将"鹅蛋"拿走，并隐藏起来，而后再由孵"蛋"失"蛋"者找回被拿走的"蛋"。如果当场有一个"蛋"被找到，就由该蛋的存放者代替孵"蛋"者去孵"蛋"，这样就又开始下一场的孵鹅蛋游戏。这一活动在蕉城区八都镇猴土盾村、七都镇际头、北山村一带极其流行，每逢夏秋举行，也大受青少年欢迎。其比赛形式有两种：①组与组比。6人对6人。甲组人向乙组人偷"蛋"，乙组人向甲组人偷"蛋"，按规定时间内，哪一组人抢偷的"蛋"多就算哪一组胜。②人与人比。谁偷的"蛋"最多谁为胜；始终未被孵蛋者踢中身体的即被评为第一优胜者。（如图5-66）

图5-66　孵鹅蛋表演

（5）放纸鸢。因为闽浙山区多山风，有竹篾麻线，在秋高气爽的季节，该地区的青少年多喜制作纸鸢玩放。由于结构简单易制，山村多玩放长方形的"瓦式"鸢，并发展为比赛活动。比赛时，一比花样，二比飞得高，三比飞得稳，以此来确定优胜者。（如图 5-67）

图 5-67　放纸鸢

（6）射弩。射弩项目分为男女团体、个人四项，个人项目中男子项目射程为 30 米，女子为 20 米，先把弩放在地上，双脚踩住弩柄，把箭拉至底端固定，然后起身瞄准射箭，每人各射 5 箭，中环数多者名次列前（如图 5-68）。将个人所射的环数相加计团体成绩。

图 5-68　射弩

（7）摔油茶球。摔油茶球源于牧童赶牛，这是比准、比远的摔接比赛。在比赛时，甲乙两队各派一人站在场地中线的两端，做抢接准备，甲队另一队员于起点线外摔球，球插杆尖。当球一离杆，中线的双方队员跑到合适的位置抢接，接球者得1分。如双方均未接到球，则判无效，换乙队另一名队员摔球，依次进行。如茶球没有摔过中线，或出边线，即判对方得1分。半场总分10分。下半场，摔、接队员对换，方法同上半场。最后以得分多的队为胜。（如图5-69）

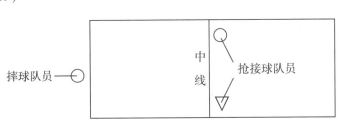

图5-69　摔油茶球场地

三、畲族民间体育项目保存的主要方式与途径

畲族民间体育作为我国少数民族体育文化不可或缺的重要组成部分，不仅内容丰富、形式多样，而且体现出畲族人民在农耕生产、岁时节日习俗、军事斗争、宗教信仰、民族迁徙与融合中所形成的文化特质。畲族很多民间体育项目的特征是在长期的生活环境、风俗习惯、地域特点中形成的，主要以纸质文献资料、器物图腾雕刻以及多媒体等形式保存。

（一）以纸质文献资料形式保存

生活在山海之间的畲族虽然有本民族的语言，却没有本民族的文字，由此导致对于本民族的生活习俗、民族文化的文献记载极少。通过查阅相关的文献资料，目前畲族民间体育项目的保存主要是通过畲族体育文化的研究学者和有学之士挖掘、整理，进行著书立说来实现的。如，蓝炯熹编著的《福安畲族志》《畲民家族文化》、林荫生编著的《畲族拳》、蒋柄钊编著的《畲族史稿》、施联朱等编著的《畲族简史》、胡小明编著的《民族体育集锦》等书籍；有关畲族民间体育研究的文章，如兰润生撰写的《试论福建省畲族传统体育的历史源流与发展》《畲族传统体育特点及其成因分析》《畲族传统体育项群分类研究》等，林荫生撰写的《关于畲族武术特点及其成因分析》，蓝清盛撰写的《谈畲族传统体育的挖掘整理》，杨国卿撰写的《初探畲族部分传统体育项目的特点及其形成》。经过相关学者的研究发掘，畲族民间体育项目的来龙去脉得到了较好的梳理。

（二）以器物图腾雕刻形式保存

畲族民众敬奉鬼神，崇拜祖先，其最核心的宗教崇拜是图腾和祖先崇拜。器物图腾可以佐证相关的文献记载，校正文献资料的谬误和不足，同时还可以补充文献记载的缺失，恢复其原有的社会面貌。龙犬盘瓠是畲族的图腾，并尊为始祖。在祭祖时，锣鼓音乐相伴，畲民跳起犬舞，形式是模仿狗的奔、扑、翻、滚、撑、掌、抑、蹬、卧、闪、抖、窜等格斗姿势，具有古朴、短小、精悍等特点。在祭祖结束时，瞻仰祖辈遗像、图腾雕刻，叙说故事；表演拳术、棍术，切磋武艺。结合特定的生存环境，以拜师学艺、自编套路等途径找到适合祭祀和锻炼身体的民俗项目，通过祭祀可以凝聚人心、传递信息使人安贫乐道、淡泊明志；通过进"祠堂""社庙""拜大树""三叠石"来祈求平安，获得心灵的慰藉，这些成为他们年年祭祖的原动力，在祭祀中形成如舞龙头、舞铃刀、稳凳等畲族民间体育项目。

（三）以多媒体技术形式保存

多媒体技术最大的优势就是能够记录和提供直观的资料，通过互联网、广播、电视、报刊、动画、图片以及出版物和其他文字材料，带给人们生动的画面和全面的知识。就出版物而言，应根据市场实际需要，多出版畲族民间体育杂志和书籍。就互联网与多媒体来说，在畲族重要的岁时节日、祭祀、民间体育活动比赛中，将互联网及多媒体技术应用于对畲族民间体育项目的录制记载，确保相关的畲族民间体育项目视频、影视资料得到保存，以便后人研究学习，使畲族民间体育项目能够较好地推广和传承下去。

四、影响畲族民间体育项目保存的主要因素

在全球文化不断融合的今天，人们对文化生活拥有更多的自主选择权。畲族居民大多居住在崇山峻岭和偏远山区，交通闭塞，与外界的交流较少，经济发展相对较为落后。外部面临着现代体育项目冲击、生活方式改变、文化认同弱化以及政府对民间体育项目配置不足等危机，内部又因自身理论、发展战略制定以及不适应时代发展变化等，许多民间体育项目赖以生存和发展的原生态空间受到了影响，使得其传承、发展和保护受到阻碍，因此需要我们进一步分

析畲族民间体育项目的发展困境，同时寻找畲族民间体育项目发展的机遇，为更好地发展畲族民间体育项目做准备。

（一）畲族民间体育项目保存的外部危机

1. 政府扶持力度不够

畲族地区经济发展相对滞后，在畲族民间体育项目的保存与保护方面投入有限，仅靠民间力量既难以满足项目发展需要，也无法维护畲族民间体育项目的系统性与完整性，项目发展离不开政府在人力、物力与财力上的专项扶持。同时，畲族民间体育项目的保存与保护也离不开政策、法律与法规的有力保障，这一点只有政府才能够做到。从现有法律法规来看，国家出台的《非物质文化遗产法》姗姗来迟，迟于闽浙两省政府出台的《福建省民间文化保护条例》与《浙江省非物质文化保护条例》，即下位法早于上位法，二者出现脱节现象。

2. 项目生存面临挑战

我国畲族民间体育项目与生产、生活方式息息相关。从其项目发展的历史渊源来看，它依附于农耕生产劳动、岁时节日习俗、军事斗争与娱神慰祖礼俗等活动，是畲民情感寄托、民族精神与性格的集中体现。改革开放以来，特别是近年来畲族青年男女进城打工，远离家乡，加上现代体育项目的巨大冲击，而传承人又渐渐年迈或逝去，许多体育项目已经、正在或即将从人们视野中消失，项目生存空间不容乐观，其生存现状令人担忧。目前，畲族刀项目已失传，盘柴槌、插竹把、蓝技拳、内文拳与走三棋五个项目已经濒临失传，还有爬竹、猴抢蛋、击草、摔油茶球、连环拳、铁臂功、避露功、眼功、搬石磨九个项目也开始逐渐退化。

3. 项目保存处境艰难

畲族民间体育项目主要以纸质文献资料、器物图腾雕刻、多媒体以及传承人口传身教的形式保存。从纸质文献资料来说，畲族虽然有本民族的语言，但没有文字，通用汉文，因而对本民族民间体育项目的文献记载空白；就器物图腾雕刻而言，畲民最核心的宗教崇拜是图腾和祖先崇拜。然而，传统的畲族器物雕刻发展面临尴尬处境，器物雕刻审美观逐渐汉化、新生代对新鲜时尚的热捧及对传统器物雕刻的忽略等，使畲族器物雕刻的生命之光逐渐微弱。从传习方式而论，主要通过两种方式，即家族传承和师徒传承进行传承，主要通过口传和身授的方式来传承。例如，盘柴槌历来是传长子不传次子、传男不传女的，虽然这样的传承途径显得很单一，但是也使得一些项目能够保存下来。

4. 畲民体育文化认同逐渐淡化

文化认同是指"个体对于所属文化以及文化群体内化并产生归属感,从而获得、保持与创新自身文化的社会心理过程"①。在信息经济高速发展的今天,人们的物质生活环境发生了改变,乃至一些生产方式、思维习惯与价值观念发生了潜移默化的变化。在畲民的生活水平不断提高的同时,现代高科技产品电视、电脑、手机等逐渐走进畲民的生活圈,覆盖了广大的畲民居住区,畲民的生活方式发生了改变,可供选择的休闲娱乐活动越来越多,使得他们参与本土传统文化活动的热情下降,逐渐淡化了对祖先流传至今的民间体育文化的认同。

(二) 畲族民间体育项目保存的内部危机

1. 自身理论基础薄弱

畲族虽然保留着自己的语言,但没有自己的文字,通常沿用汉文。由于畲族与汉族长期杂居,产生文化上的认同和民族关系的变化,汉文化的影响日益加深,畲族文化逐渐弱化。正因为这样,畲民通过在农耕生产劳动、岁时节日习俗、军事斗争与娱神慰祖等积累创造的体育项目,大多数都是通过口传身教的方式来继承和发展,一些项目后继无人,从保护畲族民间体育文化遗产这个角度来说,情况十分令人担忧。有关汉文史籍方面的书本中对畲族民间体育项目的记录很少,偶尔从过去的考古文物中能够查找到点滴信息,使得相关的理论研究比较缺乏,其自身理论基础也较为薄弱。

2. 项目竞赛规则不够完善

任何比赛的组织与实施,都需要在既定的统一规则范围内完成,相对较完善的比赛规则是保证畲族民间体育项目有效传播的重要前提。挖掘整理显示,我国畲族民间体育共有65个项目,其中打枪担(五连冠)、畲家拳、稳凳、打尺寸、虎捉羊、猴抢蛋、竹竿舞与舞龙头8个项目分别荣获全国少数民族传统体育运动会金银铜牌。实践证明,没有完善的规则,各种游戏或比赛就没有办法顺利进行。还有许多畲族民间体育项目的组织规则不够严密,尚缺乏竞技性和观赏性,在一定程度上影响了项目的普及和推广。笔者认为,应对畲族民间体育部分适合竞技的项目进行推广,同时不断完善比赛规则,增加项目的竞争性、趣味性与科学性。

3. 项目延续传承方式单一

畲族民间体育项目主要通过家族与师徒传承,以口传和身教的方式延续,

---

① 沙莲香. 社会心理学(第2版)[M]. 北京:中国人民大学出版社,2006:132.

祖、父、孙之间世代联结不容小觑，代际间的相互交流与学习是十分有效的方法，能够吸引畲族晚辈对民间体育项目的文化认同，共同参与本族的民间体育项目活动，使家庭与师徒最终成为畲族民间体育文化传承的核心。应该承认，有些畲族民间体育项目已经吸引不了年轻人，甚至无人问津，加上其传承方式方法单一，在传承人培养、综合性开发、普及推广等方面存在不足，这些都制约了畲族民间体育项目的保存、保护与发展。

4. 不适应时代变化和发展

畲族民间体育项目主要以言传和身教的方式沿袭，许多畲族民间体育项目还保留着家族传授的特点。现代社会的发展使得畲族的民间文化与城市文化发生碰撞，在适应时代发展变化的过程中，一些传统的畲族民间体育的表演形式和审美视角也发生了变化。部分图腾信仰、宗教祭祀等形式的民间体育项目因为自身传承原因没有随着社会发展的变迁而有所进步，因此很难激发年轻人对畲族民间体育项目的喜爱，也缺乏适应时代社会发展变迁的主动性。

五、畲族民间体育项目的保护措施

（一）加大政府扶持力度

充分发挥政府主导作用，制定畲族民间体育项目发展的相关政策法规，加大资金的扶持与投入力度，如落实项目传承人经费补贴政策，根据省级、地级畲族体育项目传承人的不同标准，补贴相应补助；选取特定的民俗节日来扶持畲民组织开展民间体育活动，建设相关活动场所，就地取材、因地制宜地开展民间体育活动，推动畲族民间体育项目的开展；政府应不断营造畲族民间体育文化的研究氛围，如地方政府与高校联合举办的"2016年海峡两岸畲族民间体育研讨会"就是很成功的案例。政府应成立专门的研究机构，对畲族民间体育项目进行挖掘整理与普及提高，确保畲族民间体育项目可持续发展。各级政府要积极出台《非物质文化遗产项目保护法》等相关法律法规，加快建立少数民族体育项目的法律法规保护机制。

（二）强化文化认同意识

畲族人民是畲族民间体育项目传承与传播的主体，随着社会的进步与发展，畲民与外界的联系不断加强，各民族间的交流与融合不断深入，导致了畲民对原生态民间体育文化的认同感与自豪感日渐淡化，畲族村落的原生态民间体育项目的参与程度逐渐下降。这些年，我们纠结于畲族民间体育项目精品匮乏，文化竞争乏力，其实很大程度上是由于我们没有吸收畲族民间体育文化精髓。可以说，畲族民间体育项目保存与保护所面临的问题主要是重视不够与自信不足，故加强畲民对本民族群体体育文化的认同感和自豪感显得尤为重要。

（三）加快项目挖掘整理

必须对畲族民间体育项目进行全面的挖掘整理，通过深入走访闽浙部分畲族村庄，在感受当地畲民的文化生活的同时，对畲族民间体育项目形成的历史渊源、项目分布、保存现状、竞赛规则、器械规格制作与保护措施等进行全面考察。本着"百花齐放，百家争鸣""取其精华，弃其糟粕"的原则，在继承吸收的基础上进行改革与创新，对一些代代相传的精品项目，必须充分发挥家庭、学校和社会传承的功能作用与价值意义，用现代科学理论对其多种机制进行研究，并保存传承性的核心内容，使其在内容与形式上更加充实和丰富，真实全面地反映畲族的时代精神风貌，更加符合畲民的审美需求。

（四）纳入学校体育教学

在闽浙两省少数民族学校中，除定期举办少数民族学校运动会外，已有19所中小学把畲族民间体育项目纳入学校体育教学活动。调查发现，教学指导大纲对这些少数民族学校体育课程尚未做明文规定，说明两省少数民族学校体育教学大纲、教学计划等执行情况不容乐观。必须将省级非物质文化遗产畲族武术、盘柴槌、稳凳等8个项目纳入少数民族中小学正常的教学计划和体育教学大纲中。在少数民族学校教师方面，加强对畲族民间体育项目师资力量的培养与培训；在学生方面，做到从小学抓起，强化本民族民间体育文化意识；在推广项目方面，不断加强对畲族民间体育项目的内容与形式、场地器材与游戏规则的改造完善，集娱乐、健身、竞技、教育与审美于一身，以符合两省少数民族学校体育教学的规律，有效激发学生参与体育活动的积极性，推动畲族民间体育项目的普及与提高。

（五）融入竞技体育赛事

畲族民间体育项目内容丰富、形式多样，其中不乏趣味性、竞争性与组织性很强的竞技体育项目。目前一些畲族体育项目发展势头良好，如打枪担项目蝉联全国少数民族运动会的五连冠，稳凳、竹竿舞、操石磉等项目获表演一等奖。但一些项目缺乏观赏性与激烈性，缺乏竞技体育赛事的比赛氛围，要想使畲族民间体育更好地融入竞技体育赛事，定期举办国际、国家、省、市、县级畲族竞技比赛是最佳的选择。如，在浙江，每年4月，景宁畲族自治区都会举行"全民畲族体育大闯关暨畲族体育项目综合展示活动"，5月，泰顺县则举行"体育节暨畲族民间体育竞技展示活动"等，这些活动添加了押加、赶野猪、抄杠、摇锅、操石磉等畲族民间体育项目。除积极组织参加全国、省民族体育运动会之外，还应踊跃参加国际赛事，增进交流学习，扩大影响力。

（六）打造畲族体育旅游圈

已经处于濒危边缘的畲族武术、盘柴槌、内文拳、畲族民歌、畲族小说与畲族山歌等国家（省级）非物质文化遗产项目，可以依托当地的民俗开发旅游业，以经济效益对畲族体育项目进行传承与保护。畲族体育旅游圈模式是以体育旅游职能结构和地域空间结构的有机结合，通过区域内或跨区域之间进行合作及交流，使经济、文化与教育等多方面受益。如福建省可以打造宁德（三都澳）—屏南（白水洋）—福安（白云山）—霞浦（大京沙滩）—福鼎（太姥山）的畲族体育旅游圈线路，浙江省也可以开辟雁荡山—文成龙麒源—铜铃山—平阳南麓岛—乌岩岭的畲族体育旅游圈线路，景宁畲族自治县独立体育旅游圈以及宁德与温州发展跨区域的体育旅游圈等。发挥畲族分布在宁德、温州与丽水及周边地区，森林覆盖率高、依山傍海的自然资源优势，以及畲族人文优势，打造畲族民间体育旅游精品项目，开展登山、畲族武术、盘柴槌、内文拳、畲族舞蹈、打枪担、稳凳、打尺寸、骑海马、赶野猪与摇锅等旅游项目，形成具有运动休闲与度假休闲功能的畲族体育旅游圈，这对畲族体育民间体育的保存与保护能起到至关重要的作用。

（七）建立畲族体育项目数据库

在当今信息化高速发展的社会，使用最先进的数字化技术来发展畲族民间体育，是全球文化遗产保护与传承的重要手段与发展方向。其系统设计可以采用信息采集模块、数字加工模块、资源分类模块与网络平台管理模块，通过大数据对畲族民间体育项目的记录与分析、各种媒体对畲族民间体育项目的大力宣传，让更多的人认识和了解畲族民间体育项目的魅力，懂得畲族民间体育项目规则。借助新闻媒体，从民族文化传播和知识普及的角度出发，对畲族民间体育项目的挖掘、整理、保护、继承与发展发挥应有的舆论导向作用。总之，项目数据库的建设不仅是保护的工具，也为畲族民间体育的展示和传播提供了广阔空间，将有助于促进不同国家与不同地区民间体育文化之间的交流与合作。

第六章　非物质文化遗产视域下畲族民间体育文化法律保护现状与发展

随着新型城镇化的全面推进，社会发生了日新月异的变化。对我们而言，工业4.0、大数据、云计算和共享经济等"时髦"的词汇已不再陌生。一方面，这些变化凸显了我国经济大趋势的良性运行和繁荣发展，另一方面，在繁荣背后，城市化、市场化和国际化所带来的隐患也是我们不得不正视的现实问题。由于传统文化的衰退，非物质文化遗产的保护与传承已经引发了社会各界的共同关注。2017年1月，中共中央办公厅、国务院办公厅印发了《关于实施中华优秀传统文化传承发展工程的意见》（中办发〔2017〕5号），已将文化大发展大繁荣提升到政治高度，体现出传承和保护我国传统文化的重要意义。

一、非物质文化遗产视域下畲族民间体育文化法律保护的研究缘起

（一）非物质文化遗产的法律保护

非物质文化遗产作为我国传统文化的重要组成部分，在推动我国文化大发展大繁荣的道路上发挥了重要作用。但是，在文化遗产保护过程中，物质文化保护总是优先得到人们的关注，非物质文化的保护往往受到忽略。然而，随着当前经济的空前发展和社会进程的不断加快，非物质文化遗产正在不断减少或消失。在我国，行政保护、财政支持和法律保护等多元保护方式已然成为当前非物质文化遗产传承和发展的重要方式。从国家级法规来看，《非物质文化遗产法》的出台为非物质文化遗产法律保护提供了法律依据。

（二）畲族非物质文化遗产的法律保护

畲族是我国56个民族大家庭中的一员，主要分布在我国东南部闽、浙、

赣等省交界地带，其中大部分集中居住在福建东部地区。① 畲族文化作为我国民族传统文化的一部分，是畲族人民在长期的生产和生活实践中积累而来并广为流传，是我国宝贵的文化遗产。畲族舞蹈和畲族武术是畲族非物质文化遗产的典型代表，传承人作为延续文化遗产的重要载体，随着社会的变迁，传承人数量开始减少，这背后隐藏的诸多问题已经引发国内学者的广泛关注。如何运用法律手段去合理地保护畲族非物质文化遗产，也是当前面临的重要议题。（见表6）

表6 非物质文化遗产畲族民间体育项目

项目	级别（名录批次）	所属省份（部门）
畲家拳	省级	福建省
八井拳	省级	福建省
盘柴槌	省级	福建省
前岐马灯	省级	福建省
龙头舞	省级	福建省
铃刀舞（舞铃刀）	省级	福建省
猎捕舞（狩猎舞）	省级	福建省
打枪担	省级	福建省
畲族杖	市级	福建省
稳（问）凳	省级	浙江省
操石磉	省级	浙江省
赶野猪	省级	浙江省
抄杠	市级	浙江省
摇锅	市级	浙江省
打尺寸	市级	浙江省
采柿子	县级	浙江省
斗牛（顶牛）	厅级	国家体育总局体育文化发展中心

---

① 兰润生，林荫生等. 对福建省畲族民间武艺活动特征的分析 [J]. 北京体育大学学报，2005, 28 (9): 1181.

续表6

项目	级别（名录批次）	所属省份（部门）
狮子舞	厅级	国家体育总局体育文化发展中心
骑海马	厅级	国家体育总局体育文化发展中心
猴子占柱	厅级	国家体育总局体育文化发展中心
虎捉羊	厅级	国家体育总局体育文化发展中心

（三）畲族民间体育文化的法律保护

畲族人民能歌善舞，酷爱体育，诸如骑海马、打枪担、打尺寸和盘柴槌等都是畲民喜闻乐见的民间体育项目。畲族民间体育项目作为畲族文化的重要组成部分，在畲族文化的演进过程中扮演着重要的角色。从人类发展进程中，我们很容易发现，一个民族能否在人类历史发展的长河中生生不息，关键在于能否抓住本民族文化的精髓，把本民族优秀的文化基因繁衍下去。就畲族武术而言，畲族民间体育文化中最具特色的当属畲族武术，而畲族武术中最具代表性的当属传承人，就当前的政策法规来看，针对传承人这类活态载体的法律保护在法律运行层面还有很多问题亟待解决，有关畲族民间体育文化的法律保护还任重道远。

二、畲族民间体育文化立法现状

法律文本是立法研究的重要对象，鉴于此，对非物质文化遗产保护全球化视域下的畲族民间体育文化法律保护进行研究之前，有必要对当前畲族文化与畲族民间体育文化的立法现状进行回顾与梳理。

（一）立法现状

1. 国家层面的立法

1982年第五届全国人大第五次会议正式通过并颁布的现行宪法《中华人民共和国宪法》（以下简称《宪法》），其中第二十二条明确规定："国家保护名胜古迹、珍贵文物和其他重要历史文化遗产。"《宪法》作为我国的根本大法，在不同位阶的法律中，具有"统帅"作用。历史文化遗产包括物质文化遗产和非物质文化遗产，它在我国最高阶法律中出现，彰显了非物质文化遗产在我国的重要地位，为我国制定非物质文化遗产保护法提供了宪法依据。① 我国《宪法》中，有关保护文化遗产的规定虽然只是原则性的，但是，其法律意义重大，在我国专门的非物质文化遗产立法处于空白期的特殊历史阶段，它为我国保护非物质文化遗产工作的开展起到了巨大的引导作用。在此基础上，1995年第八届全国人大常委会第十五次会议上正式通过并颁布了《中华人民共和国体育法》（以下简称《体育法》），其中第十五条规定："国家鼓励支持民族、民间传统体育项目的发掘、整理和提高。"这正是《宪法》有关非物质文化遗产法律保护规定在体育领域的延伸与体现。② 2004年，文化部等九部委出台了《关于加强我国世界非物质文化遗产保护管理工作的意见》。2005年，中央文明办等五部委出台了《关于运用传统节日弘扬民族文化的优秀传统的意见》，与此同时，国务院发布了《关于加强我国非物质文化遗产保护工作的意见》，指出要充分认识我国非物质文化遗产保护工作的重要性和紧迫性，并提出了相应的保护目标和方针，通过建立名录体系，逐步形成有中国特色的非物质文化遗产保护制度。③ 同年，国务院出台了《关于加强文化遗产保护工作的通知》和《国家级非物质文化遗产代表作申报评定暂行办法》。这些法规的相继出台说明文化遗产保护备受国家的重视，其中传统体育，特别是民族传统体育项目更是受到高度重视。2011年，第十一届全国人大常委会第十九次会议通过并公布了《非物质文化遗产法》。标志着我国非物质文化遗产保护的法治进程进入了新的历史阶段。《非物质文化遗产法》是一部具有行政法性质的法律，基本定位是对非物质文化遗产进行行政保护。它规定了在保存与保护非物质文化遗产工作中国家有关行政机关的职权和职责以及行政管理相对人的权利和义务等内容。该法第二条第五项明确将传统体育确定为非物质文化遗产的种类之一，这就为民族传统体育非物质文化遗产适用该法提供了法律依据。2016年，全国人大常委会颁布了《中华人民共和国公共文化服务保障法》。2017年，中共中央办公厅、国务院办公厅公布了《关于实施中华优秀传统文化传承发展工程的意见》。它是一部政策性的规定，指导思想和实施原则较为具体，重点把握的问题也较为突出，基本定位是对优秀传统文化进行政策保

---

① 郑文明. 我国非物质文化遗产的法律保护：以北京为例［J］. 首都经济贸易大学学报，2006（4）：82.

② 中华人民共和国体育法［EB/OL］.（1995－08－29）［2017－07－02］. http://www.chinalawedu.com/news/1200/22598/22620/22880/2006/3/pa704625323026136002 10220－0. htm.

③ 国务院办公厅关于加强我国非物质文化遗产保护工作的意见［EB/OL］.（2006－04－28）［2017－07－02］. http://www.ihchina.cn/3/10316.html.

护。它指出："保护传承文化遗产。坚持保护为主、抢救第一、合理利用，推动民族传统体育项目的整理研究和保护传承。"① 显然，上述法律法规政策的颁布为畲族民间体育文化适用该政策提供了政策依据。

2. 地方层面的立法

从法律位阶上来看，国务院下属各部委和地方人大属于平行关系，相应的法规文件效力等级大相径庭，只不过部门规章制度和地方性法规的立法主体不同而已。

首先，从相关部门规章制度来看，2005年，商务部、文化部颁布了《加强老字号非物质文化遗产保护工作的意见》；2006年，财政部、文化部相继出台了《国家非物质文化遗产保护专项资金管理暂行办法》《国家级非物质文化遗产保护与管理暂行办法》和《国家级非物质文化遗产项目代表性传承人认定与管理暂行办法》；2012年，文化部再度出台了《文化部关于加强非物质文化遗产生产性保护的指导意见》。这些法律文本虽然效力等级不高，但是针对性较强，内容更为具体，为我国非物质文化遗产法律保护提供了很多法律依据。

其次，从地方性法规而言，早在2000年云南省人大常委会就颁布了《云南省民族民间传统文化保护条例》，成为其他地方立法之参照；2013年云南省人大常委会颁布了《云南省非物质文化遗产保护条例》，将传统文化的保护贯穿始终。紧随其后，贵州省人大常委会、福建省人大常委会、广西壮族自治区人大常委会、宁夏回族自治区人大常委会、江苏省人大常委会和浙江省人大常委会等各根据省、自治区自身特点，相继出台了《关于民族民间文化保护条例和非物质文化遗产保护条例》，共计28项。可以说，自2000—2017年，各省、自治区和直辖市每一年都相继出台一部地方性法规，这些法规的出台也标志着我国非物质文化遗产保护进入一个新的历史时期。

最后，从地方政府出台的规章制度来看，2010年3月23日，浙江省景宁畲族自治县第七届人民代表大会第四次会议审议通过了《景宁畲族自治县民族民间文化保护条例》；2017年，经福建省十二届人大常委会第二十九次会议批准，福建省人大常委会颁布了《宁德市畲族文化保护条例》。这些有关畲族民间文化的法律保护措施更具针对性与可操作性，为畲族民间体育文化的法律保护提供了更多的法律依据。

---

① 中共中央办公厅　国务院办公厅．关于实施中华优秀传统文化传承发展工程的意见［EB/OL］．（2017-01-25）［2017-07-01］．http://news.xinhuanet.com/politics/2017-01/25/c_1120383155.htm.

3. 其他相关法规文件对畲族民间体育法律保护现状

1998年联合国教科文组织出台了《宣布人类口头和服务久之文化遗产代表作条例》；2001年，联合国教科文组织第三十一届会议于2001年11月2日在巴黎通过《世界文化多样性宣言》，从文化的多样性到文化的多元化，凸显了文化遗产的重要价值。2003年，联合国教科文卫组织又出台了《保护非物质文化遗产公约》；2004年8月28日，我国第十届全国人大常委会批准我国加入《保护非物质文化遗产公约》，由此，该公约成为我国非物质文化遗产法律渊源之一；2005年，联合国教科文组织又出台了《保护和促进文化表现形式多样性公约》，最近一部文件是联合国教科文组织在2015年底于第十届常务委员会决议的《保护非物质文化遗产伦理原则》（2016年生效），其中特别提到非物质文化遗产的动态性和活态性应始终受到尊重。① 这些文件的出台都为非物质文化遗产今后的法律依据提供了保障。此外，《中华人民共和国民族区域自治法》《中华人民共和国刑法》《中华人民共和国著作权法》（以下简称《著作权法》）《中华人民共和国教育法》《中华人民共和国义务教育法》《中华人民共和国高等教育法》《中华人民共和国民办教育促进法》《中华人民共和国反不正当竞争法》与《中华人民共和国药品管理法》等现行法律，也有个别条款涉及非物质文化遗产的原则性保护。② 不可否认，从非物质文化遗产的视域来看，这些文件的相继出台在一定程度上为畲族民间体育文化的法律保护起到类似"防护甲"的作用。

（二）立法存在的问题

1. 各位阶法律规范过于宏观

各位阶法律规范过于宏观，指的是上位法中要求贯彻和执行的内容，在下位法中缺乏相应的具体化和进一步落实的措施。以福建为例，《非物质文化遗产法》中第八条提到："县级以上人民政府应当加强对非物质文化遗产保护工作的宣传，提高全社会保护非物质文化遗产的意识。"③ 但是，在福建省人大常委会发布的《福建省民族民间文化保护条例》中第五条规定："县级以上地

---

① 保护非物质文化遗产伦理原则（2016）[EB/OL].（2016-07-25）[2017-07-03]. http://www.ihchina.cn/3/18565.html.
② 欧阳光，倪彩霞. 从"中国文艺类非物质文化遗产保护维权第一案"说起——兼论我国非物质文化遗产法律保护的现状与思考 [J]. 文化遗产，2012（2）：42.
③ 中华人民共和国非物质文化遗产法（2016）[EB/OL].（2011-02-28）[2017-07-03]. http://www.ihchina.cn/3/10377.html.

方人民政府文化行政部门主管本行政区域内民族民间文化的保护工作。"① 不难看出,《福建省民族民间文化保护条例》缺乏对非物质文化遗产保护具体的行动指南,依然停留在宏观引导层面,当然,这与《非物质文化遗产法》颁布时间较晚有一定关联,但不是主要影响因素。从其他省、自治区和直辖市立法的情况来看,《非物质文化遗产法》中的大量条文规定,具体到县级以上人民政府这一层面,也存在相应地具体化和进一步落实的问题。从这些法律规范的制定来看,具体到畲族民间体育文化的法律保护,可操作性依然不强,因为相应的立法主体在制定法规的过程中,并未从立法上加以完善和提出相应的配套措施。

2. 公法和私法之间没有实现对接

公法是规范和控制公权力的法,是调整公权力主体与人类共同体成员的关系以及公权力主体相互之间关系的法律规范系统。从国家级法规来看,具有代表性的公法为《宪法》《非物质文化遗产法》和《体育法》等。从部级、地方性法规来看,如《国家级非物质文化遗产保护专项资金管理暂行办法》《福建省民族民间文化保护条例》和《浙江省非物质文化遗产保护条例》等都属于公法领域。私法是以私权利(主要是个人财产权、人身权)的存在为前提和以调整平等主体之间的关系为基本使命的。②具有代表性的当属《中华人民共和国知识产权法》(以下简称《知识产权法》)。一般而言,公法所调整的关系主要体现在国家与公民、政府和社会之间所发生的各类关系上,而私法所调整的关系主要体现在国家机构和个人之间、公民和公民之间所发生的各类关系上。那么,从公法、私法所调整的社会关系可以看出,它们之间是缺乏相应的桥梁的,公法并不涉及平等主体——公民与公民之间发生的社会关系。以畲族非物质文化遗产为例,《非物质文化遗产法》并没有把畲族民间体育等包含民间体育在内的非物质文化遗产作为一种私人财产予以对待,所以,这就容易产生利益纠纷问题。如传承人蓝大瑞在进行盘柴槌(福建省第三批非物质文化遗产)表演时,因为活动举办方和传承人之间的权利和义务不明晰,常常发生纠纷。从公法所调整的社会关系来看,对这类平等主体之间的利益纠纷尚缺乏一些实质性的保护,私法层面虽然可以调整这类主体之间的权利和义务冲突,但仍然缺乏一些具体化的法律依据,所以,从畲族民间体育文化的法律保护来看,公法和私法之间其实仍是各自为政,两者之间并未实现对接。

---

① 福建省民族民间文化保护条例 [EB/OL]. (2011-02-28) [2017-07-03]. http://www.ihchina.cn/3/10363.html.

② 姜明安. 论公法与政治文明 [J]. 法商研究, 2003 (3): 62.

3. 民间体育文化权利性质的法律属性模糊

从非物质文化遗产的知识产权机制上看，无论是精神理念还是具体的规制体系，其实都存在诸多的冲突，学术界对于非物质文化遗产能否进行知识产权保护的问题也始终未盖棺定论。[①] 一般来说，民间体育文化隶属于非物质文化遗产的基本范畴，同样无法避免这种尴尬。以畲族民间体育为例，盘柴槌作为一种畲族武术，从被评定为福建省第三批非物质文化遗产的那一刻起，就表明它已成为民间体育非物质文化遗产的一部分。但从现有的知识产权体系对权利保护的客体的规定可以发现，《知识产权法》对知识产品的规定并没有把民间体育非物质文化遗产纳入其范畴，只提到了"非物质性""可复制性"和"价值性"，而"地域性"和"传承性"这类民间体育非物质文化遗产的核心特征不在其规定范围内，自然得不到相应的法律保护。如果就专利和商标等范畴而言，很多畲族民间体育项目都不属于保护的范畴，因此，这类对民间体育文化权利性质的法律属性所存在的模糊认识自然造成了现阶段"无法可依"的尴尬局面。

三、畲族民间体育文化法律运行现状

法律运行是指法律的制定、执行、适用和遵守的过程，即立法、执法、司法和守法[②]。在国家治理能力不断加强和治理逐步现代化的今天，法律运行的好坏决定着一个社会法治化进程未来的发展方向。从非物质文化遗产着手，探究畲族民间体育文化法律运行的现状，有必要搞清楚非物质文化遗产的属性。非物质文化遗产具有经济和文化双重属性，基于不同的属性，表现为私人财产权和集体文化权两种不同的权利形式，对应于私法和公法的不同保护方式。[③] 如果从这层含义上去理解，那么私人财产权和集体文化权这两种权利形式基本涵盖了非物质文化遗产的全部属性，所以，有关畲族民间体育文化的属性问题自然要从这两大层面去探究。

（一）法律运行现状

首先，在公法层面，重保护、轻传承是当前非物质文化遗产公法运行层面

[①] 孟林盛，李建英. 民间体育非物质文化遗产的法律保护研究：以山西忻州挠羊赛为视角[J]. 体育与科学. 2012, 33 (2)：78.

[②] 葛声波. 法律运行中道德的缺失与重建[J]. 人民论坛. 2016 (6)：130.

[③] 吴汉东. 论传统文化的法律保护：以非物质文化遗产和传统文化表现形式为对象[J]. 中国法学. 2010 (1)：55.

的突出现象，很多法规的制定都是将其定性为静态的保护，政府仍然停留在普查和整理的阶段，对传承人等持有者动态的保护少之又少，对传承及其相关的规定仍旧较为模糊。从福建的情况来看，《福建省民族民间文化保护条例》中对于传承人和传承单位的权利和义务也较为轻描淡写。从非物质文化遗产的属性去理解，"集体文化权"理应从公法的相关规定寻求法律依据，但从各省、自治区和直辖市颁布的公法的情况来看，原则多、操作少的法条依然存在，很多省份根本没有结合实际情况和自身特点，而是直接将《非物质文化遗产法》的相关法条照搬照抄，尚未真正贯彻和执行上位法的相关要求。其次，在私法层面，我国的《著作权法》《知识产权法》和《专利法》是具有显著私法特征的几部法令。在《著作权法》中，权利保护的客体一般都是作品。但具体到畲族民间体育文化的法律保护上，相关项目都是通过血缘、宗亲和家族式传承方式传承的，这就产生了一个障碍，即传承人通过一代一代所传承下来的文化很难形成文字等作品，而《著作权法》中规定："中国公民、法人或者其他组织的作品，不论是否发表，依照本法享有著作权。"这样一来，《著作权法》对畲族等少数民族民间体育文化构不成法律保障。

（二）法律运行中存在的问题

1. 申报认证环节，跨区域合作申报缺失

纵观我国历史的发展脉络，几经更迭，才有今日 960 万平方千米的宏伟版图。在行政区域变动更迭的同时，文化资源也在相应地产生变化。宏观而言，这也就自然形成了我国非物质文化遗产跨区域存在的现象。《非物质文化遗产法》第二十一条提到："相同的非物质文化遗产项目，其形式和内涵在两个以上地区均保持完整的，可以同时列入国家级非物质文化遗产代表性项目名录。"① 该法律条文的制定适用于不同区域之间流传，且在形式和内涵上相对完整的非物质文化遗产。例如广东省的粤剧就有法可依——《广东省非物质文化遗产保护条例》。但具体在实际的执行层面，很多省、自治区和直辖市在执行层面，相关传承人在进行项目申报的过程中，依旧存在跨区域合作申报的窘境。以浙江省和福建省为例，这两个区域的畲族区主要分布在浙江景宁和福建宁德，很多项目的传承人也因为地域的原因分别隶属于两个行政区域，这就造成了在申报非物质文化遗产畲族民间体育项目的过程中，两个区域因机制缺乏协调而延误申报的现象时常发生。又如广东省高州市和茂名市电白区就因冼

---

① 欧阳光，倪彩霞. 从"中国文艺类非物质文化遗产保护维权第一案"说起——兼论我国非物质文化遗产法律保护的现状与思考［J］. 文化遗产，2012（2）：42.

夫人故里之争，延误了冼夫人信仰民俗的申报工作。专家们多年前提出的广东与海南联合申报国家级非物质文化遗产的建议，也因缺乏协调机制，至今没有落实。[①] 具体到畲族民间体育文化的传承与保护上，跨区域合作申报的囹圄依然存在，这一切都需要相关责任主体在未来的工作中寻求突破。

2. 保护传承环节，传承人认定程序失范

传承人作为传承和保护非物质文化遗产的"活"载体，在延续民族血脉、传承民族文化的道路上发挥的重要作用毋庸置疑。但随着经济全球化和现代化进程的持续推进，文化生态在得到极大丰富的同时，也存在传统文化逐渐被蚕食的现象，少数民族文化更是在逐渐消亡。畲族民间体育文化也不例外，一些只能通过口传心授和习得性行为传承的文化遗产数目正在急剧减少，众多民间体育项目危机重重，一边是传承人年龄偏大，另一边是年轻人不愿传承。福建省文化厅曾于2008年7—8月组织过一次摸底调查，福建省非物质文化遗产项目代表性传承人的平均年龄为59岁，其中，61岁以上的占47%，最高年龄的人为90岁。[②] 面对现有传承人老龄化的情况，新的传承人认定迫在眉睫。《非物质文化遗产法》第二十九条对传承人的资格和履行的义务做出了规定和解释，可是，对于传承人应该享受的权利，如何对传承人进行认定，在传承人认定环节可能出现的一些失范行为，都缺乏具体的操作规程和应对策略。这无疑会对政府公信力产生冲击，也滋生了很多寻租问租的空间，一些不符合规定要求的传承人、二流乃至三流的传承人都可能阻滞未来民族文化的传承和保护，甚至产生一些不可估量的重大损失。

3. 发展振兴环节，经济权益和文化传统之间有冲突

根据马斯洛需求曲线，人在基本的生理和安全等低层次的需求得到相对满足之后，社交和自我实现等高层次的需求会逐渐凸显出来，并且很多时候都发生在生理和安全等低层次的需要得到完全满足之前。社会变迁的今日，生活方式得到极大改变，人们已不能满足原有经济发展模式下的各类需求，在新的需求方式不断得到满足的同时，传统文化等产生于原有需求基础之上的这类精神财富也无形受到削弱。以浙江景宁畲族自治县为例，景宁畲族风情旅游度假区

[①] 欧阳光，倪彩霞. 从"中国文艺类非物质文化遗产保护维权第一案"说起——兼论我国非物质文化遗产法律保护的现状与思考 [J]. 文化遗产，2012（2）：42.

[②] 周清印. 非物质文化遗产代表性传承人调查 [EB/OL]. (2009 – 05 – 31) [2017 – 07 – 06]. http://www.chinesefolklore.org.cn/blog/? action – viewthread – tid – 6532.

在成为4A级景区之后,当地第三产业得到极大发展,旅游总收入年均增长30%。① 但不可否认的事实也同样存在:畲族景宁自治县在接受游客观光的同时,自然生态环境和人文生态环境同样也在接受"洗刷",这种"洗刷"有正面的影响,如能够促进畲族文化的传播,当然也存在负面的影响,如畲族文化逐渐被其他文化蚕食或异化,进而丧失自身本真。这种经济权益和文化传统之间的冲突自然不可避免,这种张力之间的此起彼伏也将持续上演。所以说,在经济高运转、社会大融合的今天,如何寻找经济发展和文化生态平衡的可持续之路,如何避免传统文化的式微,如何建立健全相关法律依据来保障传统文化,无论是对传统文化而言,还是对畲族民间体育文化而言,都值得认真思考。

4. 生产性保护、产业发展中,具体部门法缺失

非物质文化遗产生产性保护是指以保持非物质文化遗产的真实性、整体性和传承性为核心,借助生产、流通、销售等手段,将非物质文化遗产以及资源转化为文化产品的保护方式。② 在市场经济的飞速发展过程中,文化产品一旦被贴上商业的标签,就可以创造利润,进而实现产业化发展,达到规模经济,实现盈利。以山东省为例,山东省在加强非物质文化遗产生产性保护中起了示范引导作用,山东福胶集团东阿镇阿胶有限公司等多个单位陆续被评为山东省非物质文化遗产生产性保护示范基地,通过文化遗产博览会、文化遗产日和孔子文化周等平台开展非物质文化遗产的生产性保护③,这既是山东省充分利用非物质文化遗产进行生产性保护、产业发展的重要举措,又对拉动当地经济发展、实现产品的营销推广起到了双向的推动作用。毫无疑问,从短期来看,经济数据的增长为非物质文化遗产的生产性保护提交了一份"正面清单",但从长远发展来看,《中华人民共和国商标法》(以下简称《商标法》)中第十六条提出:"商标中有商品的地理标志,而该商品并非来源于该标志所标示的地区,误导公众的,不予注册并禁止使用;但是,已经善意取得注册的继续有

---

① 中国畲乡·景宁. 2012年畲族景宁自治县政府工作报告 [EB/OL]. (2012-03-13) [2017-07-06]. http://jnnews.zjol.com.cn/jnnews/system/2012/03/13/014826774.shtml.
② 非物质文化遗产生产性保护 [EB/OL]. (2012-02-01) [2017-07-16]. http://www.baike.com/wiki/非物质文化遗产生产性保护.
③ 中华人民共和国文化部. 山东省大力加强非物质文化遗产生产性保护 [EB/OL]. (2017-07-27) [2017-07-27]. http://www.mcprc.gov.cn/whzx/qgwhxxlb/shandong/201707/t20170727_685800.html.

效。"① 该法条为非物质文化遗产的生产性保护提供了一定的法律支持，但这其中存在一个问题，即有关非物质文化遗产的文化属性、产权和商标的具体使用期限、转让等仍然没有得到很好的解决，存在较多模糊的地方。以山东福胶集团东阿镇阿胶有限公司为例，如果未来发生关于地理标志的冲突问题，产权属性之争在所难免。把这些可能存在的问题引申到畲族民间体育文化的生产性保护上，畲族的一些文化符号未来必然有很大一部分会成为地理标志，进而起到保护文化传承的作用。但产权之争的问题如果没能得到很好的解决，就会对未来文化的延续起到滞后作用。这其实都反映了具体部门法的法律依据的缺乏，仅仅凭借《商标法》等法律条文对非物质文化遗产进行保护，而没有具体部门法的法律支持，非物质文化遗产的文化传承与保护的道路将充满荆棘。

四、推进畲族民间体育文化法律保护体系建构

保护是为了能够更好地发展，既然在延续畲族民间体育文化的道路上可能会出现上面所存在的一些问题，那么，如何通过法律的手段合法保护畲族民间体育文化的传承与发展？将何种类别的保护模式运用到实践中对其进行支撑？笔者通过借鉴与非物质文化遗产相关的、其他民族文化遗产和民族传统体育等文化的法律保护，并结合畲族民间体育文化的自身特性和面临的困境，整理出以下几种法律保护模式。

（一）公法保护模式

如果从市场价值来划分，非物质文化遗产可以按丧失市场价值和存在较大的潜在价值去分类，现代化讲究真，但后现代化的今天，我们更强调多元，百花齐放所营造的文化大繁荣才更具生命力和持久性。如果说私法是为了更好地保证市场经济体制中良性竞争和意思自治，那么公法是更有强制性的法律保护，更有利于保护丧失市场价值的非物质文化遗产。显然，公法在该领域的介入是私法等其他法规难以替代的。综观现阶段非物质文化遗产的公法保护，我们能够为畲族民间体育文化的法律保护找出更多的公法依据。从不同位阶的效力等级来看，首先，联合国教科文组织在2003年就颁布了《保护非物质文化遗产公约》，同年还出台了《建立"活的人类财富"国家体系指南》，2005年出台《保护和促进文化表现形式多样性公约》，为保护和促进文化多样性提供

---

① 欧阳光，倪彩霞．从"中国文艺类非物质文化遗产保护维权第一案"说起——兼论我国非物质文化遗产法律保护的现状与思考 [J]．文化遗产，2012（2）：42．

了法律依据。2011年又出台了《人类口头和非物质文化遗产代表作名录》（首批）。该文件的可操作性更强、更为具体，提出了一些较为开放式的说明，为非物质文化遗产的保护提供了较好的法律保护。其次，国家层面上，《宪法》第一百一十九条明确规定："民族自治地方的自治机关自主地管理本地方的教育、科学、文化、卫生、体育事业，保护和整理民族的文化遗产，发展和繁荣民族文化。"①《体育法》第十五条规定："国家鼓励支持民族、民间传统体育项目的发掘、整理和提高。"这正是《宪法》有关非物质文化遗产法律保护规定在体育领域的延伸与体现。再次，《非物质文化遗产法》是一部由人大常委会颁布的国家级法规，属于行政法的范畴，它调整了我国关于非物质文化遗产管理中所发生的各种社会关系中不同层面的法律规范。另外，各省、自治区和直辖市每一年都相继出台一部地方性法规，它们结合自身的实际情况，以《非物质文化遗产法》为风向标，分别制定了非物质文化遗产的保护条例以及民族民间文化保护条例等。可以说，如果按之前的市场价值对非物质文化遗产分类的话，政府牵头制定的不同层级的法律规范恰恰起到了保护逐渐被市场淘汰、濒危和趋于同化的非物质文化遗产和其他民族民间文化的作用。因为，很多时候，如果政府不主动作为，不用法律的重拳为非物质文化遗产提供保障，后者必将在今后的经济大浪潮中走向衰落。所以，用公法的形式保护不具有市场价值的文化的延续和发展，将会成为今后非物质文化遗产保护中公法的重要任务。

（二）私法保护模式

对于不具有市场价值的非物质文化遗产，我们可以进行公法的保护，而如果存在潜在市场价值的非物质文化遗产，私法保护模式就可以起到很好的补充作用。以畲族民间体育文化为例，通过三月三等节庆的形式，推广诸如骑海马、打枪担、打尺寸和盘柴槌等民间体育项目，它们的市场价值就得以体现。

1. 知识产权保护

如果从现行的知识产权制度的利用情况来看，很多学者针对非物质文化遗产中民间文学艺术和传统手工艺技能等提出运用知识产权保护的声音不绝于耳。但对于畲族民间体育文化等民族传统体育的知识产权保护问题，在民族传统体育独创性的规定、权利主体的确定上都存在诸多问题。放眼其他文化的知识产权保护，以民间文学艺术作品为例，《著作权法》中对民间艺术作品是否

---

① 中华人民共和国宪法［EB/OL］. (2004 - 01 - 01)［2017 - 07 - 15］. http://www. gov. cpl.

享受知识产权也只是由国务院另行规定①，至今仍然存在较多模糊之处。如此看来，知识产权问题已不再仅限于民族传统体育，它已然扩大到非物质文化遗产和民族民间文化的各个方面，知识产权的保护刻不容缓。但是，像畲族民间体育等民族传统体育并没有被纳入民法实施法律层面的保护范畴。2008年6月，国务院颁布《国家知识产权战略纲要》，明确提出："进一步完善知识产权法律法规。适时做好遗传资源、传统知识、民间文艺和地理标志等方面的立法工作。"② 从该法条的措辞去理解，"仅仅""进一步完善""适时"都只是停留在探索阶段，并没有真正落到实处。针对这类现象，笔者分别从著作权保护、专利权保护、商标权保护和地理标志保护四个维度建构畲族民间体育的知识产权保护问题。关于著作权的保护。从我国公布的第三批《国家级非物质文化遗产名录》的少林功夫、太极拳和华佗五禽戏等可以看出，它们虽然在非物质文化遗产名录范围，但却不在著作权法的保护客体范围中。2001年10月27日第九届人大常务委员会第二十四次会议通过了《关于修改〈中华人民共和国著作权法〉的决定》（第二次修正），其中第三条规定了保护的客体：文字、口述、音乐、戏剧、曲艺、舞蹈、杂技艺术、摄影等。③ 以畲族武术为例，项目传承人创作的新套路、技法、理论等，传承人或者创作人可以直接取得著作权的保护，这样一来，传承人和创作者有了法律保障，可以激发他们更好地保护传承民族文化。就专利权的保护而言，我们都知道，美国是一个很注重知识产权保护的国家，而且近年来它也通过科技的手段不断蚕食发展中国家的非物质文化遗产，进而通过科技的力量，将它们转化为专利技术。以印度瑜伽为例，美国现已拥有135项基于印度瑜伽的技术创新专利。其实这也为我国非物质文化遗产的保护提供了一个很好的启示。④ 以畲族民间体育为例，畲族武术的表演结合旅游和节庆活动，逐渐形成自身特色，打造出类似于武夷山的"印象大红袍"和桂林的"印象桂林"等极具特色的品牌活动来宣扬地方文化，进而形成自身专利，起到专利保护的作用。就商标权的保护而言，其实商标权的保护问题已经迫在眉睫，当年王老吉和加多宝之战也是因为商标权之争打响的。具体到民族传统体育的问题上，光少林功夫，在东南亚、欧洲等许多

---

① 姚艳. 非物质文化遗产的法律保护 [J]. 贵州民族学院学报（哲学社会科学版），2007（1）：81.

② 曾小娥，肖谋文. 我国民族传统体育非物质文化遗产的法律保护——以知识产权保护为视角 [J]. 体育与科学，2013，34（5）：84.

③ 中华人民共和国著作权法 [EB/OL]. (2010 – 02 – 26) [2017 – 07 – 16]. http://www.npc.gov.cn/npc/xinwen/lfgz/2010 – 02/26/content_1544852.htm.

④ 赵军. 瑜伽的可专利性分析 [J]. 知识产权，2006（3）：65.

地方都被随意抢注，导致其他国家对我国少林功夫的曲解。如畲族民间体育文化中，有很多文化符号可以运用商标的形式进行保护，这不仅可以缓解经济层面的问题，还可以更好地保护本民族文化。还有地理标志的保护。地理标志是指标示某商品的来源、特定质量、信誉或者其他特征，由该地区的自然因素或者人文因素所决定的标志。畲族分布在浙江和福建等地区，畲族民间体育文化的传承可以结合当地的乡土特色、信仰和自然资源等要素打造出一些具有地方特色的地理标志。

2. 习惯法保护

习惯法，它独立于国家制定法之外，是依据某种社会权威和社会组织、具有一定强制性的行为规范的总和。① 虽然它已经不是法律体系的主要渊源，但仍然在一个国家的法律体系中扮演着不可或缺的角色。如热播的《白鹿原》，剧中淋漓尽致地表现了乡规民约的约束力，即使改朝换代，都难以撼动它的历史地位。非物质文化遗产的传承以"非物质"属性及口传身授为特点。以畲族民间体育为例，笔者在与传承人的访谈中发现，盘柴槌和打尺寸等项目的传承依然是师徒传承和家庭传承为主，只不过这个范围在逐渐扩大，以前传男不传女的传统方式得到改观，血缘和宗亲的单一传承方式也受到社会变迁的冲击，但是有很多以前留存下来的乡规民约仍然起到了很好的制度支撑作用。

在实地调研中，我们有幸拜访到两位传承人：雷盛荣，福建省福安市康厝畲族乡金斗洋村党支部书记、福建省省级非物质文化遗产——畲族武术项目代表性传承人；蓝大瑞，福建省宁德市霞浦县溪坪村人，福建省省级非物质文化遗产——畲族武术（盘柴槌）项目代表性传承人。从他们的介绍中我们得知，现在的畲族年轻人要么外出打工，要么上大学，基本上都不会畲族武术了。两位传承人的徒弟们也只是在假期才有时间回来训练和学习，很难在短时间内掌握畲族武术其中的要领。年过花甲的蓝大瑞，家中只有一个女儿，对武术也不感兴趣，女儿传承畲族武术（盘柴槌）的可能性微乎其微。他说："假如畲族年轻人想学，我可以完全免费教他们，并希望年轻一代能够把它传承下去。"从蓝大瑞的语气中不难听出，以前都生怕有外人偷学，现在连自己的直系亲属都不愿意学，这个重大的转变不得不引发我们的思考。抛开社会环境的变迁和外来文化的冲击不谈，这其实也反映了畲族民间体育文化中的乡规民约正在逐渐被侵蚀，传统的老规矩在新环境中似乎不起作用了。

在交谈中我们还了解到，资金匮缺和场地不足是传承人目前面临的主要问

---

① 习惯法 [EB/OL]. (2014 - 04 - 14) [2017 - 07 - 22]. https://baike. so. com/doc/6719180 - 6933226. html.

题。蓝大瑞谈到,省里说是一年有 3000 元的项目补助,2013 年 6 月份收到过一次,2014 年和 2015 年再也没有收到过项目补助。对于场地的项目补助问题,雷盛荣谈道:"关于畲族武术的训练基地,当时有给场地,是体育馆借给我们用,后来文体局的旧办公楼改装改修,自然就出现了场地冲突,场地的问题就没有了着落。当时领导说可以批一块地,但由于个人资金有限,收的学费又低,上级相关政府也没有补助资金,后来武术培训班也被迫停办了。"如果从经济学的角度去看,政府更多的是起宏观调控的作用,具体的市场调节则让市场这只看不见的手去完成。但是,对于畲族民间体育文化这些只能通过法律规章保护的文化,乡规民约在微观调控不同利益群体之间的利益分配的问题上就显得尤为重要,特别是在建立社团组织、规范群体间的行为的同时,还能缓解政府的工作压力。鉴于国家所制定的法律尚存在缺乏具体保护规定、没有明确传承者具体权益的问题,还需要民间制定的规则去调整,这些规则依然会在今后维系民族文化、传承文化的道路上发挥重要的作用。

第七章 畲族民间体育文化传承的社会运行机制

一、畲族民间体育文化传承的途径

（一）社会传承

畲族民间体育是建立在人的各种社会活动的基础上的，是一种规范化和组织化的社会活动。畲族民间体育文化的社会传承主要通过民间社团、市场和民俗博物馆三种手段得以进行。民间社团传承是指畲族人民为了更好地、有组织地开展各种畲族民间体育活动而成立的各种规范化的民间社团组织，在社团内组织各成员开展民间体育项目，从而对民间体育项目的传承。① 市场传承是指建立畲族民间体育培训教育机构，并收取一定的费用以维持正常运行，从而达到传播和传承畲族民间体育文化的目的。如畲族部分武术大师往往设立武馆，广泛自由地收徒，传授各种武艺，在创造经济效益的同时实现畲族民间体育文化的传承。民俗博物馆传承是指通过设立各种资料馆、博物馆、展示厅和图书馆来保存畲族民间体育文化，从而实现畲族民间体育文化的传承。由于社会传承是一个较为宽泛的定义，故其内涵和外延在发展过程中又出现了民俗传承、宗教信仰传承和民间传承。

在畲族民俗活动内容中，畲族民间体育往往是其重要的组成部分，民俗传承方式对畲族民间体育文化的发展起着至关重要的作用。在畲族的历史进程中，畲民往往以民族风俗和宗教为联系纽带，畲族民间体育文化得以植根发展。比如，在农历三月三等重要的畲族传统节日里，全体畲民都会风雨无阻地参加登山活动；在获得丰收和狩猎大收获时，畲民都要开展各种民间体育项目进行庆祝；每逢春节，在福建龙岩，畲民跳起狮子舞，挨家挨户拜访，以增加节日气氛；在福建部分畲民生活地区，在婚礼当晚会跳起敬茶舞以增强喜庆气氛。由于时代变迁，畲族的一些风俗习惯已经发生了变化，风光不再，从而导致起源于畲族风俗习惯的民间体育项目的传承面临较大的困境。

宗教信仰传承是指基于各种宗教仪式、信仰观念和祭拜活动举行的各种体

---

① 吴燕. 论社团在畲族民间体育传承与保护中的功能 [J]. 福建体育科技，2016, 35 (4): 13.

育活动，使得各种畲族民间体育文化得以传承与发展的方式。畲族没有形成本民族的宗教，在畲族聚集地，宗教信仰主要是崇拜祖先，是畲族氏族神灵与世俗神灵二者的结合，崇拜对象为多神崇拜，祖先崇拜和盘瓠传说是畲族民众最原始、最基本和最核心的精神信仰。畲族信仰在产生时就与畲族人民群众的生产生活息息相关，在畲族生活共同体中代代传承，传承的媒介之一就是部分畲族民间体育项目，如踏步舞、狮子舞等，畲族民间体育文化与宗教信仰在宗教化的影响下得到提炼和整合，从而让两者的传承产生优势互补的效果。但随着现代畲族年轻人对本民族宗教信仰的逐渐淡化，各种宗教活动开展日益衰落，而与宗教仪式相依存的部分畲族民间体育活动开展情况更令人担忧，对畲族民间体育文化的传承产生了不利的影响。

民间传承分为生活传承、生命传承和生产传承三种①。畲族民间体育文化是在生活、生产中产生的，但随着生产方式和生活习惯的改变，畲族民间体育文化生存境况变得举步维艰。在现代，可以借助对畲民生活、生产方式的改进和优化，维护畲族民间体育文化的生存，只有适宜畲族民间体育文化传承与发展的节日生活、生产生活和生命方式的存在，才可能促进附着其上的畲族民间体育文化的持续传承。每一位畲族传承人都是畲族民间体育文化的标本，在各种畲族节日活动和生产生活中传承畲族民间体育文化，但如果原有的编排方式消失，那么项目的生命力也就必然消亡，整个畲族民间体育文化也必将弱化。因此，每个畲族传承人都是畲族民间体育文化的载体，通过他们的作用让每个畲族人用生命去感知、体验、保护和传承畲族体育文化。如，源于生产劳动的畲族民间体育文化打枪担、狩猎、骑海马、击草和猴子占柱等，无不与畲族人民的生活和生产活动息息相关，已经深深地融入畲族人民的生命中，因此，就必须借助于生活传承、生产传承的社会传承方式，才可能更好地促进畲族民间体育文化的传承与发展。②

（二）家庭传承

畲族体育文化发展至今，在历史发展过程中，受到汉族主流文化儒家思想和小农思想的影响较深，对血缘关系和宗法制度较为重视，注重发挥家庭在体育文化传承中起到关键性作用。作为社会设置，家庭定义强调重心为"血

---

① 白庚胜. 民间文化传承论［J］. 河南大学学报（社会科学版），2007（1）：28.
② 胡斌. 畲族民间体育旅游资源开发中核心利益相关者分析［J］. 当代体育科技，2016，6（27）：157.

缘+供养+继承"，并且由此形成具体的权利义务关系。① 家庭传承是指在具有血缘关系的家族内对某一体育项目进行传授和学习，以达到传承与发展某一体育项目的目的。在家庭传承的过程中，本民族的语言发挥着巨大的作用。语言是传承畲族民间体育文化的主要媒介之一。畲族有自己的语言，但没有自己的文字，主要以汉字记录各种民间体育项目。由于畲族的特殊性，在过去只有精英人物才能掌握汉字，因此，畲族民间体育文化的传承对语言的依赖性程度较深。随着普通话在畲族的推广与普及以及汉族主流文化的同化，年轻人对畲族语言的忠诚度以及应用性大大降低，后者甚至面临消亡的危险。

在畲族民间体育文化中，武艺类的民间体育项目的传承方式大都以家庭传承为主。《蓝氏族谱》有载：貌三体伟，好习武术，拳棒俱熟练，其子能庆，侄振庆、双庆和衍庆，孙瑞成，侄孙岳林，均能绍其术，颇著盛名。又如，雷氏三十二世祖精拳法，在雷氏子弟中广为传授，有15位子弟，其拳世代流传至今。② 从中可以看出家庭传承在畲族民间武艺类体育项目的传承与发展过程中曾经扮演过重要角色。在小农经济时代，由于家庭传承方式符合畲族民间武艺类体育项目的特点和实际传承需求，即使传承范围和对象存在缺陷，但仍然发挥了重要的作用。不过随着社会变迁，家庭作为一个初级群体，其功能缺失，地位下降，影响减弱，③ 家庭传承在传承范围与对象的弊端被无限扩大，致使家庭传承逐渐步入困境，主要表现为家族内年轻人不愿学习非主流的畲族体育项目，从而畲族民间体育文化的家庭传承出现断层现象。

（三）教育传承

教育传承是指畲族民间体育文化在各种教育活动的基础上进行传承，受教育大环境的影响，在各种教育实践活动中开展各种民间体育项目，成为畲族民间体育文化得以传承的重要基础。教育传承的根本目的是传播畲族民间体育项目以及文化，主要传播体育认知观、活动形式、审美方式和项目内容等，可以通过培养畲族民间体育文化传承人，为畲族民间体育文化的传承注入活力。畲族民间体育文化的教育传承在教育传承作用明显，可分为学校教育传承和民间教育传承。

1. 学校教育传承

学校教育作为提高畲族人民群众文化素质的主要手段之一，也是畲族民间

---

① 郑杭生. 社会学概论新修 [M]. 北京：中国人民大学出版社，2013：190.
② 林荫生. 福建武术拳械录 [M]. 北京：人民体育出版社，2011：363.
③ 吕树庭，刘德佩. 体育社会学 [M]. 北京：人民体育出版社，2013：181.

体育文化的传承模式之一,但学校教育以传授汉族主流文化成果为主。畲族民间体育文化要发展,学校体育肩负着责任与使命。畲族民间体育文化需要融入学校体育之中,使畲族民间体育文化更具时代性。① 学校是传承畲族民间体育文化的重要场所之一②,但在过去相当长的历史时期,畲族民间体育文化作为一种弱势文化,为学校教育所忽视,直到近年其活动才在一些畲族民族学校开展,主要是打抢单、打尺寸和畲家拳等少部分项目,但开展情况和受欢迎程度都不甚理想,而且畲族民间体育项目在学校体育课中所占的比例较低,课外活动开展较少,③ 可以说,学校教育在传承畲族民间体育文化方面未达到预期效果。畲族民间体育项目在学校开展出现困境,具体原因有:第一,教育基础薄弱;第二,畲族体育理论基础薄弱;第三,专业的体育教师不足;第四,畲族民族学校发展的压力。

2. 民间教育传承

民间教育传承主要是指师徒传承和社区教育传承。武术项目主要是师徒传承,有拜师和授徒两种形式。畲族在传授武术时异常严格,尤其是在选徒时,不但要武德和武术基础两者兼备,而且要遵循一套完善的拜师程序和隆重的仪式,一般以口传身授为主要的传授方式。由于受儒家思想的影响,畲族体育项目中形成的师徒关系不仅是一种身份关系,更是一种特殊的伦理关系,其"一日为师,终身为父"的思想烙印表现明显。畲族武术能传承至今,师徒传承方式发挥了重要的作用。但随着外来体育文化的冲击和自身武艺类部分功能的弱化,武艺类在畲族年轻人中的吸引力下降,从而造成师徒传承的文化土壤逐渐消亡。在相对正式的师徒传承外,还存在一种非正式的社区教育传承。在畲族民间体育文化的发展过程中,村落和街道等传统的社区组织在畲族民间体育文化的开展与传承中往往占据重要的位置。在畲族人民群众生活的传统社区中,以虎捉羊、猴抢蛋和走二棋等为代表的益智游戏类的畲族民间体育文化往往喜闻乐见,对于参与者和观赏者来说,这些体育项目开展的过程就是一个学习和传承畲族民间体育文化的过程。在一次次的社区活动中,畲族民间体育文化自然而然地得到传承,丰富了畲族人民群众的文化活动,提高了畲族人民群

---

① 王德洪. 对畲族传统体育导入学校体育教学内容的探讨 [J]. 中国科技信息, 2006 (11): 300.

② 兰润生. 福建省畲族学校体育现状分析与对策研究 [J]. 沈阳体育学院学报, 2004, 23 (5): 651.

③ 兰润生. 福建省畲族学生课外体育活动现状调查与分析 [J]. 上海体育学院学报, 2005, 29 (2): 83.

众的生活质量。但随着畲族人民生活方式的转变,他们的生活日益变得丰富多彩,同时,社区内人与人的联系减少,青少年外出务工人员增加,导致社区开展的各种畲族民间体育文化活动日益减少,而参与人员又以中老年人为主。

二、畲族民间体育文化传承存在的问题及原因

在对畲族民间体育文化传承方式的田野观察及分析发现,在新的社会条件下,畲族民间体育文化的传承面临文化认知消极、传承方式作用弱化、不良传统习惯制约以及语言文字传承失灵等现象。

(一) 文化认知消极变迁

在全球化趋势的影响下,畲族传统生活方式和生产活动已经发生变化,畲族民间体育文化的传承活力下降趋势明显。造成这种现象的原因在于畲族体育文化核心范围狭窄,其文化生存与传承能力不强,在外来体育文化的同化过程中倍感无力,导致畲族体育文化发展逐渐迷失方向,畲族自身也逐步产生了文化认知上的自卑心理。在这种心理的影响下,畲族年轻人对外来体育文化十分推崇与向往,并将学习外来体育项目以及文化作为目标,而视一些畲族民间体育文化为"老土",因此羞于参与各种畲族民间体育文化活动,导致畲族民间体育文化在畲族年轻人中传承举步维艰。畲族年轻人在文化自卑情结中,对畲族优秀民间体育项目以及文化不自觉地忽视,导致文化自觉心理缺失。文化自觉是指生活在固定文化氛围中的人对其文化有自知之明,即了解其自身特色、形成过程、渊源和发展趋势,是一个漫长的过程。① 因此,实现文化自觉的前提是文化自信,是建立在文化认同的基础上。畲民的文化自觉首要前提是文化自信,在文化自信的基础上产生文化认同,在对畲族文化认同的背景下增强民族自豪感,如此才能意识到畲族民间体育文化的独特价值,才能激活畲民的传承动机,进而唤醒其文化自觉意识。畲族民间体育文化能否合理传承,关键在于畲族民众传承意识的觉醒,而畲族年轻人对本民族体育文化所知甚少,必将导致其对本民族体育文化认同感的下降。少数民族文化传承的路径是一个从"文化自卑"到"文化自信",再由"文化自信"到"文化认同",最终由"文化认同"到"文化自觉"的过程。②

---

① 费孝通. 文化与文化自觉 [M]. 北京:群言出版社,2010:195.
② 郗春媛. 社会变迁与文化传承:云南散杂居地区布朗族研究 [M]. 北京:社会科学文献出版社,2013:169.

（二）传承方式作用弱化

畲族民间体育文化的传承方式影响其传播的深度与范围，传承人要在总结以往经验的基础上，通过自身的实践和反思，对畲族民间体育文化现有的传承方式不断地进行改革。随着社会环境的转变，学校教育传承可能成为畲族民间体育文化的主要传承方式，有效地对畲族民间体育文化进行传承。以往，家庭传承、社会传承和教育传承是畲族民间体育文化主要的传承方式，但也是导致当今传承危机的问题所在，随着社会变迁，传统的畲族民间体育文化传承方式的缺陷逐渐显现，首先，在传统的传承方式下，畲族民间体育文化传承人的选择范围不断缩小，影响传承的延续性和广度；其次，一些落后的传承思想如传男（子）不传女，传内（家族）不传外，使得畲族民间体育文化的传承完整性和深度受到限制。而现代的学校教育传承，秉承"有教无类"的思想，面向畲族所有的年轻一代，不仅可以为畲族民间体育文化传承打下扎实的群众基础，保证传承的连贯性，而且可以建立正规化和规模化的传承模式，确保畲族民间体育文化有序地传承运行。

（三）不良传统习惯制约

传统习惯对畲族民间体育文化传承的影响，一般表现在选择传承人和传授内容等方面。亲疏程度和德行等传统习惯是选择畲族民间体育文化传承人的主要影响因素。传统习惯主要是受传统思想观念的影响，要求在传承一些诸如畲族武术等民间体育项目时做到"传男（子）不传女，传内（家族）不传外"的古训，即在传授不具备血缘关系的弟子时，往往会留一手，保留一些关键技艺，防止秘笈外泄。在不良传统习惯的影响下，在选择畲族民间体育文化传承人时，血缘关系和社会身份往往成为重要的基本条件。在一些畲族武术项目中，传授者通常会选择符合传统习惯条件即文武并重的理想继承人，只传授给这类继承人，一旦没有理想的继承人，很多畲族武术技艺就可能面临失传，导致一些畲族民间体育项目的逐渐消亡。传统习惯在当今社会对畲族民间体育文化的传承与发展产生一定的消极影响。但随着社会环境的转变，传统价值取向和行为规范已经遭到冲击，传统习惯对畲族民间体育文化传承与发展的影响力逐渐减弱。

(四)语言文字传承失灵

知识需要借助语言和文字进行传播①,同样,在体育文化的传承与传播过程中,也主要是通过文字记录和语言讲述来实现的。畲族一般是用汉字来记录各种事物,但只有极少数精英人物能掌握汉字,在有语言而无文字的情况下,畲族民间体育文化的传承面临困境,对传承与传播的深度和范围形成一定的不良影响。在大多数只有语言作为传承与传播载体的情况下,畲族民间体育文化的传承往往容易导致民间体育项目内容与规则的缺失和变异,对畲族民间体育文化的进一步发展和传承延续来说较为不利。同时,在现代化的冲击下,部分畲族青年人已经不能掌握本民族的语言,在与老一辈的畲族民间体育文化传承人的交流中存在困难,这也从侧面证明了畲族民间体育文化传承危机的严重程度。

三、畲族民间体育文化传承的社会运行机制

畲族民间体育历史悠久,产生于原始生产劳动、抵御外来侵略、模仿动物活动和风俗行为习惯等,是我国民间体育文化的重要组成部分,研究它、继承与发展它,对繁荣我国民族体育文化和增进民族团结具有重要的意义。畲族民间体育文化的传承活动的运行状态不甚理想,虽然前途一片光明,但是发展道路曲折。在当前,畲族民间体育文化面临的最为紧迫的问题便是保护与传承,在防止畲族民间体育文化流失的同时对其进行挖掘与修复。其次是发展。要使畲族民间体育文化处于良性运行的活态,发展是关键,有效地保护就是发展。畲族民间体育文化的保护、传承和发展需要立足畲族民间体育文化的实际,探索有效的社会运行机制。在哲学系统论思想中,任何一个完整的系统都是由若干个相关的子系统组成的,各个子系统都履行系统的某个职能,各子系统相互独立又相互联系,一个完整的系统需要各子系统共同发挥作用,才能更好地促进系统功能的发挥。畲族民间体育文化传承的社会运行机制作为一个社会运行系统,也是由不同子系统组成的。

畲族民间体育文化传承是一项长期的系统工程,唯有结合畲族民间体育文化特征,构建科学合理的畲族民间体育文化传承的社会运行机制,才有可能保证其在新时代背景下获得可持续的稳定发展,而现有的传承方式已难以满足现

---

① 郝春媛. 社会变迁与文化传承:云南散杂居地区布朗族研究[M]. 北京:社会科学文献出版社,2013:169.

代畲族民间体育文化传承的现实需要。因此，探索适宜畲族民间体育文化现代传承发展需要的社会运行机制就具有重要的理论价值和现实意义。社会运行机制类型复杂多样、结构不一，从不同的考察角度出发，形成不同的社会运行机制组织结构及其运行体系。本书基于畲族民间体育文化实情，在诸多社会学理论中选择郑杭生等著《社会运行导论》的社会运行机制理论，作为理论借鉴及支撑基点，认为畲族民间体育文化传承的社会运行机制为一级机制，它主要由动力机制、整合机制、激励机制、控制机制、保障机制五个二级运行机制组成。[①]

（一）畲族民间体育文化传承运行的动力机制

社会发展过程表明，一个社会，只有当它拥有较为适宜的社会动力时，才有可能维持可持续的稳定发展趋势。畲族民间体育文化的传承发展同样如此，假如畲族民间体育文化的传承发展动力不足，传承的社会运行机制必然失灵，原先的社会运行态势必然减缓，甚至导致传承断层从而逐步走向消亡。但假如社会运行动力过度，超出人们驾驭社会运行的能力，社会也会出现不稳定因素，从而导致社会矛盾冲突加剧，最终导致社会运行机制的失灵。研究畲族民间体育文化传承运行的动力机制，就是为畲族民间体育文化传承与发展提供动力的原理、方式及过程，动力机制是畲族民间体育文化传承发展过程中一个重要的因素。

在马克思主义社会学的理论中，社会运行动力机制的首要范畴便是需求。社会运行动力是一个综合的复杂系统，人自身的多种复杂需要则是根本的原动力，因此，畲族民间体育文化传承运行的动力机制的动力源就是社会和个体的需要。社会需要是畲族民间体育文化传承运行的动力之源，推动不同层次的主体发起和参与各种不同的传承活动，从而在这个过程中获取各自的需求满足物。社会和个体的需要之所以能成为畲族民间体育文化传承发展的动力，在于其自身的特点，在于其内在的本质属性，需要与满足之间的不可分割性和永不满足性是其两个内在本质属性。

1. 传承需要的动力特性

畲族民间体育文化传承的需要之所以成为传承活动良性运行的重要条件，是由自身特点和内在属性所决定的。畲族民间体育文化传承需要在不同时代背景下及社会环境中具体的内涵有所不同，从需要的基本面出发，有主观需要和客观需要、发展需要和生存需要；从主体层次出发，有社会与国家需要、集体

---

① 郑杭生，李强. 社会运行导论 [M]. 北京：中国人民大学出版社，1993：355.

需要和个人需要。本书研究的动力特性主要从生存需要和发展需要角度出发，生存需要指为维持畲族民间体育文化存在的基本条件，如丰富畲族人民健身娱乐活动需要，保持畲族特色体育活动需要；发展需要指为维持畲族民间体育文化存在的基本生存条件之外的社会需要，如维护畲族本民族的文化特性的需要，促进我国体育文化多样性的繁荣发展的需要。

畲族民间体育文化传承需要的特点及内在属性主要体现为两点：第一，传承需要和满足之间存在紧密的联系；传承需要的存在就说明其处于一种匮乏或隐性匮乏状态，正是匮乏状态的现实存在打破了传承需要主体的某种平衡，进而积极寻找满足物恢复"需要—满足"平衡状态；而在寻找"需要—满足"平衡的需要推动下，畲族民间体育文化传承的相关主体就会主动地制定相应目标以及行动计划，因此，"需要—满足"具有紧密联系的特征。决定传承需要就必须推动畲族民众积极参与传承活动中，成为传承活动相关主体及其整个社会的内在动力。第二，传承需要存在永不满足的特征。马克思曾经指出："人以其需要的无限性和广泛性区别于其他一切动物。"① 基于此，可知传承需要是永无止境的，当现阶段的传承需要满足之后，各种其他的新需要总是不期而至；传承需要存在发展性，会不断打破原有的框架，出现由低至高不断发展的趋势，从而推动传承活动持续不断向前发展。正是传承需要的广泛性、无限性及发展性决定其成为传承活动良性运行动力源的依据。传承需要的不可满足性，不仅决定其成为动力之源，同时保证了传承活动动力的可持续发展趋势。

2. 动力机制的组成结构

畲族民间体育文化传承需要是良性运行的动力源，因不同层次主体的传承需要有所差别，故不同程度地推动相关不同层次主体进行各种传承活动，从而在传承实践活动中获得满足其需要的满足物。在需要满足的过程中，动力结构由此产生，外围和内核结构两个部分组成畲族民间体育文化传承运行的动力机制结构。

（1）外围结构。畲族民间体育文化传承运行的动力机制外围结构由动力主体、动力受体和动力传导媒介组成。

动力主体是指畲族民间体育文化传承动力产生的主体，也可指传承动力利用主体。当畲族民间体育文化传承需要主体受到传承需要的推动时，会自主地寻找满足其需要的满足物，从而导致传承动力主体产生。传承主体的动力是积极的，是可以被人合理利用的，关键是被何人利用，在利用过程中是否能获得

---

① 中共中央马克思恩格斯列宁斯大林著作编译局. 马克思恩格斯选集：第 3 卷 [M]. 北京：人民出版社，1995：32.

满足其需要的满足物，这必然涉及利用主体。传承动力产生主体与传承动力利用主体两者间在某些情况下并不是同一的。例如，就畲族民间体育文化传承人而言，传承发展畲族民间体育文化是个体行动的动力，动力产生主体就是行动者——传承人本人。传承人在自我实现的传承动力驱使下，积极从事各种畲族民间体育文化活动实践，从而获得生活和心理的满足。在这种情况下，传承人是动力产生主体和动力利用主体的统一体。与此同时，国家为繁荣体育文化多样性的需要，将畲族民间体育文化传承人的传承动力导入国家运行轨道，使传承人为国家组织的传承活动服务，在这种情况下，传承人是动力产生主体，国家变成动力利用主体。因此，畲族民间体育文化传承的动力主体有可能为动力产生主体，也有可能为自身动力利用主体，还有可能为动力被利用主体。而且在一般情况下，高层次的动力主体往往是畲族民间体育文化传承中的低层次动力主体的利用主体，如国家、社团之于传承人个体。上文中的需要主体层次划分也提到，主体层次需要一般有社会与国家需要、集体需要和个人需要三个层次，而与之对应的动力主体也分为三个层次，宏观层次动力主体为国家与社会，中观动力主体为集体与社团，微观动力主体为传承人和个体行动者，三个主体层次可互为动力产生主体和动力利用主体。三个主体层次的动力可以借助某种媒介和方式进行相互间的传递，这种动力主体相互间的传递就是下文将要论述的动力传递媒介。源于传承需要的动力源——传承需要的动力，借助传递媒介在不同层次动力主体相互间的传递，对于不同层次动力主体的动力大小变化、动力方向变更以及再生性新动力等都有一定的影响。

动力传递媒介是指传承需要产生动力在不同层次动力主体间进行有效传递的渠道，是传承动力进行积累和递增的凭借方式。动力传递媒介有利于将微观、中观及宏观三个畲族民间体育文化传承动力层次合为一体，成为传承良性运行的整体动力。恩格斯曾经指出："社会历史发展是无数单个社会力量的合力的结果，这个合力即是整合为一体的社会运行动力。"[①] 当我们结合畲族民间体育文化传承现状进行剖析时，能对动力传递媒介作用认识清楚。在新时代背景下，畲族民间体育文化传承活动开展举步维艰，畲族民众对于民间体育项目需要得不到满足，进而寻找满足物去满足体育需要的动力，从而通过各种组织向党和国家进行需要诉求，当诉求传导到国家这个宏观层次动力主体后，国家为满足畲族民众的体育需要而采取各种具体措施。这样，国家层次动力主体的动力又传递到微观层次动力主体——畲族民众。正是由于宏观层次（国家

---

① 中共中央马克思恩格斯列宁斯大林著作编译局. 马克思恩格斯选集：第4卷[M]. 北京：人民出版社，1995：697.

与社会）动力主体、中观层次（集体与社团）动力主体及微观层次（畲族民众）动力主体进行由下而上与由上而下的传递，从而使各种社会动力合为一体，进而进一步推动畲族民间体育文化传承的良性运行。

动力传导在畲族民间体育文化传承中的作用显而易见，基于社会学理论，本书认为，动力传递媒介由利益传导、文化传导及信息传导三个基本类型组成。利益是一种需要满足物，是各种社会主体所追求的目标，以一定的方式在不同畲族民间体育文化传承动力主体间进行流动与分配，在流动与分配的过程中，传承动力在不同层次的动力主体间传递。一般情况下，宏观层次（党、国家）动力主体借助利益这一媒介将自身动力分解传递到中观层次（社会组织）动力主体和微观层次（畲族民众）动力主体身上，激励驱使其进行各种传承活动。文化传导，在本书中指精神文化传导，传导动力的原理为：借助文化价值观等方式将畲族民众的民间体育文化的认识内化，将传承观念融入畲族民众人格系统，进而对微观层次（畲族民众）动力主体的体育需要程度形成影响，从而促使畲族民众传承动力发生变化。信息作为动力传导媒介，可以将某个层次动力主体的动力以信息形式传递给其他层次动力主体，从而在三个不同层次动力主体间进行明确的动力传递。

动力受体是指畲族民众所获取的满足其体育需要的对象、工具及资源等，满足体育需要的对象也可称为满足物，有"软性"和"硬性"满足物之分，"硬性"满足物是指以物质形式存在的满足体育需要的满足物，而"软性"满足物恰恰相反，是以非物质形式存在的满足物，如社会秩序、地位和荣誉等。体育需要满足物的软硬之分主要是以动力机制采用的不同手段为划分依据。工具是指在满足畲族民众的体育需要过程中，畲族民众自身创造出的具体产物。社会资源作为畲族民间体育文化传承的动力受体，在于其能够被改造为满足畲族民众体育需要的满足物，或作为某种工具，进而去获取具体的体育需要满足物。

（2）内核结构。畲族民间体育文化传承运行的动力机制内核结构与外部结构相比复杂程度更高。本书基于传承动力系统要素的角度分析畲族民间体育文化传承运行的动力机制内核结构，认为其组成要素有动力源、动力贮存体、动力方向及传承行动等。

动力源是基于社会主体对畲族民间体育文化的内在需要，就微观层次（畲族民众）动力主体而言，动力源有社会需要与自然需要；而对宏观层次（党、国家）动力主体和中观层次（社会组织）动力主体来说，动力源有发展文化多样性需要和保障畲族民众基本体育需要。微观层次（畲族民众）动力主体的动力源来自满足自身对畲族民间体育文化的需要，是传承运行系统存在及其良性运行的必要条件。动力源产生的动力是传承运行动力的原生动力，是畲族民间体育文化传承运行系统的最本质和经常性发挥主导作用的动力，与不同层次动力主体传递形成的次生性动力有着本质的区别，二者在畲族民间体育文化传承活动中发挥的作用性及地位存在一定的差距。

动力方向是指任何层次动力主体的动力均并非盲目存在的，而是都有一定的方向。社会运行机制可以把运行系统中的不同层次动力主体的不同动力整合为一个和谐传承运行整体，共同的社会目标是运行系统核心所在。不同社会主体可以不断调整其动力方向，从而使不同社会个体的动力方向与整体传承运行目标所需的动力相符合。与此同时，动力程度和动力大小都会对动力方向形成一定的影响，从而发生变化。对于畲族民间体育文化而言，不同社会主体对于其的需要有所不同，但任何社会主体的需要都必须维持在适度的范围内，假如需要过度，可能会对其他社会主体对于畲族民间体育文化的需要满足形成影响，那么其动力方向就可能与整体传承运行系统所要求的动力相违背。此外，一些对畲族民间体育文化传承持否定态度存在的社会主体，与传承运行系统的动力方向必然背道而驰。畲族民间体育文化的传承需要大多数社会主体的动力方向保持一致，从而产生最大的动力，以保证畲族民间体育文化传承的良性运行，基于此，动力方向与不同层次的动力性质存在直接联系。

在畲族民间体育文化传承需要上升的趋势下，传承动力必然会呈现递增的态势，而传承动力递增态势是基于动力机制内核结构中的动力贮存体得以实现的，因此，不同层次动力主体的动力贮存体的形式也有所不同。在微观层次社会个体中，动力贮存体是个体的社会能力，社会个体在自身对于畲族民间体育文化需要的驱使下，在获得体育需要满足物的同时，积极营造有利的体育文化氛围以及条件。而就中观层次动力主体而言，群体凝聚力就是动力贮存体。群体凝聚力的表征是群体对于畲族民间体育文化传承的团结力量，又是表征社会个体对群体力量的感受性，就一个畲族体育社团组织而言，社团组织的凝聚力表现为社团成员对社团目标、愿景和使命等的心理认同。正是在凝聚力的作用下社团各成员成为一个紧密联系不可分割的有机整体，从而产生一致的动力方向，促进传承的良性运行，进而保证社团组织成员获得个体的体育需要满足物，进一步加强了社团组织的凝聚力。对宏观层次动力主体来说，动力贮存体是生产力水平、经济基础、文化实力及其政治权利体系。

传承行动是畲族民间体育文化传承动力的直接表达形式，人们的传承行动有传承行为、传承交往和传承消费三个基本类型。传承动力在社会中表现为何种具体形式的传承行动，制约条件为当前社会体制和结构以及具体的社会历史条件。在新时代背景下，需要不同层次的动力主体将产生的适度传承动力合理转化为实际的具体传承行为,积极参与各种传承活动的心得交流,进行适度的体育消费,以保障各种传承活动顺利进行,从而创造有利于传承良性运行的社会条件与背景。

(二) 畲族民间体育文化传承运行的整合机制

人类是怎样结成社会群体的,具体是依靠何种社会力量去维系结合的社会群体而不至于社会解组现象出现的,结合过程具体是怎样的,这种结合的紧密程度具体受到哪些因素的影响和制约,诸如此类问题都属于社会学中社会运行整合机制的研究范畴。而在畲族民间体育文化传承运行中也需要借助社会整合去解决在传承过程中出现的类似问题。社会整合是指在畲族民间体育文化传承运行中不同主体间利益的协调,是促进畲族社会组织群体和畲族民众个体结合成为共同体的动态发展过程,也可理解为传承运行系统一体化的发展过程。畲族民间体育文化传承的整合机制是指影响畲族民间体育文化传承整合诸因素的相互关系、功能以及整合的作用原理。

1. 社会整合的具体对象

人类思维与情感的多样性和多向性特征明显,导致人类体育需求与行为也相应地呈现多样性和多向性特点。但人类社会性特点对人类的体育需求与行为具有一定范围的限制作用,从而促使社会个体更好地形成生活共同体。这样一来就存在一定的矛盾性,而解决这种矛盾的重要手段之一便是社会整合。从这一视角出发,传承运行整合对象较多,也较为复杂。从宏观上分析,有传承运行子系统的耦合等;从微观上分析,有传承活动相关社会主体的人际互动。但进行深入分析后发现,传承运行的整合对象唯有一个——社会利益,其他传承运行整合对象都是在此基础之上衍生而来的。利益是传承运行整合的基本对象,是基于人的自私性,如荀子的"人之性,生而好利"(《荀子·性恶》)和马克思的"人们奋斗所争取的一切,都同他们的利益有关"[①]。在利益基本整合对象之外,在畲族民间体育文化传承运行中的衍生整合对象有情感、组织、规范及功能整合等。

情感是社会个体较为稳定的主观感受和体验,具体表现为社会个体对某种社会物所持的态度体验。社会个体对社会物的各种态度,一般都是带着特殊色彩的体验形式来表现的,故不同社会个体间的社会情感表现也有所区别,即情感表现会随着社会个体的观点、立场以及生活经历而发生变化。情感在生活共

---

① 中共中央马克思恩格斯列宁斯大林编译局. 马克思恩格斯全集:第1卷 [M]. 北京:人民出版社,1956:82.

同体的作用表现为：情感对行为的发动作用，使社会个体的行动活性化；情感对行为的定向作用，控制与稳定社会个体的行为方向；情感对人际关系的纽带作用，有利于生活共同体和谐关系的构建。由于社会情感的多维性特征，促使社会情感引导下的传承行为呈现出多向性的特点，有与传承运行目标方向相符合的，也有与传承运行目标方向背道而驰的。在社会整合的诸多功能中，其中之一便是促使多维性社会情感尽量保持与传承运行目标方向的一致性。情感整合方式较多，从微观社会结构上看，有亲情整合，从宏观社会结构上看，有宗教信仰整合、民族精神归属整合。总而言之，情感整合是建立在畲族民众对民间体育项目的文化认同与共识基础之上的，包含的范围较广，有价值意义、宗教信仰及思维方式等。

组织整合的建立基础是社会分工的实行，社会分工使社会成员的各种需要很难通过自身的努力得以满足，需要社会成员间劳动成果的相互交换，交换行为促使产生将不同社会个体整合为一体的机构——市场，市场的不断发展导致专业化生产组织的出现，专业化组织出现必然需要相适应的管理机构进行科学管理。正是这些组织和机构将所有的社会个体编织在一起，形成一个巨大的社会网络，将不同社会个体的各种特殊利益整合成为和谐有序的社会结构。组织整合就是在这个过程中产生并发挥作用。据上可知，组织整合是社会结构性整合的一种，即促使社会结构的有序、协调化运行。因此，畲族民间体育文化传承的组织整合是对传承运行相关社会主体的不同体育需求和特殊利益，在借助一定的社会组织和管理机构的情况下，将其整合为对传承运行有利的和谐有序社会结构，从而形成一致的传承动力方向，保证畲族民间体育文化传承的良性运行。

规范是对社会个体间的各种社会关系规定性和标准进行调整，对社会个体的各种社会行为准则进行约束和指导。在社会理论中，将规范整合的含义分为两层：第一层面，借助规范整合手段，将不同社会个体整合为社会整体；第二层面，在规范系统里，不同规范间和谐共生。在这两层含义中，前者是整合机制和控制机制的共同研究内容，后者是本部分的论述着重点。规范主要分为非正式规范和正式规范两种，由于正式规范是以社会运行目标为依据而人为设置的，因此，与非正式规范比较而言，不和谐的非整合度要高，故规范整合的重要内容为正式规范间及非正式与正式规范间的整合。规范整合在当前畲族民间体育文化传承运行中尤为重要，在当今，畲族民间体育文化传承受社会转型的影响，规范整合度偏低的现象较为明显，消除这种现象已经迫在眉睫。

将社会系统的各部分子系统所拥有的功能进行相互补充和耦合，便是功能整合。畲族民间体育文化传承运行系统是由不同的部分组合而成的，各个组成部分的功能有所区别，但都围绕传承运行这个整体目标而各尽其能，推动传承运行目标顺利实现。由于传承运行牵扯面较广，复杂性程度较高，有时子系统的功能会出现偏差，这就有必要对部分子系统的功能进行整合，使各子系统的功能相互促进、补充和耦合。以传承人为例，畲族民间体育文化传承人在以往存在"传男（子）不传女，传内（家族）不传外"的传统落后思想，必然对传承人的传承体育文化功能产生影响和制约。这时就需要对传承人这个子系统所发挥的功能进行整合，促使传承人抛弃落后过时的思想观念，积极传授畲族民间体育文化，保证传承人功能与传承运行整体目标要求相符合。

2. 整合中心的确立及特征

一个家庭有家庭中心，在传统的家庭观念里，父亲是家的中心；一个组织群体也有中心，一般组织群体的中心为其领袖；一个具有一定整合程度的社会也有明确的社会中心，多中心或者无中心的社会一定是处于不良整合状态。整合中心是指可以对社会群体以及个体形成吸附力，并促使其凝聚成一个和谐运行的社会整体。从整个社会系统角度而言，整合中心也可称为社会中心，但从社会组织群体的角度出发，整合中心为组织与群体中心等。整合中心与社会中心相比，内涵和外延上更加宽泛。在畲族民间体育文化传承运行的整合机制中，整合中心是由社会制度所决定的。在畲族民间体育文化传承的社会运行中，整合中心是以民间体育项目传承为核心的相关社会主体，整合目标是为保证畲族民间体育文化传承良性运行，满足畲族民众的合理体育需要，维护体育文化多样性的存在。从以上论述推断可知，整合中心具有一元性、强制性、包容性三个基本特征。

为促使传承运行整合成一个和谐共生的有机整体，整合中心必然是唯一和明确的，简而言之，整合中心必须具有一元性特征，如果整合中心不是一元性的，而是呈现多中心或者多元化，那么对畲族民间体育文化传承的良性运行较为不利。整合中心的多元化，在实际中的表征就是无中心，缺乏一个强而有力的整合中心的传承运行社会体，凝聚力强度必然不足，不同层次动力主体的动力方向较难保持一致，从而在传承运行的过程中危机四伏，不利于和谐、稳定、可持续传承与发展的环境的营造。因此，坚持畲族民间体育文化传承运行的整合中心一元性，是加强传承运行整合、维护传承运行平稳发展的基本前提。

社会整合是建立在具有统治管理位置的基础之上，而非依靠人人平等缔结的"社会契约"。因此，在维护畲族民间体育文化传承过程中必然会触及部分社会个体的既得利益，如果没有一定的强制性，必然导致因少数社会个体的阻挠而使传承的良性运行难以实现。政府和政策法规是畲族民间体育文化传承运行整合中心的强制性的基础，进行强制整合的名义是"满足体育需要""维护体育文化多样性"等。社会整合的强制性不是对社会个体个人利益的无视与忽视，不是对自由的"社会契约"和社会人人平等思想观念的否定，而是站在全局的制高点，为了集体利益而对个人利益的暂时牺牲，进而实现社会整体的最大利益，在实现社会整体利益后，再对牺牲的个人进行反哺。在畲族民间体育文化传承的整合机制中，整合中心的强制性是保证整合中心一元性得以实现的基础，没有强制是无法实现不同层次动力主体的动力方向一元性的。

假如传承运行的整合中心只是有强制性和一元性两者的存在，那么就会对任何与整合中心相违背的社会事物和社会体采取消灭与压制的强制手段，就会造成传承运行过程中的"万马齐喑究可哀"的不利局面，这种情况对畲族民间体育文化传承与发展也极为不利，就如同卢梭所言："压服一群人民与治理一个社会，这两者之间永远有着巨大的区别。"[①] 诸多社会实践证明，当社会整合中心具备一定的包容性时，社会发展必然是一片欣欣向荣的局面；反之，社会发展必然是问题重重，危机四伏。传承运行整合中心的包容性是建立在一元性特征基础之上的，保证整合中心具备一定的合理弹性，对与整合中心要求不相一致的价值观念、思想信仰以及社会行为等能采取包容的态度，融合积极接纳与同化它们。也可理解为，整合中心的包容性是整合功能有效性的表征，可以对整合中心之外的社会事物、社会组织群体以及不同社会个体形成一定的吸附力，使其融合为一个和谐共生的社会主体。假设畲族民间体育文化传承运行的整合中心只是孤单的一个中心，不能将整合中心之外的社会体和事物融合凝聚为一个社会整体，那么传承的必要性必将受到社会大环境的质疑，对其可持续、稳定、和谐发展不利。

3. 整合的动态运作过程

整合过程指畲族民间体育文化传承运行的整合机制功能发挥的动态变化及运作过程。对于整合过程的研究，主要存在两种倾向：一是结构—功能主义学派，以帕森斯为代表；二是社会冲突学派，以达伦多夫和科赛为代表。结构—功能主义学派基于对社会系统均衡假设对整合过程进行分析研究，认为系统特征是社会生活的体现，社会系统对于社会整合有着功能需要。[②] 而社会冲突学派则是基于社会冲突存在的普遍性与社会冲突产生根源为利益分配不均的假设对整合过程进行分析。研究认为，社会冲突的产生根源在社会组织自身，社会

---

① [法]卢梭.《社会契约论》[M]. 何兆武，译. 北京：红旗出版社，1997：17.
② [美]塔尔科特·帕森斯. 社会行动的结构[M]. 张明德，夏遇南，彭刚，译. 南京：译林出版社，2012：716.

冲突在整合过程中始终存在，虽然整合过程始终有社会冲突的存在，但社会冲突可以在某种情况对社会整合提供帮助。① 基于对两种研究倾向的综合分析，我们认为两者各有所长，也各有所短：前者的不足在于对社会均衡过于强调，对社会主体对整合中心的心理认同过于看重，对整合过程中社会冲突和矛盾的动态过程有所忽视，故在整合机制的变迁和转换方面重视程度不足；而后者的不足在于对整合过程中的社会冲突功能过于强调，对社会主体的一些特殊利益过分看重，对整合过程中的共同利益职能有所忽视，故对整合过程中的互补性和认同性整合方式两者的交织重视程度不够。而结合畲族民间体育文化传承运行实际发现，社会分化和社会整合同时存在于其传承运行整合过程中，整合机制是一个不断变迁和转换的动态过程，简而言之，整合和分化是相互联系和依存的共同体，两者在整合过程中有机交融。社会整合动力来自畲族民众对民间体育项目的需求和对共同传承目标的共同利益追求，社会分化动力则来自不同社会主体的特殊利益。而在畲族民间体育文化传承的实际情况调研发现，完全的整合和分化是不存在的，而是处于社会整合—社会分化的两极状态区间内。整合过程主要有自下而上和自上而下两种类型，自下而上整合是针对微观社会而言的整合过程，整合过程建立于不同社会主体的互动基础上，通过社会主体的共同生活产生形形色色的社会关系，对各种社会现象进行有机整合；而自上而下整合则是针对宏观社会而言的整合过程，在整合过程中呈现强制性、互补性、认同性三种整合方式相互交织的特征。而本书研究的整合过程为自上而下整合，整合过程主要有确立中心、认同沟通、调整反馈三个基本环节，下文具体论述之。

确立中心特指确立在传承整合过程中的中心。整合中心是畲族民间体育文化传承运行中的政治、信仰和行动等中心的统一体，整合中心的形式、内容、性质根据社会制度、社会历史条件以及畲族传统习惯等各种因素而定。整合中心的确立是动态变化的过程，整合中心必须与社会生产关系和社会制度相适应，因社会生产关系和社会制度处于不断发展变迁的过程中，故整合中心也处于不断发展变迁的过程中。虽然整合中心的确立是动态变化过程，但其性质是依据社会制度而定的，服务于社会运行目标的特征依然不变，故畲族民间体育文化传承运行整合机制的整合中心是为实现传承运行目标而进行不断的调整变化的。在确立整合中心后，必然要调动一切可利用的社会力量去促使畲族民众对民间体育项目产生心理认同，在促使心理认同的过程中要积极与社会个体进

---

① ［英］A. R. 拉德克利夫-布朗. 社会人类学方法［M］. 夏建中，译. 济南：山东人民出版社，1998：145.

行信息沟通，保证畲族民众对整合中心的认同。整合中心是代表畲族体育事业相关管理主体的利益，为达到实现传承的良性运行，管理主体需要整合中心实现畲族民间体育文化传承的良性运行，有利于其共同利益的实现。为达成对整合中心的共识，可借助报纸、杂志、广播、电视、互联网等大众传播媒介。与此同时，还要对不同层次动力主体的利益关系进行协调，积极沟通不同动力主体间的信息，加强整合中心的心理认同与共识。如在与畲族民众进行认同沟通时，可能存在部分畲族民众对整合中心的不认同，由此会产生对整合中心的社会分化力量，针对这种情况就要进行适当的调整，将各种具体信息及时反馈到整合中心，方便管理主体采取针对性措施，从而最大限度降低社会分化对整合中心的不良影响。在调整反馈环节的过程中，有可能是管理主体对社会分化力量做出妥协让步，对整合中心的部分内容进行调整与修正；也有可能存在管理主体对社会分化力量采取强硬措施，以抵制社会分化力量的消极影响力。畲族民间体育文化传承运行整合中心的主要目标是促使畲族民众对民间体育项目的认同，协调不同层次动力主体间的各种社会利益关系，从而形成一个有利于畲族民间体育文化传承的和谐环境。

简而言之，将整合过程分为自上而下和自下而上两种类型，仅仅是为了方便对畲族民间体育文化传承问题进行分析，是有效考察整合过程的视角之一。实际上，两种类型的整合过程是相互依存的，是不可分割的联系体，两者是紧密交织存在于整个整合过程之中的。社会需要是社会整合的根源，社会冲突是社会分化的根源，社会整合的功能是将相关社会主体整合为一个有机协调整体，而社会分化则是对社会整合的背离。社会整合和社会分化是矛盾的统一体，两者相互矛盾、产生冲突，又相互依存、共同促进，是紧密联系、相互协调统一的整体。社会分化虽然存在于社会整合背离的现象，但它又借助整合过程及时进行调整反馈，对畲族民间体育文化传承运行的整合机制的形式与内容进行不断的积极调整修正，使其更好地适应社会发展变迁，从而进一步促进整合功能的发挥。

（三）畲族民间体育文化传承运行的激励机制

"激励"一词含有鼓励行为、激发动机及形成动力的意义。激励机制是指社会运行系统为合理引导社会成员的价值观念和行为方式，以预先设定的程度与标准为依据，将各种社会资源按照公平公正原则，科学合理地分配给社会成员，以达到认同社会目标的作用过程和原理的目标。据此可知，畲族民间体育文化传承的激励机制就是引导畲族民间体育文化的有关传承主体在新时代背景下建立正确的价值观念和行为方式。因社会制度和基本情况存在差异性，故不同社会系统的认同目标存在不同,所以社会资源的具体分配程序和标准也必然有所不同,因而在不同时代背景下的畲族民间体育文化传承的激励机制也就存在差异性。畲族民间体育文化传承的激励机制不存在永恒不变的现象,在不同的历史时期、不同的地区和不同的社会制度下,激励机制不可能一模一样,因为激励机制是历史的、具体的、不断变化发展的。由于社会资源的稀缺性特征,社会成员对获取社会资源难以完全满足,因此需要建立合适的激励机制对各种资源进行有效的分配,从而将各种社会资源发挥的作用最大化。畲族民间体育文化传承发展活动的顺利进行,需要社会个体拥有与传承目标实现需求的价值观念和行为方式,并依据现实情况制定具体的激励标准,从而建立科学的资源分配程序与制度。凡是有利于维护畲族民间体育文化传承发展活动的价值观念和行为方式,就应给予积极的物质鼓励和精神褒奖,分配更多的社会资源。畲族民众的体育需要、拥有可支配的社会资源和共同认同的传承目标是畲族民间体育文化传承运行激励机制良性运行的三个基本条件。

1. 确立激励标准的依据

激励标准指在传承过程中对传承主体进行激励的强度和方向所制定的具体规定。从社会个体角度分析,社会个体处于复杂的社会关系网络中,试图在与其他社会主体的各种互动中保持自身的个性和人格的同时,获取某种自己所需的社会资源;从社会群体角度分析,在确立保护畲族民间体育文化传承后,管理主体试图调动各种可利用的社会力量与资源去促进传承运行,维系传承运行的稳定社会状态,从而最终实现传承运行目标。社会个体(畲族民众)的体育需求满足需要社会群体,社会群体也需要社会个体的支持以便维护社会秩序和社会制度的稳定,激励机制是两者间进行有效沟通的桥梁。激励标准是由保护畲族民间体育文化传承的社会制度所决定的,为传承运行目标的实现服务。激励标准虽然由社会制度所决定,但两者的建立并不同步,只有在社会制度建立之后,才可能建立激励标准来促使社会制度的运行和传承运行目标的实现。畲族民间体育文化在社会变迁的影响下,生存环境恶化,部分功能弱化,如在此时建立新的激励标准,则有利于引导畲族民众参与民间体育项目传承活动的过程中,维持传承的良性运行。激励标准的建立是一个不断发展变化的动态过程,也是对激励标准内容不断明确和完善的动态过程,在这个动态过程中,激励标准需要与传承运行目标相符合,如果激励标准与传承运行目标不甚相符,就会对激励机制的功能发挥形成制约,且对传承的良性运行形成阻碍作用。

2. 激励手段的效果分析

激励机制不但是对激励的标准、强度、方向进行确定,而且还对激励手段与方式进行确定。激励手段作为畲族民间体育文化传承运行激励机制的组成部分之一，功能是帮助实现传承运行目标，具体表现为根据实际情况采用针对性激励手段，分为功利型和符号型，与社会学中的物质性和精神性社会资源相对应。功利型激励手段指在畲族民间体育文化传承运行过程中对社会个体的激励采取实物形式如金钱和社会待遇等手段，主要是满足社会个体的物质需要；而符号型激励手段指在畲族民间体育文化传承运行过程中对社会个体的激励手段采取给予具有象征意义的社会符号进行，如传承人身份、奖状与奖章等，主要是满足社会个体的精神需要。但在畲族民间体育文化传承运行的实际过程中，单一使用符号型或功利型激励手段不太现实，在实际情况中大多是两者的结合，主要有两种情况：一是功利—符号型激励手段，以功利型激励手段为主；二是符号—功利型激励手段，以符号型激励手段为主。

从激励效果进行分析，功利型激励手段效果立竿见影，能直接、快速地实现预期的激励效果，毕竟物质需要才是人类社会主体生存的基础，社会个体对功利型激励手段的心理接受性较高。而符号型激励手段对于培养社会个体的体育道德情操、树立畲族民众对民间体育项目的认同感和自信心效果明显，但符号型激励手段效果的实现需要建立在所授予激励符号被社会个体接受及心理认同的前提下，具体表征为社会个体愿意为获取授予激励符号而付出努力。从上述分析也不难看出，激励手段的采用并不是一成不变的，而是处于一个动态的发展变化中，不仅要以社会制度为依据，而且需要结合具体的社会历史条件、畲族传统习惯、畲族民众体育需要程度等因素进行综合考虑，因而不同层次动力主体的激励手段也有所不同。

3. 激励机制的运作过程

畲族民间体育文化传承运行的激励机制运作过程由导向、监测、分配和反馈等环节组成。各个环节并不是独立存在、分开发挥作用的，而是相互依存、相互联系、相互作用的有机运行整体。在激励机制的运作过程中，四个环节缺一不可，唯有四个环节的功能都得到有效发挥，才有可能保证激励机制在传承运行中的作用发挥。

在前文论述到，激励标准是对社会个体在畲族民间体育文化传承中的价值观念与行为方向的大致方向笼统且抽象的规定，而导向环节则是以满足传承运行设定激励标准为依据，制定针对性的规章制度，选择合理的传播工具和方式，从而在相关社会体中进行有效的广泛传播，简而言之，导向环节是激励标准的操作化及实施具体化且进行有效的广泛传播的过程。由于畲族民间体育文化传承运行是一个开放的社会系统，必然要与其他社会系统进行物质和信息等交流，故传承运行的激励标准会受到畲族社会制度、畲族传统习惯、畲族特色文化、社会历史条件等因素的影响。激励标准是具体的、历史的、动态发展的，对维护畲族社会制度、畲族传统习惯、畲族特色文化等又有一定的帮助。如果传承运行过程中的社会主体对激励标准认同，那么导向的目的就能够实现；反之，激励标准的功能发挥必然受到影响。激励标准是传承运行的发展方向和进程的调节杠杆，如果激励标准与传承运行的发展规律相符合，那么对传承运行的发展进程加快所提供的帮助就会增加，反之，则对传承运行的进一步发展不利，甚至会导致传承运行紊乱。

即使激励过程中的导向环节在最佳状态下进行良性运行，畲族民间体育文化传承运行中相关的社会主体的价值观念和行为方式也可能与预期的标准有差距，在这种情况下，需要对激励效果进行检测与评判，有制度和舆论检测两种方式。制度检测指以激励标准制定的相关规章制度为依据，对社会个体的价值观念和行为方式进行检测，检测其是否与预期标准相符合，因检测内容是现实存在的、有形的，是有据可依的，故又被称为硬检测；而舆论检测是检测社会舆论对社会个体的价值观念和行为方式的影响性，表征为畲族民众对民间体育项目的心理认同度和畲族体育文化自信度等，是无形的，故又被称为软检测。制度检测与舆论检测在大多数情况下都是一致的，两者相辅相成、缺一不可。但在某些特殊情况下，两者不一致的现象也会出现，主要是因为制度和舆论出现了一定的偏差。在畲族民间体育文化传承运行中两种检测方式不一致的现象是由社会失范造成的，典型例子表现为：传承人是传承发展畲族民间体育文化的重要载体，是经过制度检测而被认可的，但传承人没有在社会中得到舆论的支持，其社会地位以及受重视程度偏低，没有获得相对应的激励，积极性因而受到影响。

分配环节的操作实施需要以检测环节的结果为现实依据，从而有效地将社会资源按照规定程序分配给社会主体的运作过程。在分配环节中，管理主体需要将社会资源在畲族民众中做具体分配，因此涉及畲族民众个体的切身利益，在分配环节结束后，不同社会个体获得的社会资源是不同的，故分配环节过程中充满着冲突与矛盾。在畲族民间体育文化传承运行的分配环节中，有两个问题值得我们深思：一是分配与检测结果的一致性；二是社会资源获得较少的畲族民众是否会因此而调整价值观念和行为方式。在正常情况下，分配效果表现为积极参与传承运行的畲族民众会获得较多的社会资源支持，而获得较少社会资源的畲族民众为了获取更多社会资源，会积极调整自身的价值观念和行为方式以为畲族民间体育文化传承运行做出努力。但笔者在实际观察中发现，现实并非如此，由于社会转型的影响，社会管理主体对畲族民间体育文化传承的不重视和支持力度不强，导致可支配的社会资源偏少，因此，在具体的分配环节中，为传承运行做出积极贡献的社会个体获取的社会资源偏少，而没有获取社会资源的社会个体也不愿意为获取社会资源而做出调整，故导致分配环节的功能效用大大降低，妨碍激励机制的良性运行，因此需要引起传承运行管理主体的重视。

在畲族民间体育文化传承运行激励机制中，激励标准设置是否合理，激励手段效果如何，各个环节运转是否顺利，诸如此类问题都需要借助及时、有效的反馈才能得到答案。反馈环节指激励机制的输出结果对畲族民间体育文化传承运行的激励机制所产生影响的反馈过程，其中存在正负两个反馈过程。正反馈指获得社会资源激励的畲族民众以其价值观念和行为方式去感染其他的社会个体的反馈过程，也是一种导向过程，主要是借助放大和示范效应的导向来发挥作用。正反馈过程的功能是促使畲族民众将传承运行的价值观念和传承行为方式进行内化，认同传承运行的具体目标，内化过程可归纳为观念引导—行为强化—社会压力—心理内化。负反馈指获取较少或没有获取社会资源的社会体的价值观念和行为方式对激励机制产生影响的反馈过程。负反馈形成主要存在两种情况：第一，由于激励标准存在缺陷、检测环节工作失误和分配环节效果失灵等，致使社会资源分配在激励畲族民众方面没有取得预期激励效果，因此需要将分配环节的输出结果进行及时准确的反馈，以便对激励机制的各组成部分做出及时的调整，使其更加科学合理；第二，没有获取社会资源激励的畲族民众会产生各种消极情绪，从而要求对激励机制进行改革更新。在畲族民间体育文化传承运行激励机制的激励过程中，需要合理利用正负反馈，对激励机制各组成部分及激励过程各环节做出及时的调整修正，保障传承的良性运行。

（四）畲族民间体育文化传承运行的控制机制

良好的社会秩序是保证社会合理地运行与协调发展的基本前提。社会规范是指一个社会为维持正常的社会秩序、对社会成员的行为方式所做出的具体规定和制约，是对社会成员进行指导和控制的手段。社会秩序的产生、变化以及发展属于控制机制的一个重要范畴。社会控制严格来说是一种社会行为，是一种积极互动的变化发展过程，是社会运用各种方式，通过各种因素，积极调动不同的社会力量，从而促进社会群体和个体有效地遵守社会规范，进而达到维持社会秩序目的，最终实现社会运行目标。[①] 畲族民间体育文化传承的控制机制是指为达到传承畲族民间体育文化社会运行目标的作用过程和原理。运用结构理论对畲族民间体育文化传承的控制机制进行分析可知，控制机制主要由控制手段、控制过程和控制对象三个基本部分组成，主要有稳态、亚稳态和失稳

---

① 卢元镇. 体育社会学［M］. 北京：高等教育出版社，2001：66.

态等三种基本状态。控制对象主要分为微观、中观和宏观三个层次，决策环节、实施环节、监控环节和反馈环节是控制过程中的四个主要环节。当前我国畲族民间体育文化传承处在一个崭新的社会环境之中，这就需要对畲族民间体育文化的传承建立有效的控制机制，从而使传承活动得以延续，以维持其在新时代的可持续稳定发展。

1. 控制手段的功能分析

控制手段分类不一，种类多样，如罗斯的政治和伦理控制手段、社会学中的硬控制和软控制等。而在畲族民间体育文化传承的控制机制中，有组织控制手段、制度控制手段和文化控制手段三种基本的控制手段。

（1）组织控制手段。马克思认为，社会是人们在进行相互交往而形成的产物，是各种不同社会关系的总和。英国学者布朗认为，社会结构指对制度即社会上已明确清晰的行为模式或规范所支配与规定的关系进行的不断配置及其组合，在配置和组合的过程中形成不同的社会群体。① 从中可以看出，社会是由不同人群组成的，是社会个体经过长期的共同生活而组成的有机社会群体。在当今时代背景下，社会分工日益细化，社会个体都处于社会群体的有机联系中，社会个体在社会中拥有特殊的社会地位，分属于各个社会组织，承担相应的社会义务和责任。而组织对社会个体的控制主要借助组织权威和组织规章制度两种手段。组织权威表征为上级对下级有一定的管理约束能力，下级必须服从上级；组织规章制度表征为处于组织之中的社会个体必须按照组织的规章制度办事。

组织权威起源于组织结构的性质，金字塔形是大部分组织结构的表现形式。组织最高负责人处于金字塔顶部，组织成员处于金字塔的底部，即上一级组织对下一级组织进行控制管理，组织与组织间进行层层控制，逐级负责。组织控制的组织权威来源于层级控制，社会个体与群体都处于组织机构的层级控制体系中，组织控制者在借助组织控制社会个体时也被最高级组织控制，而最高级组织控制者又被全体组织成员监督和控制，因此组织中的所有成员既是控制者，也是被控制者。组织控制的组织规章制度指为在组织内部对组成成员进行指导与控制，从而在组织内针对组织行为而制定相对应的强制性组织规定，具体表现形式为组织规章制度等。制定组织规章制度的目的在于对组织内行为进行清晰的规定，进而控制组织内行为。在畲族民间体育文化传承运行中，由于管理组织大多为政府部门和管理机构，民间组织较少，故组织控制的组织同

---

① ［英］A. R. 拉德克利夫-布朗. 社会人类学方法［M］. 夏建中，译. 济南：山东人民出版社，1998：145.

构特点较为明显，在传承运行中的各类管理组织控制方式大同小异。

（2）制度控制手段。由于社会中人际互动形式种类较多，虽然社会主体的生活方式主要是生活在组织结构中，但同时也存在一些其他的生活互动形式，因此，仅仅有组织控制手段是不够的，需要诸如制度控制手段等的运用。"制度"在社会学的定义为带有强制性、正式存在、相对稳定和具普遍意义的社会规范组织体系。社会制度与组织规章制度相比较而言，区别在于：社会制度对全部的社会主体都具备制约性，社会行为调节范围更加广泛；而组织规章制度只对组织内成员和组织内社会行为具备制约性，对组织外成员和组织成员在组织外的社会行为没有制约性。在现代社会中，社会制度越加健全与完善，大多数以政府相关部门的明文规定形式对全体社会成员进行公布，进而为所有社会成员知晓与执行。社会制度主要分为五大类：政治制度、经济制度、文化制度、法律制度和家庭制度。这五类制度共同运行，对社会个体、社会组织与群体、社会阶层的各种行为和相互关系等进行调节与控制。而在畲族民间体育文化传承运行中，政治制度和经济制度是最为重要的控制手段，在这一过程中，我们需要充分利用政治制度的强力和经济制度的导向力，对传承运行中的相关社会个体的价值观念和行为方式进行系统而有序的调节和控制。制度是一个完整的社会体系，每项具体制度都是社会体系中的一个重要组成部分，对各个具体制度间的相互协调与和谐运行以及功能耦合是至关重要的。以往，社会变迁速率水平低，畲族民间体育文化传承矛盾并不明显，但随着近代社会的社会变迁速率急剧加快，畲族民间体育文化传承的矛盾和冲突已不容忽视，而社会制度控制在其中发挥的作用也尚不到位，需要做出针对性的改革与创新，以适应新时代社会变迁的影响。

（3）文化控制手段。畲族民间体育文化作为文化体的存在，是畲族民众在长期共同社会实践活动中创造的，与畲族民众日常生活水乳交融，成为畲族民众休闲娱乐生活中不可或缺的要素。正是基于畲族民众对民间体育项目实际需求、心理认同以及文化眷恋，才有文化控制的可能性。与其他控制手段相比较而言，文化控制手段具有广泛性和非刚性的特征，社会舆论、社会评价、精神信仰、价值观念和风俗习惯等是文化控制手段的具体内容。由于文化控制手段的非刚性，故对不受控制的畲族民众惩罚力度不足，就需要借助社会主体的自觉性来发挥文化控制手段的功能效用。同时，由于文化控制的广泛性，故控制无处不在、无时不在，在广泛的时空对畲族民众的行为方式与价值观念进行控制，虽然有时畲族民众自身都难以感觉到，但它真实地存在并发挥着作用。在畲族民间体育文化传承运行中，要着重发挥组织和制度控制手段的作用，同时要重视加强文化控制手段的运用，提升畲族民众的体育文化认同和文化自信，消除畲族民众对于民间体育项目的文化自卑心理，从而促使畲族民众自觉参与传承活动。

2. 不同层次的控制对象

控制手段和控制对象两者组成了畲族民间体育文化传承运行的控制机制，控制对象有严格的层次之分，分为微观、中观和宏观三个层次。微观层次控制对象是畲族民众个体的行为方式与价值观念，中观层次控制对象是社会组织与群体间的各种利益关系，宏观层次控制对象是传承运行各子系统间的相互作用以及影响关系。在控制机制中，控制对象和控制手段之间不仅是施控者和被控者的关系，而且还是控制和反控制的关系。在畲族民间体育文化控制机制中，反控制力量的形成需要具备两个基本因素：①控制对象在传承运行的过程中，畲族民众既认同符合民间体育项目传承运行需要的价值观念和行为规范，又认同与畲族民间体育文化传承运行需要相违背的价值观念和行为规范，当后者占据畲族民众的主导思想地位时，传承的行为方式必然也发生改变，从而形成反控制力量。②施控者在要求控制对象遵守行为规范和价值观念时会触犯部分控制对象的切身利益。当反控制群体的力量积累到一定程度时，必然就会对当前的控制手段发起挑战，倡导调整和改革控制手段以迎合其需要。控制和反控制是矛盾的统一体，时时存在于畲族民间体育文化控制机制中，当传承处于有序运行时，往往都是控制力量超过反控制力量，反控制力量在某种情况下推动控制手段的进一步完善；而在传承无序运行时，控制力量小于反控制力量，就会导致其运行动态的失衡，从而促使控制系统的调整与改革，直至控制力量重新超过反控制力量，或者反控制力量成为控制力量，促使运行动态平衡的恢复或重新建立。畲族民间体育文化控制机制也是存在控制和反控制力量的，控制机制的主要任务是将反控制力量维持在合理范围内，而不是彻底消除，只需做到反控制力量不对传承的良性运行形成威胁。

3. 控制机制的运作状态

在畲族民间体育文化传承运行控制过程中，社会扰动对传承运行控制过程有着一定的影响。社会扰动主要分为系统内和系统外两个方面的社会扰动。系统内社会扰动指基于控制机制内部的社会动乱等突发事件对传承运行造成影响波动的因素，系统外社会扰动指传承运行系统外的一些相关社会系统对传承运行造成影响波动的因素。假设畲族民间体育文化传承运行的控制系统稳定性稍有欠缺，则可能一个小的社会扰动就会使传承运行控制机制的控制失灵，导致传承运行无序发展，故如何维持传承运行控制机制的稳定性运行状态就显得至关重要。

畲族民间体育文化传承运行系统与其他社会系统相比较而言，稳定过程存在一定的特殊性,稳定过程表征为:在社会扰动的影响下,传承运行控制出现失调,从而使传承运行在某方面处于无序状态;反馈环节发挥作用,将相关信息及时反馈到控制决策机构;控制决策机构再依据当时具体情况有针对性地调节控制决策,积极运用组织、制度及文化三种控制手段对出现的问题进行排解,消除失调因素,最终使传承运行重归于有序运行状态。但当社会扰动力量足够强大,而传承运行控制能力又相对不足时,无法将社会扰动形成的消极影响排解消除,那么就可能导致传承运行偏离预先制定的运行轨道,致使传承运行处于失控运作状态,也就是社会学中所说的失稳态。这就涉及运作状态划分的问题,在社会学中一般将社会运行状态分为:恶性运行、无序发展;中性运行、模糊发展;良性运行、有序发展。而与之对应地,我们将传承运行的控制机制运作状态分为失稳态、亚稳态以及稳态。失稳态就是上文提到的传承运行难以归以有序运行状态;稳态指控制机制在社会扰动影响下,经过针对性的调整,能将形成的社会波动等排解消除,从而使传承运行复归于有序运行状态,保证其功能能有效地发挥;而亚稳态是处于失稳态和稳态间的一种中间运行状态。因此,在畲族民间体育文化传承运行中,控制者必须时时注意将传承运行维持于良性运行的稳态,对于运作过程中出现的问题及时进行反馈和调整,积极排解和消除各种控制失调因素,从而避免传承运行的社会波动产生,最终保证畲族民间体育文化传承的良性运行。

(五) 畲族民间体育文化传承运行的保障机制

社会运行状态是社会内在矛盾演化的结果,社会内在矛盾演变,既有可能促成社会协调的出现,也有可能导致社会冲突的加剧。社会运行中蕴含的内在矛盾既有可能成为危害社会平稳运行的不可控因素,也有可能成为推动社会发展进步的重要动力,而本书研究的保障机制是指传承运行有机系统对自身传承运行安全的防护与保卫,从而阻止传承步入恶性运行以及畸形发展之中。畲族民间体育文化传承运行的保障机制是指传承保障的结构、功能和作用过程与原理。畲族民间体育文化传承运行的保障机制主要由保障对象、保障过程和保障手段三个基本组成部分构成,社会援助、社会调节和社会疏导是传承保障的三种基本手段,社会检测、反馈调整和具体实施是传承运行保障过程的三个主要组成部分。畲族民间体育文化传承运行的保障机制主要是为了阻止与预防传承步入不良运行状态,避免危害传承的社会因素产生。而不良因素产生的原因主要有社会经济的影响、社会不公平环境的存在和传承运行机制与社会环境的低度耦合及不协调等。保障机制是畲族民间体育文化传承过程中的重要问题之一,是一个十分复杂的运行系统,系统中每种不同的保障手段的作用和原理也有所区别。保障机制对于畲族民间体育文化传承的重要性以及作用不言而喻，直接关系到传承运行的稳定性。

1. 保障对象的抉择分析

社会保障是指社会有机系统对自身运行安全的防护与保卫，从而阻止社会步入恶性循环运行及畸形发展之中。基于社会保障的定义可知，社会保障作用于社会系统，故在分析保障对象前，需要对影响传承运行稳定性的相关因素进行分析，依据影响因素的来源，将其分为外部和内部两种因素。外部因素指源自传承运行系统的外部、对传承运行可能产生不良影响的因素，外部因素主要为经济思想的盛行、外来体育文化的冲击和体育生存的大环境变化等。如果要针对这些外部因素对传承运行进行保障，就必须确立本民族体育文化的主导地位，建立民间体育项目的保护制度，树立本民族的文化自信等。内部因素指源自传承运行系统自身、对传承运行可能产生不良影响的因素，依据产生原因分为自然因素和社会因素。自然因素指由于社会环境的改变不以人意志转移的对传承运行可能形成不良影响的天然因素，而社会因素指源自传承运行系统内部、对传承运行可能形成不良影响的所有社会组织群体因素。从对影响传承运行稳定性的因素分析可知，保障对象主要有两种：畲族民众和传承制度。在畲族民间体育文化传承运行中，对畲族民众的保障就是保障畲族民众个体对民间体育项目的基本体育需要，不至于受文化多元化、经济全球化的影响而导致民间体育项目消亡。而对传承制度的保障是确保传承制度的连贯性、有效性以及稳定性。畲族民众和传承制度两者是和谐的统一体，两者相互影响、相互依赖、相互促进。传承制度是畲族民众间相互关系在传承活动中所处地位的依据，而畲族民众的传承实践活动对传承制度也可以产生一定的影响。畲族民间体育文化传承运行的目标是尽可能地满足畲族民众的基本体育需要，故畲族民众的基本体育需要也是传承运行的保障对象，但要在新时代背景下实现这一保障，就需要传承制度作为基本保障，因为只有传承制度的强制性和稳定性才可能保障畲族民众的基本体育需要得以实现，因此传承制度也是保障对象之一。简而言之，传承制度保障了畲族民众的基本体育需要实现的可能性。

2. 保障手段的基本类型

保障手段是指积极运用各种社会力量对畲族民间体育文化传承运行的保障对象进行有效保障的方式。各种不同社会调节和方式的有机协调组合形成了畲族民间体育文化传承运行的保障手段体系，不同保障手段的作用范围与方式也有所差别，但最终目标是一致的，即排除影响传承运行安全的因素，保证传承的良性运行状态。一般情况下，社会援助、社会疏导、社会调节是保障手段的三种基本类型。

社会援助是指由传承运行管理主体向部分处于生活困境且对传承运行有所贡献的畲族民众提供一定的物质援助，援助对象是对传承运行有所贡献的畲族民众，功能是防止援助对象对传承运行贡献做出的终止。社会援助主要有预期性社会援助和现实性社会援助，预期性援助是指对预期处于生活困境的援助对象提供各种物质援助，现实性援助则指对生活困境的援助对象提供各种物质援助。社会援助具体表现为社会救济和社会福利。社会疏导指有计划、有目的、有步骤地运用各种社会力量对已经产生的对传承运行现状的不满情绪状态进行疏导与排解，从而控制不良情绪状态对传承运行产生的不良影响积累，防止社会冲突的形成，最终保证传承的良性运行。社会疏导作为保证保障手段之一，主要是消解影响传承运行安全的消极因素，而消极因素产生的原因便是社会不公平现象的存在。在畲族民间体育文化传承运行中的社会公平指畲族民众对传承运行中的各种社会资源具体分配结果的大众性的主观认定，社会公平的主观认定在具体的社会形态和历史时期有着特定的认定标准。社会调节便是积极运用各种社会力量对传承运行结构、社会关系以及传承制度等进行针对性的宏观调控，从而防止阻碍传承运行的不良因素产生。社会调节的内容种类繁多且较为复杂，在调节过程中需要注意不同调节内容以及相关系统间的相互影响关系。在畲族民间体育文化传承运行中，传承运行结构的稳定性比较低，各项传承运行保障制度功能耦合度还不甚理想，需要社会调节的保障手段，将强制性特点及作用充分发挥，加强对传承运行的宏观调控，最终加强保障机制运行的连续性、稳定性以及有效性。

3. 保障机制的运作过程

保障过程作为保障机制的组成部分之一，是指保障机制的功能发挥的动态运行发展过程，社会监测、反馈调整和具体实施是传承运行保障过程的三个主要组成环节，具体运行过程参见图7。

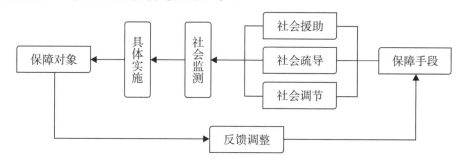

图7　保障机制运作过程

社会检测指对保障对象开展针对性、有目的的检查与测定，从而获取保障对象相关的具体情况的及时准确信息，进而为实施保障手段提供有效合理的客观事实依据。在保障机制中，保障对象是传承制度和畲族民众，两者的状态对传承运行状态起着决定性作用，因为无论是畲族民众个体处于生活困境中，或者传承制度的稳定性较差，畲族民间体育文化传承都是不可能实现良性运行的。而社会检测的作用效能便是及时准确地获取相关有用信息，以便传承运行管理主体制订合理的保障计划，确定合适的保障方式；以及实施有效的社会保障。由于保障手段存在不同，故社会检测的形式与具体内容也有所差别：对社会援助而言，社会检测主要是检测畲族民众个体的真实生活情况，从而确定具体援助对象和援助额度；对社会疏导而言，社会检测的主要功能是检测畲族民众对传承运行现状的满意度情况、是否对传承运行具有威胁；对社会调节而言，社会检测的主要功能是检测传承运行系统、子系统以及各相关系统的具体情况和相互协调情况等。社会检测是畲族民间体育文化传承运行状态的晴雨表，是保障传承运行稳定性的监视器。在传承运行中应积极利用社会检测这一工具，为畲族民间体育文化传承运行提供一定的帮助。

具体实施指畲族民间体育文化传承运行保障机制保障手段的保障功能得以发挥的动态运作过程。由于保障手段存在不同，故不同保障手段之间的具体实施存在一定的差别：社会援助在传承运行过程中具体实施表征为各种社会援助资金的筹措和具体分配形式的过程；社会疏导在传承运行过程中具体实施表征为管理主体与畲族民众间的沟通对话、畲族民众的自主疏导以及传承组织群体间相互协调配合等过程；社会调节在传承运行过程中，具体实施表征为政府行为和制度执行等过程。

保障手段的作用与效果具体情况如何，在传承运行保障过程中的具体实施有那些具体问题出现，遇到哪些具体阻碍，诸如此类的问题需要借助反馈调整来解决。反馈调整指将传承运行保障机制保障过程的具体输出结果准确及时地反馈到管理决策机构，从而方便管理主体对具体实施中产生的问题进行深入分析，进而对保障手段的作用效果进行有效评估，为根据实际情况调整保障手段奠定基础，有利于降低不良因素对传承运行的影响性。采集反馈信息一般借助畲族民众的来信与上访、专家学者的实际调查研究以及建立科学指标体系对传承运行状态进行的衡量等实现。

第八章　畲族民间体育传承人的现状与保护措施

一、畲族民间体育传承人概述

（一）畲族民间体育传承人

1. 传承人基本概述

祁庆富认为非物质文化遗产传承人是"在有重要价值的非物质文化遗产传承过程中，代表某项遗产深厚的民族民间文化传统，掌握杰出的技术、技艺、技能，为社区、群体、族群所公认的有影响力的人物。传承人受相关法律保护"[①]。

《国家级非物质文化遗产项目代表性传承人认定与管理暂行办法》（2008年5月14日文化部颁行）规定，国家级代表性传承人"是经国务院文化行政部门认定的，承担国家级非物质文化遗产名录项目传承保护责任，具有公认的代表性、权威性和影响力的传承人"。文化部对传承人概念的界定，使我们更准确地掌握了认定传承人认定的标准和原则。时隔三年，传承人的认定标准得到进一步完善，我国《非物质文化遗产法》（2011年2月25日）规定，传承人应具备"（一）熟练掌握其传承的非物质文化遗产；（二）在特定领域内具有代表性，并在一定区域内具有较大影响；（三）积极开展传承活动"三个基本条件。

福建省文化厅颁布实施的《福建省非物质文化遗产项目代表性传承人认定与管理暂行办法》中规定，"本办法所称的'代表性传承人'，是指由福建省人民政府公布的省级非物质文化遗产名录的代表性传承人"，需符合以下条件："（一）完整地掌握某项目的传统知识或特殊技能，并具有传承能力；（二）在某项目领域具有明晰的传承谱系，具有公认的代表性、权威性和影响力；（三）积极开展传承活动，培养后继人才；（四）已由设区市人民政府公布为市级以上非物质文化遗产项目的代表性传承人。"

当然，也有学者认为，只要通晓本民族或者本地域具有代表性的民间文化

---

① 祁庆富. 论非物质文化遗产保护中的传承及传承人［J］. 西北民族研究，2006（3）：114.

表现形式，在一定区域范围内被广大群众所熟知和认可，具有一定公信力，不一定要全国性公认，且技能拥有者愿意通过努力将这种非物质文化继续传播和传承，也可以被认为是"传承人"。

2. 畲族民间体育传承人基本概述

基于上述基本理论，本书认为畲族民间体育传承人可以分为两种：一种是畲族民间体育项目代表性传承人，另一种就是一般性传承人。前者是官方认定的，政府对其传承项目会给予政策、资金等的支持，同时，传承人具有项目传承和传播的责任和义务。这一类传承人所传承的项目基本上都是很具有地方特色的，或者是濒临灭绝、需要政府抢救的项目才会指定项目代表性传承人，这是狭义意义上的"传承人"。后者则是具有广泛意义的传承人，严格意义上说这一类传承人只是文化的传播者而已，不具有法律传承义务，但他们在民间具有一定的公信力，在非物质文化的传播中做出了不少贡献，对于非物质文化的传承也都是凭借自身意愿进行的。这一类传承人所传承的项目往往拥有广泛的群众基础，只要当地的文化氛围存在，非物质文化的传承便可以自行在群众中展开。当然，其中一小部分项目因为历史变迁、环境改变等原因正在日渐萎缩，这就亟须政府对其进行挖掘、整理。本研究课题所研究的传承人以"畲族民间体育项目代表性传承人"为主。

（二）畲族民间体育项目传承人保护的价值

体育作为一种特殊的文化，在非物质文化中也占有一席之地。文化传承的最大特点就是通过口传心授的方式使之代代相传。体育文化不仅需要口传心授，而且需要通过身体活动将它表现出来，所以，人在体育文化的传承过程中的作用是至关重要的。畲族体育文化作为体育文化中的一小分支，和其他的体育文化一样，畲族体育传承人的保护也有着重要的价值，这是基于传承人自身的作用之上的。传承人的作用主要体现在以下方面。

1. 民间体育文化的传递者

体育产生于先人们的生产生活，通过一代又一代体育传承人的言传身教，民间体育作为一种文化流传至今，历代的传承人就是民间体育文化的传递者，民间在体育文化传承中起了承上启下的重要作用。

2. 民间体育文化的传播者

民间体育传承人不仅需要传承体育文化，还有一项重要的任务，就是要将它发扬光大。这需要通过几代甚至数代传承人的努力才能实现，这也是民间体育文化传承的重要前提条件。

3. 民间体育文化的保存者

在全球化和现代化进程中,民间体育文化出现了世界性的跨越和融合,异域的体育文化对本民族的体育文化造成的影响和冲击不言而喻。传承人在民族体育文化的保护过程中起了中流砥柱的作用。民间体育传承人应该接受外来的体育文化,但前提是要把握好本民族体育文化的传承方向,尽可能地保存本民族体育文化,从而维持文化的多样性,保持文化的差异性。

4. 民间体育文化的创新者

民间体育文化源于人类的生活生产,会随着人类的生产生活方式的改变而变化。民间体育文化的传承也需要传承人与时俱进,不断注入有益于民间体育文化的传承和发展的时代元素,对民间体育文化进行创新创造。传承人在民间体育文化的创造过程不断地发现和创新,能使民族体育得以在历史长河中长存,不至于被淹没在历史的洪流中。

(三) 畲族民间体育项目传承人保护的意义

1. 是我国非物质文化遗产保护的需要

非物质文化遗产保护是全人类为之努力的系统工程,非物质文化遗产是伴随人类生活生产过程中不断积累、保存、保护与传承下来的,既是人类祖先智慧的结晶,也是人类宝贵的文化与精神财产。当今世界全球化的发展趋势,现代体育对传统体育的冲击是显而易见的,人们对外来体育文化充满好奇,并不断尝试,而对本土体育文化的关注则越来越少,若不加以传承与保护,畲族民间体育项目有可能面临消失的危险。所以,积极保护畲族民间体育传承人是保护非物质文化遗产的迫切需要。

2. 是延续民族文化血脉的重要组成

"喜迎十九大·文脉颂中华"非物质文化遗产大型网络活动的启动,更加表明传承中华优秀传统文化是我们坚定树立文化自信的好途径。畲族民间体育项目传承人是我国少数民族体育文化不可或缺的重要组成部分,畲族民间体育项目正因为畲族民间体育传承人的存在而得以延续。内容丰富、形式多样的畲族民间体育是在不同的环境与地域中产生、发展与演变而来的,同时充分反映了民族的宗教、信仰、人文、地理、气节、经济、文化,这些方面又与畲族生存的环境、民风民俗紧密结合在一起,完美地体现了民族体育文化的特异性和独立性。2014年9月24日,国家主席习近平出席纪念孔子诞辰2565周年国际学术研讨会暨国际儒学联合会第五届会员大会开幕会并发表重要讲话,强调"不忘历史才能开辟未来,善于继承才能善于创新。只有坚持从历史走向未来,从延续民族文化血脉中开拓前进,我们才能做好今天的事业"。习近平关于中华优秀传统文化的一系列重要论述，对于我们正确认识中华传统思想文化的优秀成分以及现代价值、通过弘扬优秀传统文化发展当代中国文化具有重大的现实意义。

3. 是我国少数民族文化持续发展的需要

体现畲族勤劳、朴实、勇敢和极具想象力的畲族民间体育在我国灿烂的民间体育文化中具有举足轻重的地位。党的十六大把集社会、科技、文化与环境等多项因素于一体的"可持续发展"作为全面建设小康的目标之一，文化发展的提出和实施相对其他几个方面而言起步较晚，任重而道远。总之，我们要坚持以改革创新的时代精神鉴别畲族民间体育文化，用以爱国主义为核心的中华民族精神统摄与彰显畲族民间体育文化，用社会主义核心价值观辨析畲族民间体育文化，根据时代条件创造性地转化并发展畲族民间体育文化。畲族民间体育传承人保护对于我国民族体育文化的可持续发展具有重要意义。

二、畲族民间体育传承人保护现状及影响因素

（一）传承人保护的制度层面

1. 政策法规有待完善

（1）现有传承人保护的相关法律法规。非物质文化遗产保护的关键因素是传承人。《非物质文化遗产法》的颁布与实施，把非物质文化遗产的保护工作提升到了法律层面，使我国的非物质文化遗产保护有法可依，在我国法律历史上开启了新的篇章，对我国的非物质文化遗产保护工作具有深远意义。其中对"非物质文化遗产项目代表性传承人"的概念做了明确规定，使传承人的认定更具法律效应。

《非物质文化遗产法》颁布与实施后，与之相配套的政策法规也相继出台。如财政部、文化部颁布的《国家非物质文化遗产保护专项资金管理办法》、国务院发布的《国家级非物质文化遗产项目代表性传承人认定与管理暂行办法》、教育部印发的《完善中华优秀传统文化教育纲要》等。《国家级非物质文化遗产项目代表性传承人认定与管理暂行办法》对非物质文化遗产项目传承人认定、管理、责任与义务等做出了一系列规定，是非物质文化遗产保护工作的一大突破，表明从一味追求物化的保护过渡到重视传承人的发展和保护。这些配套的政策规定使我国的非物质文化遗产保护工作中的资金得到了一定的管理，非物质文化遗产传承人认定得以明确，非物质文化遗产传承人才培养工作得以规定。

2005年，福建省人民政府出台了《福建省民族民间文化保护条例》，并于2009年正式将畲族武术列入福建省第三批非物质文化遗名录中，这对畲族民间体育保护与传承具有历史性的意义；2007年5月15日，浙江省文化厅出台了《浙江省非物质文化遗产保护条例》和《浙江省非物质文化遗产代表作申报与评定暂行办法》；2010年4月20日，福建省文化厅出台了《福建省非物质文化遗产项目代表性传承人认定与管理暂行办法》。

（2）立法保护中存在的不足。我国的非物质遗产保护工作与日本、欧美等资本主义国家相比，尚处于初级阶段，在法律的制定上还存在一定的不足。日本的《文化财产保护法》规定非物质文化遗产的认定形式分为三种："个别认定""综合认定"和"保护团体认定"，也就是说，传承人既可以是个人，也可以是团体。而我国《非物质文化遗产法》对于传承人的认定只局限于个人，对团体项目认定的相关法律规定目前还是空白。由此可见，对传承人的认定是现阶段亟待解决的一个问题。

除此之外，地方政府应根据《非物质文化遗产法》，加快制定地方性法律法规或规范性文件，对非物质文化遗产的法律保护工作进行细化、补充和完善。在非物质文化遗产保护方面，在福建省只有《福建省非物质文化遗产项目代表性传承人认定与管理暂行办法》和《福建省民族民间文化保护条例》两项政策法规作为非物质文化保护工作的依据。《福建省民族民间文化保护条例》在文化部出台《非物质文化遗产法》后沿用，没有做任何修订，早已不适应时代发展的需求，其内容需要根据《非物质文化遗产法》做出补充、修改与细化。

2. 畲族民间体育传承人的管理不到位

管理是在特定环境中，通过整合组织的人、财、物等资源，实现组织既定目标的活动过程。管理的本质是以人为中心进行的协调活动。畲族民间体育传承人的管理就是特定的部门或组织机构，为了有效保护和传承畲族民间体育而采取认定、培养、考核与奖惩等措施。

（1）畲族民间体育传承人认定情况。目前众多畲族民间体育项目中，已认定成为非物质文化遗产的项目有9个项目。掌握这些项目的民间艺人在具备申报条件的情况下，可申报成为某一级的非物质文化遗产传承人。目前福建和浙江两省拥有畲族体育的非物质文化遗产项目代表性传承人共12人，其中省级传承人3人，地市级传承人9人（见表8）。

目前主要由各省文化厅社会文化处（也称非物质文化遗产处）牵头组织全省非物质文化遗产保护工作，下设办公室、文教科与教育局。县级市主要是由民宗局参与负责非物质文化遗产项目保护工作，没有专门成立独立部门或职位对其进行管理，这使得基层畲族体育传承人的推进和保护工作未能得到很好的落实。

表8　畲族民间体育项目代表性传承人名单

序号（名录批次）	传承人	项目名称	级别	申报地区或单位
5（第三批）	雷盛荣	畲家拳	福建省	福建省福安市
57（第三批）	蓝明伙	八井拳	福建省	福建省罗源县
100（第四批）	蓝大瑞	盘柴槌	福建省	福建省霞浦县
10（第五批）	未申报	龙头舞 铃刀舞 猎捕舞	福建省	福建省宁德市
161（第一批）	蓝进平	稳（问）凳	浙江省	浙江省景宁县
97（第三批）	未申报	操石磉	浙江省	浙江省景宁县
98（第三批）	雷秀芳	赶野猪	浙江省	浙江省景宁县
20、21（第五批）	杨挺雄 杨定华	内文拳	宁德市	福建省宁德市
29（第五批）	雷小媚	蹴球	宁德市	福建省福鼎县
30（第五批）	雷华香	牛家拳	宁德市	福建省霞浦县
22（第四批）	雷勇昌	拳术与棍术	宁德市	福建省宁德市蕉城区
24（第四批）	钟团玉	畲族拳	宁德市	福建省福安市
25（第四批）	蓝大瑞	畲族白鹤拳	宁德市	福建省霞浦县
	未申报	打尺寸	市级	浙江省
	雷勇敏	抄杠	市级	浙江省
	陈锋	摇锅	市级	浙江省景宁县
	未申报	采柿子	景宁县	浙江省景宁县
	钟菊花	畲族武术	景宁县	浙江省景宁县
	蓝庆贤	畲族武术	景宁县	浙江省景宁县
	蓝李良	畲族武术	景宁县	浙江省景宁县
	雷世土	畲族武术	景宁县	浙江省景宁县

（2）畲族民间体育传承人的培养情况。目前畲族民间体育传承人的传承

与培养途径主要有师徒传承、家族传承、学校传承、社会传承。由于部分畲族民间体育项目，如畲族武术项目难度高、强度大、耗时多、收入低，很少有人愿意学，畲族民间体育的传承链十分脆弱，传承人的传承状况不容乐观，可以说是后继乏人。

传承人的培养情况使部分畲族民间体育项目一度陷入危机状态。造成这种危机的原因有三点。

第一，畲族民间体育项目的传承途径主要通过家族传承和师徒传承，传承方式主要通过口传和身授的方法。蓝大瑞的传承方式就是最传统的师徒传承，他所传授的盘柴槌历来是"传长（子）不传次（子），传男不传女"的，每一代人只能传授1～2人，再由这个传人分别传授给经过考核的其他人。这样的传承途径和传承方法显得很单一，显然已经跟不上现代社会的快速发展，给畲族民间体育的流传带来很大的阻碍。

第二，随着社会和经济的高速发展，农村青年人口外流城市，可传承人的数量越来越少。雷盛荣所在的金斗洋村的畲族青壮年纷纷外出经商务工，留在家里的基本上是古稀老人和孩子。雷盛荣现有的徒弟中，除了他侄女以外，只有一些留在村子里上学的孩子。

第三，传承人年龄结构偏大，文化修养和素质不高，对畲族民间体育文化传承的理论研究水平不够。目前，畲族民间体育文化研究的人员多在高校和研究所工作，真正处于基层的畲族传统体育传承人的文化水平普遍不高，没有太多的理论基础，不能理论结合实际，这不利于畲族传统体育的长远发展。从另外一个角度来说，处于高校的畲族传统体育的研究者研究结果很多都是浮于表面，研究内容也不全面和系统，最重要的是没有切身的体会，很难做到理论结合实际。

（3）畲族民间体育传承人的管理情况。《非物质文化遗产法》颁布与实施后，与之相配套的政策法规内容尚不完善，所欠缺的主要涉及三个方面：第一，未对传承人的培训支持、非遗创新奖励和经费保障等做出进一步规定；第二，对非物质文化遗产传承人所拥有的传统技艺技能未从知识产权保护上做出明确规定；第三，对文化主管部门和其他有关部门的工作人员工作失职、一般民众及境外组织或个人恶意破坏非物质文化遗产项目的法律责任未具体化。

浙江省根据《国家非物质文化遗产保护专项资金管理办法》，出台了《浙江省文化遗产保护专项资金管理办法》，但尚未对代表性传承人予以补助。然而，对于代表性传承人给予补助费未按规定开展相应的传习活动或者将补助资金用于传习活动无关的其他事项等问题只说明依法追究责任，但对责任内容并未做出具体化的规定，法律没有可操作性，最后得不到落实。《福建省非物质文化遗产项目代表性传承人认定与管理暂行办法》中对传承人补助资金的使用和监管等方面并未做出任何规定。需要加快出台相关法律，对于传承人不按规定使用补助金应当追究其法律责任。

(二) 传承人保护的物质层面

1. 重项目，轻传人

根据《福建省民族民间文化保护条例》和《浙江省非物质文化遗产保护条例》有关规定，畲族歌舞、畲族体育、服饰、语言、畲医畲药、习俗等民族传统特色文化被列入非物质文化遗产保护名录中。目前，浙江景宁拥有国家级非物质文化遗产名录2项，省级名录19项（其中畲族民间体育3项），市级名录33项（其中畲族民间体育3项），福建畲族拥有国家级非物质文化遗产名录4项，省级9项。

目前，已有9项畲族民间体育项目得到省级认定，其中畲族武术、稳凳、抄杠、赶野猪和摇锅已认定了非物质文化遗产传承人。传承人作为畲族体育项目的载体，其项目如果想要得到有效保护，项目传承人是关键。

2. 重保护，缺资金

资金是非物质文化保护工作中的基本条件。非物质文化遗产的保护与传承的资金来源主要是政府补助、自身经营和社会赞助这三种形式。非物质文化遗产仅依靠自身的力量投入市场尚不能正常运转，在无法商业化和市场化且没有其他资金来源与支持的情况下，必须依靠政府给予资金支持，畲族民间体育传承人的传承工作才得以延续下去，所以，政府补助是非物质文化遗产传承人最基本的保障。2013年福建省财政厅会同省文化厅下拨经费，对全省年满60周岁以上的省级非遗项目代表性传承人按每人每年3000元给予补助。对此笔者走访了福建福安市，这里是畲族主要的聚居地，畲族人口占全省畲族人口的一半以上，占全国的1/3，重点采访了福建省非物质文化遗产传承人雷盛荣和蓝大瑞。

雷盛荣是福建省非物质文化遗产畲家拳的传承人，也是福安市金斗洋畲族村村书记，一直在为畲族武术的传承和发展贡献力量。他所在的村有"畲族武术之源"的美誉，已有300多年历史，当地依山傍水，风景秀丽，民风朴实。全村200多户1000多村民，几乎人人练习畲家拳，是一个名副其实的"畲族武术村"。

以下是笔者与雷盛荣对话的内容，可以看出，畲族武术在传承与保护过程中面临种种资金紧缺的无奈。

问：您作为传承人有补贴吗？

雷：没有。

问：您传授畲族武术的经费来源？

雷：没有。

问：没有经费您如何传承畲族武术？

雷：主要通过带队比赛与表演，所获补贴（每天100～300元）均用在其中。

问：表演是自发的表演，还是政府组织的？

雷：是政府邀请我们去的，像三月三的表演，还有一些比赛。浙江景宁那边也是一样的，其他都没什么钱。之前参加福建省的比赛，我带8个人去，后来拿了第一名回来，奖金非常少，一等奖就500块。

问：现在经费问题靠什么解决？

雷：靠村里的经费，拿一点出来。

由此看出，雷盛荣用于传承畲族武术所需要的经费都是自己解决的，一部分来自比赛表演所得的奖金和酬劳，另一部分则从靠村里的经费中分拨一小部分。但雷盛荣并没有计较个人得失，仍然艰难地传承畲族武术。

蓝大瑞是福安市霞浦县溪坪村人，是福建省非物质文化遗产——盘柴槌项目的代表性传承人。在与他的交流过程中，笔者也同样发现，传承人在传承非物质文化遗产项目时，由于资金缺口太大，举步维艰。

以下是笔者对蓝大瑞的采访内容：

问：您现在有工资或补助吗？

蓝：补助的话省里面说是一年有3000元，2013年6月份的时候收到过一次，2014年就没收到了，2015年也没有收到。

问：没有补助的话，您教徒弟的开支从哪里来？

蓝：2009年我办了一个畲族武术培训班，当时我在浙江开（中草药）店，这边是叫我徒弟来教，参加学员9人，我们的收费比较低，每期收费50～150块钱，一般是看学员家庭的经济情况收的，作为办公费。有的畲族孩子家庭实在困难的，我都是免费教的。（同时）还雇了管理人员。每年的畲族武术培训班收的学费都远不够付给管理人员和徒弟的工资，我自己开药店的收入补贴到这一块。家里人意见特别大，于是武术培训班办了4年，2013年就没有再开办了。

问：武术培训班每年都处于入不敷出的状态，正常人可能办了1年就不会办下去了，是什么原因让您坚持了4年？

蓝：我主要考虑到畲族武术传承比较少，基本都要失传了，我们当地就我一个人（会畲族武术），我想把我们老传统的东西传给下一代。因为我的年龄已经60多岁了，再不传呢，等到七八十岁就教不动了。我尽量把它传承下去。（武术馆没有继续开的另外一个原因是）管理人员不严格，再一个，教练（教学态度）也是无所谓，（再加上）收入又比较低，我坚持了4年就坚持不下去了。

浙江省文化厅和省财政曾于2007年制定并下发了《浙江省非物质文化遗产代表性传承人（民间老艺人）补贴实施暂行办法》，其中明确规定：对列入国家级和省级非物质文化遗产名录项目的代表性传承人、省文化厅命名的省民间艺术家和其他在民间艺术传承、发展中有突出贡献且生活艰难的民间老艺人实施专项补贴，对年满65～69周岁（含）的，每人每年给予3000元的补贴；年满70周岁以上（含）的，每人每年给予4000元补贴。对此，笔者找到浙江省稳凳非物质文化遗产传承人蓝进平做了有关了解。

蓝进平不仅是浙江省省级非物质文化遗产传承人，也是浙江景宁县民族中学的体育教师，他非常积极地从事畲族民间体育项目的挖掘和传承，也是浙江省唯一的畲族体育类的传承人。笔者提问蓝进平："您传承稳凳这一非遗项目，政府有给您补助吗？"蓝进平说："补助很少的，也就600块钱。"可见政府对于目前已颁发的政策法规的执行力度很不够。（参见图8）

图8　自左至右，分别为蓝进平、蓝大瑞、兰润生、雷盛荣

资金是传承人生活的基本保障，是传承活动得以延续的重要条件。但是三位传承人都表示要获得资金很困难，没有资金支持的传承之路很艰辛。畲族大多地处偏远山区，留在本地区的畲民多靠农业上的收入，农民人均年收入为

10000元左右，家庭收入微薄。作为福建省非物质文化遗产的传统体育项目——畲族武术（盘柴槌）项目代表传承人早前还可以依靠政府微薄的补助来维持这一项目。但如果想要进一步发展，就需要更多的资金投入，政府给予的补助实在是杯水车薪。对收入微薄的畲民们来说，如果没有政府的资金帮助，仅靠自身的力量保护畲族传统体育项目困难重重。《福建省民族民间文化保护条例》第二十五条明确指出："县级以上地方人民政府设立民族民间文化保护专项资金。"但对于财政吃紧的地方政府来说，包括畲族传统体育项目在内的民族传统体育对于当地财政几乎没有任何贡献，所以政府不愿意在上面投钱，因此也就没有设立专门发展民族传统体育项目的资金。

3. 重娱乐，缺场所

畲族民间体育项目传承人在传承过程中，传习所、体育场地、器材是传承活动的重要平台，是传承活动重要的硬件，也是重要的物质基础之一。《非物质文化遗产法》第三十条规定："县级以上人民政府文化主管部门根据需要，采取下列措施，支持非物质文化遗产代表性项目的代表性传承人开展传承、传播活动：（一）提供必要的传承场所；（二）提供必要的经费资助其开展授徒、传艺、交流等活动；（三）支持其参与社会公益性活动；（四）支持其开展传承、传播活动的其他措施。"而《福建省非物质文化遗产项目代表性传承人认定与管理暂行办法》也对传承人传习场地资金等做出明确规定，其中第十九条规定："各级人民政府要切实做好福建省非物质文化遗产项目代表性传承人的保护、资助和管理工作。……提供传习活动场所和必要的物质条件，鼓励传承人从事传承传习活动。各级文化行政部门要积极发动和吸引传承人参加各类文化活动，支持他们按师承方式选择和培养新的传人，保护他们依法开展传艺、讲学及艺术创作、研究等活动。"

虽然国家和地方的法律政策都对传承场地这方面内容有明确规定，但在笔者与蓝大瑞的交谈中，蓝大瑞说："2009年参加第四届香港国际武术比赛回来后，我自费购置武术体育器材，举办三届十期的畲族武术业余培训班，培训中小学生300余人。曾呼吁创办福建省霞浦县畲族飞鹰畲族武术训练中心，县文体局以旧办公楼改装改修为理由，未给予支持。缺乏资金与场所，由于我个人资金有限……后来只能无奈地停办武术训练中心。"

另外，笔者在金斗洋村了解到，这里已经建立了畲族武术训练基地，但还没有建设完成。传承人雷盛荣介绍说："根据省体育局和省民宗厅指示，在我们村建立'福安市金斗洋畲族武术训练基地'。现在还没有建完。当时上报建设这一训练基地需要180万元，省体育局补助30万元，福安政府给了10万元，民宗厅给了一点，东拼西凑，一共就70万元，现在还差110万元。现在也只能向领导反映这个问题。"

场地及器械是畲族武术传承的又一重要物质基础。畲家拳的练习需要有空旷平整的场地，盘柴槌的练习必须有特制的棍，稳凳的练习需要专门的稳凳器材，没有场地及器材匮乏，对于畲族武术传承人来说无疑是一个巨大的问题，给传承畲族民间体育文化带来了很大的困难。当地政府部门如果只要求传承人自己去解决场地和器材问题，首先是不应该。因为这属于政府的责任范畴。其次是不现实。因为传承人自己去租赁场地，需要大量的资金，传承人家庭经济条件不能承受高额的场地租赁费用。从以上调查结果来看，一方面，福建省地方政府也正在响应国家要求，建立少数民族传统体育项目训练基，为传承人提供必要的传承场地，另一方面又不能为传承人提供长期有效的物质保障。

（三）传承人保护的精神层面

1. 缺乏有效宣传

由于畲族人民大多居住偏远的山区，极少与外界交往，因此畲族民间体育很多项目不为外人所知。随着现代化社会的发展，传播媒介的发达，有效利用现代化传播媒介技术力求达到更好的宣传效果是畲族民间体育传承人不可忽视的问题。以往畲族民间体育项目的传承主要依托本民族关系或者家族关系，依靠言传身教的形式在开展。这样的宣传开展存在很大的局限性。

从走访调查中发现，缺乏有效宣传的原因主要有两方面：一方面，从传承人自身的角度来说，传承人都希望自己的项目可以薪火相传，他们都知道自己所传承的项目需要得到保护，需要得到发展，但缺乏有效的宣传途径，所以也都只能通过自己的努力去寻找接班人。即便如此，像蓝大瑞这样的畲族武术大师也将面临项目失传的危险。笔者在与蓝大瑞交谈中得知，蓝大瑞曾经希望出一本关于畲族武术的书，并且利用图像、视频等方式将畲族武术生动完整地记录下来。但由于文化水平有限，出书和请人拍摄需要一大笔费用，苦于资金问题一直没办法解决，因此只能作罢。另一方面，从政府的角度来说，当传承人传承出现困难时，未能及时给予传承人宣传上的支持，如帮助其出书，通过录像形式完整记录畲族民间体育项目，并通过广播、网络、电视等媒介广泛传播，如果能做到这些，则不仅可以让畲民深入了解本民族民间体育文化，还可以将之作为畲族的文化标签，让世人更多地认识畲族文化。

2. 现代体育文化的冲击

19世纪西方体育开始传入中国，在此期间我国民族传统体育发展一直受到西方体育的制约。虽然在20世纪初到20世纪末的一个世纪的"土洋体育"斗争中，我们几乎全面接受了西方体育，但在体育全球化发展的今天，体育作为一种文化形式的存在与发展，其具有特殊社会功能与属性，兼容性比任何一种文化都要好。畲族民间体育作为中华民族的一种文化形态，实际上是以汉族文化为主流，并融合了多种民族文化而形成的，正如民族本身的形成和发展经历了漫长的历史过程，畲族民间体育也同样经历了复杂的历史演变。回顾数千年文化历史，畲族民间体育正是在与汉族体育相互交融、取长补短过程中弘扬精华而形成的，虽然它没能向外辐射，以扩大影响，但也未因汉文化的渗透而泯灭，而是不断增加新内容，从而形成了具有鲜明特色的畲族体育文化体系，这是很有文化意义的。不难看出，保护民族文化多样性、推进畲族体育持续发展是当务之急。

三、畲族民间体育传承人保护措施

（一）政府立法，重点扶持

我国非物质文化遗产法律保护工作起步较晚，虽取得一定成效，但也存在诸多不足。《非物质文化遗产法》作为我国非物质文化遗产保护方面的第一部全国性法律法规，对地方政府有着指导性作用。随着非物质文化遗产保护工作的深入发展，《非物质文化遗产法》的修订显得非常必要。笔者认为，出台并规范团体性项目的认定范围、认定流程以及所承担的法律责任和法律义务，追究侵害非物质文化遗产的行为，完善法律责任中相关的条例是非物质文化遗产法制体系构建不可或缺的。

由于我国非物质文化遗产保护工作近五年才走上法律轨道，尚存在经验不足等问题。笔者认为，日本和韩国作为非物质文化保护领域的先行者均颁布了《文化财产保护法》；尤其是韩国的《文化财产保护法》，注重法律的可操作性，并且制定了一系列配套的法律规章，具有很高的借鉴价值。

完善位阶法律规范。由于《福建省民间文化保护条例》和《浙江省非物质文化保护条例》均早于《非物质文化遗产法》，因而出现下位法和上位法脱节的现象。笔者认为，福建省政府应以《非物质文化遗产法》为总纲领，尽早出台《福建省非物质文化遗产法》，浙江省则应对《浙江省文化遗产保护专项资金管理办法》做补充和细化，项目代表性传承人领取补助费后未按规定开展相应的传习活动，或者将补助费用于与传习活动无关的其他事项应如何处罚都要具体说明。总之，省市级政府应遵循国家的《非物质文化遗产法》及相关配套政策法规，结合当地实际，制定适合当地非物质文化遗产保护和发展的地方性政策法规。

（二）加强组织管理，建立保护机制

根据《文化部"十二五"时期文化改革发展规划》的指导精神，需要进一步完善传统体育游艺与杂技项目的保护机制。在落实畲族民间体育保护工作中，应尽快建立专门的畲族民间体育保护工作机构，配备专职人员负责。积极落实各项有针对性的保护措施，做到保护部门既是政策文件的颁布者，又是责任主体，有义务对其政策措施真抓到位，扎实做好项目保护工作。各级政府务必设立监管部门，对非物质文化遗产代表性项目保护、代表性传承人补助、文化生态保护区等建设资金进行监督检查，确保专款专用，资金落实到位，切实维护畲族民间体育项目传承人的切身利益。

在畲族民间体育传承人管理过程中，要奖赏分明。根据《福建省民族民间文化保护条例》的有关规定，对列入非物质文化遗产目录的濒危或重点发展项目应采取及时有效的保护措施。对非物质文化遗产代表性传承人损毁所保存的畲族民间体育实物资料、中断技艺技能传承等情况进行惩罚，以增强传承人的保护意识。与此同时，加大对传承人的支持力度，在建设传承基地、培训机构、工作室等方面给予政策与经费扶持；加快人才培养力度，扩大招生范围，完善教学训练环境；提高传承人收入，增强传承人自信心和自豪感，承担项目的传承任务。

（三）与学校教育相融合，拓展传承路径

青少年是传承民族文化的希望，是中华民族未来发展的新生力量，也是民族传统体育学习的主体。首先，建立教育有关部门沟通和协作机制，加快出台畲族民间体育文化进校园的相关政策。其次，依托少数民族学校的教学资源，制定传承人与学校之间的合作共建协议，传承人可以作为外聘教师传授畲族民间体育，将当地的民族学校打造成畲族民间体育培养基地。这样做既有丰富的后备人才储备，又能解决传承人没有固定传承场地与器材等问题。再次，着力开展对体育教师的培训。民族中小学体育老师要联合传承人和专家学者，加强畲族民间体育校本课程的开发，挖掘和整理畲族民间体育项目，并将其编进入校本课程，早日让畲家拳、盘柴槌、稳凳等非物质文化遗产项目走进中小学体育课堂。尤其是小学体育课，应将畲族民间体育列入必修课，让学生从小就接受畲族民间体育文化熏陶。从初中到高中，经过6年的练习，学生对畲族体育文化必然会有一个深入的理解和体会。这样一来，学生在了解本民族文化的同时，也能充分发挥畲族体育强身健体等功能。最后，教学过程中注意教学趣味性，培养学生学习畲族体育的兴趣。民族中小学除了办校运会外，应选取具有

畲族特色的畲族民间体育项目，定期举办畲族民间体育运动会。同时，加强校际联系。福建省宁德市和浙江省景宁县作为畲族主要的聚居地，如有条件，两地的各个民族中学可联合定期举办畲族民间体育运动会。

（四）体现以人为本，落实人员经费

目前，传承人在传承过程中最大的阻碍就是资金短缺，政府对畲族民间体育非遗项目的投入不到位问题。笔者认为应做好以下三个方面：第一，落实政府对畲族非物质文化遗产项目的财政支出，每个项目都应该设有专项资金。如畲族民间体育各个项目分别投入多少资金，投入畲族民间体育项目的资金有多少用于传承人的保护，又有多少用于购买畲族民间体育场地器材，都应该做相应预算。第二，将非物质文化遗产保护工作纳入政府绩效考核，并且根据项目类别有计划地投入，对传承人自己有能力运作发展的非物质文化遗产项目，在给予少部分资金支持的同时给予一定的优惠政策。如蓝大瑞所在的霞浦县，畲族武术已处于濒危状态，必须加大对其资金投入，及时采取有效的保护措施，积极满足传承人对建立工作室、整理完善有关资料的要求，通过录像、拍照采集、文字录入等方式将畲族体育转化成实物加以保存。第三，提高传承人待遇，建立传承基地，帮助传承人招生。第四，建立激励机制，对有特别贡献的传承人，政府应授予一定的荣誉称谓并给予奖励，这对增强传承人传承的自信心、激发传承人薪火相传具有重要的意义。

（五）加强保护意识，守望精神本源

首先，政府应重视像"三月三"这样的少数民族节日活动，多组织开展文化交流活动，为畲族民间体育传承人提供一定的平台。热情邀请畲族民间体育传承人参加比赛或者积极推选本地优秀的传承人外出参加比赛或文化交流活动。其次，政府应响应2014年教育部发布的《完善中华优秀传统文化教育指导纲要》要求，加快传承人职业化进程，加强与学校合作，以民族中学或拥有民族传统体育专业的职业院校为平台，为传承人设立岗位，鼓励传承人参与职业教育，有条件的院校还可以成立大师工作室，这不仅可以解决畲族民间体育传承人场地匮乏的问题，还可以使传承人学以致用；而传承人在享受政策的同时，也应及时履行传承义务，包括妥善保存相关资料，不断学习，提高自身文化素养，刻苦钻研技艺，积极参加对外交流活动。

（六）利用多种技术和平台，提高和扩大保护与传承的深度与广度

没有完善的科学建制和专门的研究机构，就会缺乏相应的学术地位，非物质文化遗产就得不到相应的保存与保护，其传承和发展也会受到制约。针对如何建立专家学者与传承人合作平台的问题，笔者认为有几种途径可以解决。一是加紧挖掘畲族民间体育项目。由于畲族没有本民族文字，畲族民间体育的传承都依靠口述身传，鲜有文献典籍记载，因此此项工作是畲族民间体育传承的首要问题。二是加强畲族民间体育传承人相关理论研究。许多古老的畲族民间体育项目已不适应现代生活，因此我们需要与时俱进，对部分畲族民间体育进一步创新，以适应时代发展，这是畲族民间体育发展的重要条件。三是在各个省市建立专家数据库，充分发挥专家在科学决策中的参谋和咨询作用，制订具可操作性的保护计划。四是利用现代化数字信息技术，特别是互联网技术，最大限度地保持畲族民间体育的活态性，将收集到的数据放入数据库，方便查看。五是利用现代网络技术，建立交流平台，作为专家和传承人之间沟通的桥梁，传承人在传承过程中遇到的困惑和问题可以得到专家及时解答。专家可为政府部门的保护管理决策，提出建设性保护措施。同时，在畲族聚居地大中小学（如宁德师范学院、丽水学院、宁德民族中学等）设立与畲族民间体育文化相关的教育专业与课程，为未来畲族民间体育文化科研队伍提供新鲜血液。

（七）加大开发力度，增强生产性保护

畲族民间体育旅游资源的开发实质上是一种生产性的保护，是一种可持续发展的保护，在市场经济中实现并保护非物质文化遗产的价值，使之在保护中获得新生，得到新的发展。畲族地区自然资源十分丰富，如浙江景宁、福安白云山、霞浦杨家溪、福鼎太姥山等无一处不是山明水秀、风景怡人。当地体育局、旅游局和政府部门之间应建立相互协作关系，依靠丰富的自然旅游资源，依托畲族特有的体育文化内涵，通过举办各种竞赛和表演活动，打造畲族体育品牌赛事与旅游项目，这对畲族民间体育文化的保存与保护等将起到至关重要的作用。

在保护畲族武术非物质文化遗产资源方面，要与闽浙畲族旅游产业相结合，开发畲族人文旅游资源，发展闽浙畲族旅游经济。传承人通过赛事赢取奖金，通过表演获得表演费，使传承人基本生活得到保障，使畲族民间体育传承得到生产性保护和动态保护，从而做到保护与利用并行，相得益彰。畲族民间

体育的保护与保存、传播与传承又可带动对相关器材、书刊、音像制品、服装、场地等的需求,可逐步形成一条产业链。而已经处于濒危状态的畲族武术、畲族民歌、畲族小说、畲族山歌,可以依托当地的民俗开发旅游业,实现其经济效益,以此激励畲族民间体育的传承与保护。

第九章　畲族社会组织与畲族民间体育的保护措施

畲族作为我国56个民族之一，有着数千年的历史文化积淀，历经社会变迁，逐渐形成了独具民族特色的畲族文化。畲族民间体育文化作为畲族文化的重要组成部分，其形成和发展与特殊历史时期的政治、经济、社会、文化、军事、祭祀及生产活动等有着密切的关系。然而，随着经济全球化和社会现代化进程加快，文化融合和外来强势文化对中国传统文化侵蚀等问题日益严峻。与以往的繁荣相比，畲族民间体育与多数民族传统体育一样日渐式微。作为中华民族的非物质文化遗产项目，畲族民间体育肩负着延续民族血脉的神圣责任，是保持本民族个性的符号。当前，政府和社会各界采取了一系列举措保护畲族民间体育，取得了一定的成效，但不应局限于保护，更需要传承和发展，需要在畲族这个相对封闭的社群中积累社会资本，秉持文化自觉，树立文化自信。在这一过程中，畲族社会组织对畲族民间体育的保护、传承和发展应能起到示范作用，现收集到的社会组织如表9所示。

表9　闽浙畲族社会组织

序号	社会组织	所在地
1	福建省畲家企业商会	福建省福州市
2	霍口畲族乡山垅湾村老年体育协会	福建省宁德市
3	闽东畲族文化研究所	福建省宁德市
4	中华畲族宫协会	福建省宁德市
5	宁德市畲族企业与企业家协会	福建省宁德市
6	金斗洋畲族武术训练基地	福建省福安市
7	福鼎市畲族奖学金协会	福建省福鼎市
8	畲族民间文化教育研究会	福建省霞浦县
9	飞鹰武术培训中心	福建省霞浦县
10	民族武术培训中心	福建省霞浦县

续表9

序号	社会组织	所在地
11	霞浦畲族歌谣协会	福建省霞浦县
12	治平畲族乡商会	福建省宁化县
13	南靖畲族文化站	福建省漳州市
14	畲族自治县老年体育协会	浙江省景宁县
15	老竹畲族镇浅田村老年体育协会	浙江省丽水市
16	丽水市畲族文化研究会	浙江省丽水市
17	遂昌畲乡小学五大社团	浙江省遂昌县
18	安吉县畲族文化研究会	浙江省安吉县
19	北丰畲族文化服务中心	浙江省泰顺县
20	柳城畲族镇老年体育协会	浙江省金华武义县

一、概念界定和分析框架

（一）互动仪式

从古典社会学家涂尔干开始，仪式研究就得到了社会学家的青睐。美国社会学家保罗·康纳顿对"仪式"进行定义时，提出了一个最简明适用、可供选择的定义，认为仪式是受规则支配的象征性活动，可以让参加者注意到有特殊意义的思想和感情对象。仪式被规范化，它们不会主动地出现变化，尽管仪式在时间和空间上有自己的范围，仪式上所展示的内容可以渗透在人们的行为或心理上，影响整个社群生活。[①] 社会学家欧文·戈夫曼和兰德尔·柯林斯认为，社会中的大部分现象甚至日常生活都可以视为一种仪式。柯林斯在《互动仪式链》一书中提出"互动仪式链"理论[②]，提供了一种关于个体动机从一个情境到另一个情境变化的理论，社会生活的全部就是人们在日常生活中所经历的情境的全部，由此可见在这些情境中将会发生什么样强有力和广泛应用的

---

① [美]保罗·康纳顿. 社会如何记忆[M]. 纳日碧力戈, 译. 上海：上海人民出版社, 2000：49.

② [美]兰德尔·柯林斯. 互动仪式链[M]. 林聚任, 王鹏, 宋丽君, 译. 北京：商务印书馆, 2009：86.

模型。互动仪式的组成要素或起始条件有四种:"第一,两个或两个以上的人聚集在同一场所,不管他们是否会特别有意识地关注对方,都能通过其身体在场而相互影响;第二,对局外人设定了界限,因此,参与者知道谁在参加,而谁被排除在外;第三,人们将其注意力集中在共同的对象或活动上,并通过相互传达该关注焦点,而彼此知道了关注的焦点;第四,人们分享共同的情绪或情感体验。这些要素彼此形成反馈作用。"① 可见,社会成员之间需要有共通的意义空间和对互动符号比较一致的理解,将自身置于特定的场域中,理解局外人难以理解的符号本身及其蕴含的意义,获得共同的情感体验。这种符号来自生活的方方面面,包括语言、动作等,在节庆和祭祀活动中更体现得淋漓尽致。因此,符号是特定群体在互动过程中规范的表达方式。

(二) 社会资本

社会资本是跨学科的范畴,众多来自经济学、政治学、社会学和管理学等领域的学者力图用社会资本解释社会发展的各类现象。法国社会学家皮埃尔·布迪厄(1980)提出了"社会资本"的概念。美国社会学家詹姆斯·科尔曼将社会资本界定为由构成社会结构的要素组成,个人能够拥有的,表现为社会结构资源的资本财产,它们主要存在于人际关系和社会机构中,能够为社会结构内部中的个人行动提供便利。② 美国社会学家罗伯特·普特南在科尔曼研究的基础之上,将社会资本共个人层面上升到集体层面,他指出,社会资本是指社会组织的特征,诸如信任、规范以及网络,它们可以通过促进合作行动而提高社会效率。③ 此后学者多数认同社会资本包括三个基本要素:信任、规范和关系网络。社会资本三个要素高效运作的前提条件是在一个相对封闭的组织中。

(三) 研究的分析框架

畲族的家庭、家族乃至整个族群都可以看成不同层次的社群,从微观的家庭形态到整个民族,从个人的原始形态到不同层次的社群成员身份的认同,成

---

① [美] 兰德尔·柯林斯. 互动仪式链 [M]. 林聚任,王鹏,宋丽君,译. 北京:商务印书馆,2009:86.
② 洪静静. 福建省畲族民族传统体育文化的保留与发扬 [J]. 福建论坛(人文社会科学版),2005(1):236.
③ 唐明. 基于社会资本理论的少数民族传统体育文化传承发展研究 [J]. 沈阳体育学院学报,2016(1):135.

员之间以血缘和其他共通的符号联结起来，这些符号一般畲族人才能够准确地理解其中的意义。畲族是通过习俗、道德乃至明文规定的一些制度将社群成员聚集成为一个特殊意义存在的社会组织，在畲族最根本、最原始的社会组织中乃至畲族社群本身，成员在互动时，以语言、身体动作、生产和生活工具等符号表现并传递情感能量，尤其是在祭祀、节庆活动中，将规则和文化内涵外化，使成员获取这些符号的意义并体验其中蕴含的情感，这是一个将短期的个人情绪转化成群体的情感的过程。所以，在畲族这个相对封闭的群体中，在共通符号的作用下，畲民形成了身体动作的集体记忆，畲民在不断的互动中，促进成员的信任，扩展关系网络，在参与仪式过程中养成了规范意识。畲族族群成员是畲族文化传承的主体，互动仪式是过程，社会资本积累是畲族族群在社会变迁中的结果。畲族作为一个特色鲜明的族群，在这个关系网络中，通过畲族成员之间的社会互动增进信任，形成了具有本民族特色的、又为外界所期望的社会规范。在这个相对封闭的组织中，只有对畲族特有符号和自我文化身份产生认同，畲族文化的传承和发展才成为可能。因此，畲族组织必须依赖于成员之间信任、互惠、规范和关系网络等社会资本要素的建构，社会资本存量越大、增量越多，对畲族文化传承和发展越有利。

二、仪式：畲族民间体育作为集体记忆的存在形式

（一）文化身份认同

匈牙利哲学家阿格妮丝·赫勒给共同体下的定义是："共同体是可以在其中获得相对同质的价值体系，以及个人必然从属于结构化的和有组织的团体或单位。"[①] 民族文化身份指的是享有共同的文化、历史和祖先，文化身份象征共同的历史经验和共有的文化形态，它可以为一个民族提供稳定、连续的意义框架。畲族社群的存在是相对于其他各民族而言的，通过与其他民族的区分来确定本民族成员的身份认同。畲族民间体育富有深厚的民族文化底蕴，已融入畲族民众的社会生活中，它并非以独立形态呈现，而是隐藏在独具特色的习俗、礼仪、饮食、居住与语言等方方面面中，正是这些方面共同组成了珍贵的畲族文化的整体形态。畲族文化则以集体记忆的方式得以传承和发展，这种集体记忆需要畲族成员参与各类仪式才得以形成。文本传递可能因记忆差错引起增损，而身体记忆的姿势与动作的最大优点是稳定的，它可以表达准确的意

---

① ［匈］阿格妮丝·赫勒. 日常生活［M］. 衣俊卿，译. 重庆：重庆出版社，1990：38.

思，且不容易被遗忘。身体记忆形成惯性之后变成无意识的程式与习惯。畲族民众热衷于体育活动，畲族民间流传着十分有趣、别具一格、多姿多彩的体育活动形式。如游戏类的虎抓羊、猴抢蛋，角力类的举八吨、斗扭，攀爬类的登山、攀树，舞蹈类的舞龙头、前岐马灯，体操类的打枪担、打尺寸，等等，共数十种之多。其中以畲民作为防身自卫、抵御外侵、保卫家园的祖祖代代相传下来的畲族武术为代表，被畲民视为瑰宝，秘而不宣，使之至今还笼罩着一层神秘的面纱。畲族民间体育因适应山区特点而小巧灵活，因结合生产劳动而富有浓郁的生活气息，又因能歌善舞而具有舞蹈风韵，显示出健美风姿。畲族民间体育具有增强体质、培养意志、调节情感的作用，有利于活跃畲族人民的文化生活，保存和延续着畲族浓郁的传统文化气息，不仅增强了他们的身体素质，增进了身心健康，而且传递与维系着畲族独特的社会记忆。

(二) 集体记忆中的习俗传承

民族文化是为纪念或回忆过去某个历史时刻或某个相联系的神话或事件，重复的纪念仪式意味着对过去的延续。习俗即习惯、风俗之意，凡有一定流行范围、一定流行时间或者流行区域的意识行为，无论是官方还是民间的，都可称之为习俗。纪念仪式具有传递性和心理渗透性，对畲族传统习俗的传承与发展具有社会记忆作用。畲族每年定期举办重大的节庆活动，社会组织作为开展畲族传统节庆活动和祭祀仪式的良好平台，可以动员和聚集许多志趣相投的畲民，互动交流，增进感情，更好地带动畲族传统习俗的传承，促进畲族民间体育的保护与多元化发展。社会组织为畲族乡民提供开展内容丰富、形式各异的体育活动的机会，日常的习俗就在这些活动中得以传承。畲民积极参与畲族民间体育活动，在身体活动的过程中得到一定的言传身教，强化了畲族独特的社会记忆，推动了习俗的传承与发展，提高本民族的凝聚力与向心力。

纪念仪式经常通过重新体验和模拟过去的情景或事件的方式，来使人回忆过去，它们被人们认真遵守以表达内心的感情，而不是一时冲动。在这一纪念仪式中，人们可以感受到其价值和意义。例如，二月二会亲节迄今为止已有200多年的历史，是福建省福鼎市畲乡民众盛大的传统节日活动。福鼎市四周被高山峻岭所环绕，地处闽浙两省交界的小山谷，蓝、雷、钟三姓300多户畲族人家聚居于此。据畲族风俗志记载，此地的畲族族支繁衍，子孙散落在浙南与闽东各地，无奈省亲路途遥远，探亲遥遥无期，于是将每年春耕前的农历二月初二定为"会亲节"，每逢节日，来自浙南、闽东的畲族男女老少聚集于此，探访亲朋好友，互致问候，闲聊家常。畲乡村落内每家每户灯火辉煌，锣鼓声与鞭炮声震耳欲聋。每年农历二月初二，位于福鼎境内的畲族乡民都要到鼓楼山上举行庙会活动。相传在古时候，畲族先民过着漂泊不定的贫困生活，后来在雷祖公的带领下，举族来到福鼎市鼓楼山，在劈荒山、造良田的过程中，当地汉族魏家兄弟帮助畲民消除兽害，从此畲族先民过上了安居的生活。畲族乡民于鼓楼山上建立一座庙宇，以感谢和纪念魏家兄弟，也用于传扬畲族与汉族人民共同创业的深情厚谊，并在每年春耕前举行盛大的庙会，人们在这天带上米酒、馒斋等，到庙里进行公祭。畲民挥舞铃刀，吹响龙笛，做驱赶野兽状，祈求五谷丰收、人畜两旺。二月二会亲节的定期举办给畲民留下了很深的民族记忆。

（三）多种形式的技艺传承

畲族乡民十分喜爱练拳习武，民间武术经过千百年来的传承，已形成独树一帜的风格。盘柴槌、畲家拳、稳凳等是畲族民间体育宝库中必不可少的组成部分，其传承与发展不可忽略。棍术和拳术是畲族武术的两种表现方式，盘柴槌作为畲民喜爱的一种民间棍术，至今已有400多年的历史，流行于闽浙畲族聚居地，相传为畲族先民雷乌龙首创，之后经过各代武术宗师不断传承、发扬与创新，与其他武术派别相互研习、交流，形成当今极具特色的畲族传统武术。盘柴槌于2009年入选为福建省第三批省级非物质文化遗产项目。盘柴槌分为长棍和短棍。长棍又名丈八棍，长一丈二尺（4米），供单人耍弄。清代以前畲民对付野兽时经常采用这种棍术，之后畲族先民从漂泊狩猎转变为定居农耕，昔日的长棍演变为今天的长棍。由于当年畲族恶劣的社会生活环境，加上经常被地方恶势力和土匪侵扰与压迫，产生了另一种棍术，即短棍。短棍又名齐眉棍，长六尺，有着多种多样的招式，每招都是攻防结合。为了更好地保护和发扬盘柴槌，福建省非物质文化遗产盘柴槌传承人蓝大瑞分别在浙江省景宁县与福建省霞浦县创办了"民族武术培训中心"。

畲家拳属于一种拳术，相传是福建省福安市金斗洋雷姓第三十二世雷国楚在祖传的畲家拳的基础上，师承南少林铁珠和尚、吸收少林拳精华融汇而成的一个流派。它流行于福建省福安市的金斗洋畲家村，金斗洋畲家村是当地有名的武术之乡，有三角站（三站）、五步子、小六步、大六步、七步、上半尺与下半尺等十多种畲家拳套路。畲家拳讲究实战，套路简短精练。其中三角战是畲家拳的入门基础套路，练步是三角战中的重要一环，也是畲家拳的基础，容易学会，却很难精湛。其他套路招式各异，但都具有南拳步稳势烈、发力短猛、防守严谨和进攻多用指、掌法的特点。畲家拳具有形威、力猛、步实和手狠的独特风格，可威慑敌手，达到从心理上战胜对方的目的。畲家拳练功方法奇特，人们砍下一节竹筒，并凿出一个孔，放入一条毒蛇，待蛇尸腐烂后，习武者把手插入筒内，蛇毒使手奇痒无比，必须快速摩擦手掌以消痒，从插米糠、大米、沙到铁砂，练就"铁砂掌"本领。畲家拳的练功要求为一疾、二硬和三力，被誉为"三绝"。畲乡村民不仅将柱杖、铁锄头作为平时的生产工具，也作为练武习拳的器械，几乎人手一杖，他们在杖头加套铁环，两头可用，练就劈、撩、拦、挑、戳、击等套路，威力无比。畲家拳别具一格的练功方法和风格深受畲民喜爱。畲家拳传承人雷盛荣在福建省福安市金斗洋村建立了"畲族武术训练基地"。①

畲族民间体育文化传承依赖于本民族特有的身体记忆和文化记忆，这种传承绝非仅仅依靠为数不多的传承人，而是蕴藏在畲民群体的集体记忆之中。在当前传统文化受到西方主流文化冲击的局面下，传承人很难凭借一己之力推动畲族民间体育文化传承和发扬，必须寻求群体的力量。当今过于依赖以传承人为核心的传承机制不足以传承畲族民间体育文化集体记忆，反而会因传承人能力限制而造成记忆碎片化，甚至不利于习俗和技艺传承。与此同时，随着畲族聚居区人口大量外流，一些节日仪式未能有效实行和影响到后辈，畲民之间互动频率大大降低，导致互动仪式链断裂，未能在互动仪式中体验情感能量，对畲族特有的文化符号缺少共同的认知，进而民族自我认同感缺失。

三、畲族民间体育文化存续的基本动因和载体

（一）基本动因：畲族民间体育延续民族文化的血脉

在长期的生产和生活中，畲民在其特有的生存空间形成了畲族特有的生产方式和生活方式，在此基础上，养成了具有鲜明民族特色的文化品性。在社会变迁中，畲族这个相对封闭的社会组织在参与社会互动中，不断构筑符号体系，产生了团结和情感纽带。仪式赋予了畲民的群体身份，并且区分出局内人和局外人。局内人之间在相对封闭的生活环境和心理环境中相互关注，通过身体、语言等高度协调一致的符号体系形成情感连带，并且相互融合，形成了与认知符号相关联的成员身份感，为每个参加者带来情感能量，使得他们有信心、热情和愿望去从事他们认为道德上容许的活动。畲族民间体育多数是从畲族传统祭祀仪式、节庆互动、生产实践等方面析出的，不仅是畲族文化的一部分，更是在社会变迁中充当畲族文化传承的载体，通过身体姿态、器械和固定

---

① 叶清. 福建省畲族传统体育保存现状与发展对策研究［J］. 湖北师范学院学报（自然科学版），2014（4）：30.

程式将畲族的文化基因传承下来，并且个人在仪式中获得了情感体验和身份认同。畲族民间体育作为畲族仪式的重要内容，是在群体互动中呈现的，一些技艺有专门的传承人，在技艺表演过程中与观众互动，在精神层面上产生共鸣。因此，畲族民间体育以最直接、最具表现力的形式彰显畲族的文化烙印，在社群互动中传承了畲族文化的血脉。这种身体实践的传播方式传递着群体成员共同记忆的认知内容，传递与维系着畲族社会记忆，很好地保存了畲族的民间技艺与文化内涵。

（二）传承人与畲族社会组织

1. 日渐式微的传承人制度

盘柴槌和畲家拳传统技艺的特定姿势操演，为传承人提供了身体的助记方法。在操演全套动作的同时，身体实践将认知记忆与习惯记忆相结合。在这些民间技艺的言传身教中，传承着畲族的社会记忆，使传承人和学员负有责任感与使命感，有利于传承与发展畲族民间体育文化。

畲族民间体育文化传承至今，一路伴随着体育项目的创新和消亡。作为畲族文化的血脉，畲族民间体育文化带有深刻的民族烙印，与其他中国传统文化有着相类似的传承方式。畲族民间体育的项目较丰富，多数通过以血缘为基础的家族式传承，即在垂直关系网络中由上一辈传承人指定下一辈传承人，传承人的身份曾经代表宗族的荣耀。近乎垂直式的传承制度，甚至有些项目传男不传女，虽然保证了畲族体育文化血脉的正统性，但也逃不过日渐式微的命运。

2. 基于血缘关系的畲族社会组织

社会组织是文化传播的重要载体，文化的传承保护自然也离不开社团组织。根据畲族风俗志的记载，畲族村寨多以血缘相近的同姓聚族而居，有些村寨组织已经打破血缘组织而以不同姓氏的地缘组织为基础。畲族地区较为密集的村寨通常设有"祠堂"和"房"的组织。在血缘聚居的原则下，同姓同祖的畲民多同属于一个祠堂，亦称为宗祠，祠堂通常是由各"房"组合而成，设立一名族长，大多是由办事公正、有一定威望、辈分最高的老人担任，主要负责管理本族内部的公共事务，如收缴族租、掌管族账、执行族规、给晚辈分排辈分、主持修谱事宜和祭祖活动等。族长也可以根据族内习惯法主持或负责处理族外各种矛盾纠纷。

自清末以来，由于畲族居住分散，族长无法顾及各村族人的事务，名存实亡，已无多大的号召力，因此又出现了地方性的自然领袖，自然领袖往往是在某一场合闻名而产生的，大部分能说会道，善于交际，处事公正，因而在群众中享有威望，甚得群众的拥护，举凡和外族打官司、内部发生纠纷、兄弟分家等都请他来评理或调解。本民族内部事务的处理部分由自然领袖代理，族长和自然领袖有了分工。一般来说，族人对族长及族中长辈还是尊敬的。有些村寨除了有一个祠堂外，还设有一座家庙。公产田和山等由祠堂所有，其收入一般用于祭祀，每年于冬至和清明时节各祭祀一次，也有的在端午节祭祀。祭祀时，祠堂祭坛上祖师爷碑位前香烟缭绕，彩烛通明，供桌上摆放三牲、果品。祭祀仪式由主持祭祀的族长宣布开始，然后燃放鞭炮，悬挂祖图，向祖宗三叩头。祭祀完毕，上了族谱的人在祠堂里聚餐。席位的安排是：老辈、上辈坐首席位，晚辈中，男人坐上位，妇女坐下位。没上族谱的人参与聚餐。餐后每人可分到两块约四两重的猪肉。家庙的祭祀日期比祠堂要晚几日。当某一姓人从当地迁到新的地方居住后，如人口繁衍不多，或在新地方居住的年代不长，一般是不另立祠堂的，仍然作为一个房迁出，按血缘的亲疏而组成，与原迁出地的祠堂保持联系，无论祭祖还是修房谱，都须回到原迁出地的祠堂办理。如果迁出后人丁兴旺，支派繁衍，在新地方居住的时间又很长，则可以在原迁出地的祠堂中分出一支谱牒，另立宗谱，另建祠堂。以后这一支的人就不必再回原迁出地的祠堂祭祖，彼此之间的关系也就越来越疏远。（如图9-1）

图9-1 福建宁德霞浦雷姓宗祠

祠堂之下设有"房"的组织，同姓近亲的人为一房，称为共房（即一家人的意思），同房的族人一起聚居，便形成了一个具有同一血缘关系的亲属所居住的自然村。实际上，房是某一宗族的某一支派，有的房还修有房谱。祠堂的组织基本上是不变动的，房是可以变动的，当人丁发展到比较多时，为了方便辨别血缘亲疏，由血缘关系较近的人另组新房。新房包括若干代无定例，视人数繁衍多寡而定，畲村基本上一姓一村，一族的族长实际上就是一村的村主任。

畲族分散居住在深山老林之中，畲村的周围和平原地带形成了一个汉村的包围圈。历史上，由于汉族封建势力的深入，以血缘维系的畲族社会组织被突破。国民党统治时期的保甲制度，使得畲族内部祠堂组织的族长制度失去原有的作用。改革开放后，经济建设成为整个国家发展的中心任务。宗族联谊不仅有利于海外侨胞和港澳台同胞寻根问祖、回乡投资，也有利于社会的和谐稳定，因此，宗族活动重新获得政府的支持。在这样的背景下，20世纪末至今，畲族的祠堂又重新活跃起来，成为民族和宗族进行联谊和开展文化活动的重要组织力量。（如图9-2）

图9-2 台北市蓝姓宗亲会会员大会现场

在畲族聚居的地区，除血缘性的宗族组织外，还有专门性的非营利性民间组织：禁山会和路会。禁山会是畲族为保护山林成立的民间性社会组织。畲族居住地区油茶山比较多，普遍建立了禁山会，对油茶进行管理，每年油茶采摘前即开会确定油茶采摘时间，一般定在霜降前3天，不允许提前，禁止私自采摘。每户派人轮流看山，每天早晚都站在山坡高处瞭望看护。同时，禁山会还在集体讨论的基础上，制定违反禁约的处理办法等。路会是畲族以修路为宗旨的一种民间社会组织。浙南一带的路会一般由各村热心慈善事业的人自行组织，合资置少量不动产。路会的参会会员（俗称"会脚"，内有石工、泥工）外出修路时必须自带修路工具，提供伙食，但无工钱。如遇大面积塌方，则集中力量修路，直到竣工。闽西山区畲族的路会则比较松散，每逢出村进寨的道路毁坏或被茅草阻挡时，村中热心公益事业、有威望的老人便会出面组织，全村居民大都会群起响应，自带锄头、刀具，铲除路边的茅草，清理崩塌路面的乱石、泥土和杂物，填好毁坏的路面，使道路重新畅通，方便村民出行，活动时间多为农闲时节。

时至今日，畲族社团以协会、非正式组织或者临时性组织甚至以社群的形式深入畲族民众生活的各个方面。如2012年5月，古田县畲族传统文化协会依法成立，协会以"传承畲族传统文化，弘扬中华民族精神"为宗旨。古田县畲族人才辈出，他们积极挖掘、整合、传承、弘扬畲族传统文化，主要活动内容有畲族影视作品创作、畲家风情油画国画展示、畲族书法榜书艺术展、畲歌畲语文化培训、祖传奇门遁甲地理风水传承培训、梅坪畲家拳挖掘、三月三乌饭节等畲族传统文化艺术节的开展。宁德市中华畲族宫协会于2006年成立，是以畲族为主体的民间文化组织，主要职能是保护、传承和发展畲族民间文化。协会成立至今，为抢救和发展畲族文化做了大量工作，不仅协助收集、整理畲族文化全书《民歌卷》，还充分利用中华畲族宫平台，举办畲族歌会等活动，开展海峡两岸交流活动，增进民族团结。浙江省畲族文化研究会、福建省非物质文化遗产盘柴槌传承人蓝大瑞分别在浙江省景宁县与福建省霞浦县创办了"民族武术培训中心"，畲家拳传承人雷盛荣在福建省福安市金斗洋村建立了"畲族武术训练基地"等。这一方面反映了畲族民间体育文化传承面临困境，另一方面也体现了传承人积极寻求传承路径的紧迫感——将畲族民间体育这种集体记忆以集体的方式传承。这类民间社团是由真正有技艺或享有威望的传承人自愿或自发组织的，致力于传承与弘扬畲族传统技艺及民间体育活动，推动畲族民间体育下一代传承人的队伍建设。传承人在演示这些技艺动作的同时，有效地保留了对过去的记忆。在实践过程中，畲族社团组织对畲族文化方面都发挥了重要作用，是畲族文化传承的组织者，是保障畲族传统文化持续发展的重要力量。社团组织为畲民沟通交往提供了良好的平台渠道，有利于畲民对本民族的深层次认同，在畲族民间体育传承与保护中发挥了重要的作用。

四、社会变迁与畲族民间体育文化式微管窥——来自社会资本理论的解释

（一）社会资本与畲族民间体育文化传承的逻辑

一个民族的文化主要通过文字、语言、服装、器物和仪式等符号得以传承，流传至今的民族传统体育项目则保存了本民族在生产生活中的各种印记。

畲族民间体育作为我国少数民族传统体育的一种，具有典型的民族体育特点。畲族民间体育主要起源于劳动、战争、娱乐和宗教祭祀活动，反映了畲族民众的现实生活，其大多数项目都是口耳相传，没有详细的文字记载和规范的动作标准，这给畲族民间体育的传承和发展带来较大的困难。历经千年的迁徙，不同地域的畲族社群依然保存着一些共同的符号，这些符号与政治、经济、社会、文化环境有关，更与本民族的特质相关。社会资本理论为解释畲族民间体育文化传承内在机理提供了较深层次的思考，畲族民间体育文化传承过程中必然存在社会资本的积累和流失。

1. 信任社会资本塑造了畲族民间体育文化的个性

社会资本积累需要在一个相对封闭的组织中进行，否则容易产生"搭便车"的行为，进而导致成员的机会主义，导致重复博弈的失败。畲族以血缘、地缘作为成员之间联系的纽带，共享本民族最本质的仪式符号，这种结构相对稳定的组织有利于节约重复博弈的程序和成本。人类互动是基于有意义的符号上的一种行动过程。社会互动包括同质性互动和异质性互动，在畲族社群成员生活实践中，不断进行群体社会互动，而同质性互动往往多于异质性互动。成员总会采取行动来促进互动，包括为维持资源所采取的表达性行动和为获取资源而采取的工具性行动。成员关系越紧密，获取的社会资本越可能正向地影响表达性行动的成功；成员关系越弱，自我在工具性行动中越能获得好的社会资本。

而在过去很长一段时间，畲族相对封闭的社群中更多的是采取表达性行动。特别是在生产力水平较低的时期，社群成员之间的聚集程度较高、互动频繁，更容易建立长期的合作机制。如，每当丰收或闲暇时候，畲民都会在特定的节日时聚集在一起开展有益于愉悦身心的活动。在庄稼丰收之际，畲民就会成群结队来到打谷场，一人踩在碾谷的石磙上，后面则由两人架住往前推行，进行操石磙竞赛活动，以示庆祝。畲族民间体育文化来源于生产生活，成员的活动保持较高程度的相似性，共通的符号能够体现成员对民族的归属感，有助于建立成员之间的信任关系。这种嵌入在畲族社群的信任使得这些体育项目在畲族群体中流传更加便捷。虽然福建、浙江、广东各地的传统体育项目存在一定的差别，这与当地的自然环境和生产方式的差异有关，但都是为求得民族的生存和发展，满足人们的身心需要，经过不断提炼而形成的。同时，长期封闭的生活环境也塑造了与其他民族相异的畲族民间体育文化的个性。

2. 规范社会资本强化了畲族民间体育文化的认同

人类社会是高度符号化的集合，良好的符号系统通常是降低规范和制度运作成本的有效工具。作为畲族的标志，图腾和仪式是最重要的符号体系，也是畲族社会规范的表现形式。畲族最核心最主要的传统文化是图腾崇拜和祖先崇拜,福建有的地区每年举行祭传祖杖和木祖牌位仪式,畲民擎着祖杖或抬着木祖牌位游行,伴以鼓乐,跳起福建稀有拳种之一的犬舞。畲族民间体育作为仪式而编码出来的肢体语言的信息,通过言传身教传递给一代又一代的畲民。一般来说,符号和符号体系本身就具有明显的规范特征,规范的运作常常需要借助象征仪式不断传递,对某一社会结构而言,关键在于某些规则的信息。畲族民间体育作为畲族特有的文化符号,形成了在生活中宗教祭祀、狩猎、农耕、节庆等方面的定式或模板,以帮助复制某些价值上已被认可的行为方式,社会化的规范有利于引导人们的行为,达到对既定规则遵从的目的。

不仅如此,仪式作为符号体系,常常能够提供一种氛围,使置身其中的人们感到是彼此需要的、相互依赖的和精神上融为一体的。如畲家拳、盘柴槌、八井拳、舞铃刀、板凳拳、打绞棍、四门棍、连环拳、板凳花、操石磉、狮子舞等项目,都是畲族社会生活中创造出来的各类仪式的外在表现形式。这些仪式中富含各种信息,承载着畲族文化内涵,并演化成各类制度性规范。如畲族盘柴槌传承人蓝大瑞在访谈中强调,"之前父亲告诫过我说畲族武术不能外传",但随着社会发展,如今"无论汉族畲族都可以传",反映了制度规范解构和重构,这正是民族传统体育项目的生存法则,不仅没有使传统体育消亡,反而加深了民族的烙印,规范社会资本加深了畲民对畲族民间体育文化的情感联结,树立了文化自信和文化自觉,增强了民族文化认同感。

3. 关系网络社会资本延续了畲族民间体育文化的血脉

在与外界长期隔离的年代,畲族的主要社会关系是血缘关系和地缘关系,这种较为纯粹的社会关系有利于增加畲民之间的互动频率。以家、亲族和宗族为核心的社会结构传承着本民族的体育文化。农业经济阶段的经济状况、社会结构和教育体制等方面决定了传统社会的社会资本具有如下特征:人际关系联系以土地为媒介,血缘关系是社会资本的主要形式,习惯、习俗、传统道德和宗法制度是社会资本的重要规范,社会资本呈现偶然的闭合状态。与趣缘群体关注点在于共同兴趣所不同的是,畲族民间体育文化传承是建立在共同情感基础上的。在畲族的关系网络中,既包含由相同地位和权力行为者联系起来的水平网络,又涵盖宗族中辈分、等级、权力等不对称关系或依附关系的垂直网络。

以福宁三明会馆为例。根据闽东畲族志中民间组织部分的有关记载,清光绪二十五年(1899),福宁三明会馆建于西门外校场头的一座四扇瓦房里,专门接待畲族宗人,免费提供住宿,但不提供伙食,并将神牌设于大厅,偶尔举行祭祀活动,这是当时唯一以山民为主体的团体。民国二年(1913)春节期间，公举霞浦岚青雷天何牵头负责，西附城蓝齐业、蓝萼芬，田岗的蓝起斌，白露坑的钟学吉，宁德的蓝鸿庚等为董事。至民国五年（1916），霞浦、福安、宁德、福鼎、寿宁、罗源、连江、闽侯、泰顺、平阳等10县蓝、钟、雷、李、吴诸姓2000余人先后成为会员，每户鸠金数角、数元不等，计集银圆1000多元，谷物、食品等相当数量，福宁三明会馆成为闽东以至浙南畲族主要聚居区畲族民间社会公益团体。民国八年（1919）8月，在霞浦县绅士王邦怀帮助下，购买霞浦北社乘驷后境（今福建省霞浦县松城镇旗下街3号）砖木结构六扇瓦房一座，设为新的会馆地址。之后，福宁三明会馆成为当时闽东畲族联络及议事的主要场所，对内可以加强本民族团结与联系，对外可以维护本民族利益。会馆为山民提供义务服务，面对族内产生的纠纷矛盾，以"都是自己人"的原则进行沟通调解，以求大事化小、小事化了，面对与外族的纠纷矛盾，会馆则为山民做主，帮本族人写诉状，并且代打官司，维护本民族的合法权益。如在福鼎浮柳村，畲汉蓝高二姓发生山林产权纠纷，会馆出面干预，进行沟通调解，使蓝姓畲民的合法权益得到保护。霞浦南乡的多起畲汉海埕纠纷问题也都由会馆出面沟通而得到顺利解决。会馆作为畲族同族性团体，是人们相互沟通交流的桥梁，可以有效地解决族内或和外族产生的冲突与矛盾，代表了畲族民族的共同利益，保存着畲族独特的社会记忆，产生了与语言沟通一样的功能与价值，促进了畲族民间体育文化的传承与保护，繁荣了畲族文化，推动着文明和谐畲族聚居地的构建。

（二）社会资本现代缺失与畲族民间体育文化的传统崩解

1. 对畲族民间体育文化的自我认同感缺失

畲族只有自己的语言而没有自己的文字，长期与汉族杂居，有的畲民已被汉族同化。洪静静是这样描述福建省多个畲族民族乡中学的："学校内畲族学生占很大比例，但大部分的畲族学生不了解本民族的传统体育项目，学生的课间操及课余时间游戏活动活跃，学生的参与状态极为投入，项目丰富多彩，但畲族传统体育的身影却鲜见。"① 随着全球化趋势的加剧和现代化进程的加快，文化融合成为不可逆转的趋势。以奥林匹克文化为代表的西方主导的现代体育文化对畲族体育文化产生冲击，特别是对学生群体有着关键性的影响，进而导致新生代畲民对本民族的传统体育项目及民族文化不了解、不认同。这反映了一个普遍存在的现象，即当今社会的功利化、物质化导致畲民对资本利益的追

① 洪静静. 福建省畲族民族传统体育文化的保留与发扬［J］. 福建论坛（人文社会科学版），2005（1）：236.

逐，而原有的以表达信任、友情和互惠等人际关系为基础而建立起来的民族体育文化认同和互信机制逐渐消解。

2. 对畲族民间体育文化的共识性规范冻结

畲族民间体育文化以各类技术动作、器械等为外在表现形式，以图腾为核心，二者之间竖立着各类正式、非正式的制度。图腾是畲族最根本的符号，不因社会变迁而发生意义转移，但在社会变迁过程中，物质和制度却在不断创新和更迭。在狩猎和农耕时代，畲民创造的各类体育项目的呈现形式和规则逐步达成一致，形成了特定的制度规范，并根植在畲族文化中。但是，在当今社会，与当地畲族聚居的汉族文化不断向畲族的宗教信仰、生活习惯渗透，并且，在开放型的社会中，为了获取资源，人们之间异质性互动更加频繁，社会主流文化不断冲击着畲族传统文化，畲族民间体育竞赛规则不断演化，向现代体育规则妥协，部分项目已发展成为当前较为普遍的大众化体育运动项目，如骑海马，它的比赛规则、运动的动作和姿势与今天的滑板运动项目十分接近；猴子占柱，与今天儿童较为喜欢玩的贴膏药、抢凳子等游戏的规则完全一致。显然，当前的比赛规则是对畲族传统文化规范的不可逆转的替代，也伴随着"规范记忆"的消失而消失。过去曾一度将畲族民间体育项目视为"四旧"加以革除，有的活动一度停止并濒临失传，原因有两点：一是畲族内部的戒律，二是作用于畲族文化的外部约束条件，前者体现了共识性规范的再造，后者则是强势规范对畲族民间体育文化的逆向选择。在今天，畲民对畲族民间体育文化的共识性规范逐渐成为历史。

3. 社会化导致畲族传统关系网络脱域

所谓脱域，是指社会关系从彼此互动的地域性关联中、从通过对不确定的时间的无限穿越而被重构的关联中脱离出来。在市场经济条件下，资源和要素流动日益加快，释放了自由流动资源和自由流动空间，以往的畲族聚居的现象逐渐改变，从原有的依附于宗族、家庭等血缘和亲缘关系向围绕社会资源建立起来的社会关系转变。随着市场经济的发展，畲民之间的表达性行动逐渐弱化，为了获得所需要的社会资源，工具性行动占据畲民生活的比重越来越大。城镇化、升学、移民逐渐改变了畲民原有的社会关系结构，并且逐步向外社会空间扩展关系，建立了脱域性的个体社会关系网络，进而往社会原子化方向发展。与传统的紧密关联的畲族传统关系网络相比，脆弱的个体社会关系网络带来的是人与人之间互动机会减少、关系疏远。在对盘柴槌项目代表性传承人蓝大瑞的采访中得知，"有些徒弟打工去了，有些考上大学都出去，都没有练了，现在还有练的就一两个"，"（徒弟中有能力传承的）也就一两个。这边（霞浦）少，浙江多，不过浙江那边都是汉族的，有十来个。这边（霞浦）畲族的就一个"。"（自己的孩子）大部分时间都在外地工作，不在家"。畲族传统关系网络脱域，对畲族民间体育文化传承无疑是致命性的打击。

五、重构社会资本：社会组织在畲族民间体育文化保护中的作用以及实现路径

（一）重建共同信仰基础上的普遍信任

畲民对祖先崇拜，将每年的农历二月十五、七月十五、八月十五视为祭祖日，有的还在端午节小祭祖，祭祖成为畲族最为重视的宗族活动。在祭祖时，畲民祭祀不仅同姓本族祖先，还祭祀本民族始祖盘瓠王。畲民非常敬重他们的始祖，世代传颂着盘瓠王英勇杀敌的丰功伟绩和繁衍子孙的故事。畲族聚集地每年定期举行重大的祭祀活动，同族同姓畲民共聚于祠堂，以悬挂祖图和祖杖来祭拜盘瓠王，这些仪式活动的开展都离不开社团的组织与协调。作为早期畲族原始社会中常见的图腾信仰，是社会记忆的遗留。社会资本不因使用而减少，反而因使用而不断增值。传统的畲族体育文化传承建立在以血缘、亲缘、地缘等先赋性的社会关系为基础的特殊主义信任基础上。这种狭隘的排他的信任容易导致文化的衰弱。畲族民间体育文化参与者共通的意义空间，促进了对畲族核心文化的认同，以及如何在新时代科学引导和加强民族传统体育的文化融合：一是通过申报各级非物质文化遗产及传承人，增加对畲族民间体育文化的认同；二是通过对民族传统节日的符号重建，促使畲族与非畲族成员同质性互动；三是通过学校、家庭和社会教育，以表达性行动来维护既有的畲族民间体育文化资源。

（二）塑造以项目为依托的制度性规范

世代相传的打尺寸、畲家拳、盘柴槌、操石磉、骑海马与稳凳等民间体育项目，是畲族独具一格的历史与文化的象征，因蕴含着畲族的社会记忆，并且有着固定的程式，因此得以传承和发展。纪念仪式作为传播社会记忆的一种主要方式，是一种形式化的操演语言。在纪念仪式中，身体被适当的姿势与动作支配。身体记忆的姿势与动作的最大优点是稳定，它可以表达准确的意思，且不容易被遗忘。身体记忆形成习惯之后，变成了无意识的程式与习惯。稳凳是从畲族早期的宗教祭祀活动逐渐演变成民间体育活动的，以转、旋、翘、摆等为基本动作，结合难度较大的擦旗、套圈等动作进行活动竞赛。在畲族聚居的福建、浙江等地区，由于过去经济、文化落后，畲民遭受灾难或重病缠身时，

常以问凳来祈求神灵：在三脚架的小板凳上，一头坐神汉，一头坐病人，边转动板凳边问答，以求消灾祛病、保佑安宁。而今经过挖掘与整理，剔除其迷信成分，增加体育竞技的新鲜内容，昔日封建糟粕问凳已成为畲族人民喜闻乐见的民间体育活动稳凳，可见，畲族民间体育项目的规则是畲族民间体育文化的规范社会资本的最典型代表。要维持畲族民间体育传承和发展的长效机制，首先，应挖掘和筛选畲族优秀的传统体育项目的文化内涵，赋予项目以民族"性格"；其次，要改变畲族民间体育不外传的现象，实现畲族民间体育文化的包容性共存；再次，要改变畲族民间体育的传播途径，积极寻求与旅游、健身休闲的合作共赢；最后，制定畲族民间体育项目规则的标准，在保持民族特色的基础上融合优秀的现代文化元素。

（三）构建以传承人为纽带的组织网络

畲族民间体育项目众多，很多项目的传承已经岌岌可危，特别是畲族民间体育项目之于传承人，抑或在现代生活中，畲族文化被主流文化所同化，一般的畲民即使能认同自身的民族身份，却无法在畲族的仪式中寻找其中实际承载的内涵。传承人的角色固然异常关键，但如果没有将这些符号的意义传达给受众，就失去了产生共通的意义空间，而失去了符号意义的畲族民间体育则会被视为不过是舞刀弄枪罢了，如此一来畲族民间体育面临的后继无人境地就可能成为现实。在挖掘畲族民间体育项目的同时，应当寻找和认定传承人、培养传承人。传统的师徒传承、家庭传承等局限性大，应当扩展到其他民族，打破空间、血缘的束缚，联合学校，构建以传承人为纽带的各类正式与非正式的组织网络。以畲族节日庆典为平台，充分运用社会各界在培育畲族组织中的作用，完善畲族组织的治理结构，提高畲族组织的公信力，延续畲族民间体育文化的血脉。

第十章　畲族民间体育的家庭传承与发展

一、家庭与文化传承的历史沿革

我们每个人从出生开始，就和家庭息息相关，家庭是最基本最普遍的社会组织。在我国的价值系统中，家庭具有核心价值的作用。家庭是比其他任何组织都稳固、持久和有效的小型组织。对于家庭，每个人都倾注了自己的宗教性情感，家庭的观念在中国人的价值系统中占据着举足轻重的地位，几近成为一种宗教性的仪式。[①] 人人都离不开家庭这一社会组织，承担着对家庭的责任与义务，甚至可以说，个人的存在是为了家庭的生存和延续。

畲族作为一个古老的民族，历史悠久、文化源远流长。早在上古时期，就有畲族先民在我国东南沿海一带繁衍生息，历经千年的游耕迁徙，在闽、浙、赣、皖、粤、黔、湘、鄂等多个省份都留下了生活劳动的足迹。畲族的家族传说、家族谱系、家族谱牒、家族祠堂构成了整个畲族的家族文化，从宗族、房到家庭的畲族家族文化与畲族人民生活的点点滴滴息息相关。畲族民间体育项目与生活环境、生活方式息息相关。在漫长的历史发展过程中，结合狩猎、农事、抵御外敌、宗教活动以及民俗习惯等，孕育了别具一格的畲族民间体育文化。

在科学技术高速发展的今天，少数民族传统体育要想从本质上有所发展，通常依赖于传承这根链条，畲族民间体育项目的发展和壮大以民族文化的传承作为根本。畲族社会中的民族文化传承主要是通过家庭这一社会体系完成的，所以，在畲族的社会关系中，血缘关系具有强大的影响力。畲族社会整合的传统机制主要由以血缘关系为基础的家族组织和宗族组织构成，血缘关系是畲族内部传统社会关系的主轴，也成为畲族文化认同的一大支柱，畲族的族群认同、社会归属与文化传承主要依靠血缘组织的运转。重视畲族家庭文化建设，发挥畲族家庭的功能，成为畲族民间体育文化传承发展的一项重要举措。畲族民间体育和畲族家庭文化互相依存，共同发展，是文化传承的重要依托。

---

① 王润平. 当代中国家庭变迁中的文化传承问题［D］. 长春：吉林大学，2004：54.

（一）家庭与文化传承

家庭是文化的起点，家庭的重要性如同语言一样，是人类存在的一个标志。[①] 美国文化人类学开创研究者摩尔根在对家庭与文化的关系研究中，首次提出了"家庭具有统一性"的思想观念，并揭示了"亲属称谓是社会结构得以复制，文化得以传递的真正结构"。[②] 文化在不断进化的家庭组织中得以发展，家庭通过有规律的历史演进，不断地对文化进行复制及传承发展。文化的传承主体是人，人最初级、最重要的社会组织便是家庭，凡是文化学研究都绕不开家庭这个问题。中国的家庭、社会与文化构成三位一体的结构模式，决定了家庭在中国传统社会的核心地位。

梁启超先生曾经说过："吾中国社会之组织，以家族为单位，不以个人为单位，所谓家齐而后国治也。"[③] 家庭与中国文化之精神始终保持着血脉相通和历史感应。在古老的中华文化中，家庭获得了终极关怀的意蕴，它在个体生命中铺开"生活世界"的全部意义，家与"在家的感觉"融为一体，家园与生命的合一，是我们这个东方民族不断追求的文化理想，早已沉淀到每个中国人骨子里的当然的文化、"人化"前提。[④] 费孝通先生在《乡土中国 生育制度》一书中深刻描写了婚姻家庭制度，认为为了维持社会正常运转，解决内部成员的新陈代谢问题，才产生了"生育制度"。家是绵延的，不因个人的长成而分裂，不因个人的死亡而结束。父、母、子的三角结构，维持着人类种族和文化的绵续。[⑤] 父辈抚育子辈，父母完成了幼儿最早期的社会化过程，养成了幼儿的生活习惯，树立了幼儿的价值观念，这个世代继替的过程就是一种文化传承。家庭是维持人类种族和文化绵延的基本组织，人类的种族决定了家庭的地位是坚定的、牢固的、不易撼动的。

（二）文化变迁过程中的畲族民间体育家庭传承

摩尔根把家庭在人类历史的发展分为依次相连的五个阶段：血缘家庭、伙婚制家庭、偶婚制家庭、父权制家庭、专偶制家庭。他指出，家庭是一个能动

---

① ［法］安德烈·比尔吉埃等. 家庭史：第1卷 遥远的世界 古老的世界［M］. 北京：生活·读书·新知三联出版社，1998：15.
② 中共中央马克思恩格斯列宁斯大林著作编译局. 马克思恩格斯全集：第二十一卷［M］. 北京：人民出版社，1965：81.
③ 梁启超. 新大陆游记［M］. 北京：朝华出版社，2018：218.
④ 王润平. 当代中国家庭变迁中的文化传承问题［D］. 长春：吉林大学，2004：8.
⑤ 费孝通. 生育制度［M］. 北京：群言出版社，2016：107.

的要素；它从来不是静止不动的，而是随着社会从较低阶段向较高阶段的发展，从较低的形式进到较高的形式。反之，亲属制度却是被动的，它只不过是经过一个长久的时期把家庭逐渐发生的进步记录下来，在家庭已经发生急剧变化的时候，它才发生急剧的变化。① 文化传承本身就包含着传承与变迁的矛盾，家庭的每一次变迁都是在文化变迁的基础上进行的。

关于畲族族源有几种不同的说法，其中武陵蛮、东夷说和福建土著闽族后裔说三种说法最常被当代畲族研究的学者所引用。①畲瑶同源于汉晋时代的武陵蛮（又称五溪蛮）。施联朱撰写的《关于畲族来源与迁徙》，除引用大量的文史资料外，还从实地调查中，对有关畲族文化的特征与"蛮"、瑶做比较分析，为畲瑶同源于汉晋时代的武陵蛮说提供了一些论据。②东夷说。张崇根1987年在《畲族族源新证——畲族与东夷关系初控》一文中，把畲族源于武陵蛮的看法向前推进到与江淮和黄河之间的"东夷"中的"徐夷"有亲缘关系。③福建土著闽族后裔说。有许多不同的具体说法，如认为闽、越是我国南方的两个民族，闽族系福建土著，乃畲族之先民，越乃福建的客族，畲族非衍出于越族。世世代代口头流传下来的《盘瓠歌》（又名《高皇歌》，七言诗句）中写道："高辛皇帝女为妻，九年又养三个仔，去向皇帝讨名字，讨个名字留古今。养下三仔生端正，皇帝殿前去讨名，大仔盘装姓盘字，第二篮装就姓蓝。第三尾仔正一岁，皇帝殿前讨名字，皇帝未写雷公响，雷公那响就姓雷。男丁三个一女宫（公主），女宫十八未做亲，招个女婿为驸马，女婿名字又姓钟。"② 道出了始祖盘瓠的古老传说和畲族盘、蓝、雷、钟四大姓氏的浪漫由来。

多数关于畲族迁徙的研究都是以史书记载和畲民家族谱牒的标识为依据的。大约在公元7世纪隋唐之际就有了最早的畲族文献记载。当时畲民居住在闽、粤、赣三省交界的山区，那时没有少数民族学校，畲民乐于用口耳相传的方式来传承自己的民族文化。到宋代，由于朝廷政治的变化，畲族人民为了躲避官兵的追杀，一边逃难，一边向闽中、闽北迁徙。畲民主要生活在山区地带，傍山而居，以刀耕火种和狩猎为主。传统的畲族民间体育就源于生活劳作与狩猎活动，相传打尺寸就是这一时期产生的，唐代畲族首领蓝奉高率领畲族群众英勇抗击朝廷军队的侵略，后因寡不敌众被迫退到韩江南岸。敌人在江北万箭齐发，妄图渡江。为保卫南岸，蓝奉高挺身而出，用手中断弓将敌人来箭

---

① 中共中央马克思恩格斯列宁斯大林著作编译局. 马克思恩格斯全集［M］. 北京：人民出版社，1965：41.

② 蒋炳钊. 民族学研究：第三辑［M］. 北京：民族出版社，1982：70.

——挡住，并奋力击向江北敌营。群众争相效仿，拿起棍棒击挡来箭，并向江北回击，终于阻击了敌人的进攻。为了纪念蓝奉高，畲民开展了打尺寸的体育活动。① 还有射弩、狩猎、竹林竞技、登高等民族体育项目也是在这时产生的。

到了清末民初，社会环境相对安定，国家统一，经济有所发展，尤其在康熙、雍正、乾隆三朝，国力处于鼎盛时期，畲族的地位逐渐得到提高，部分畲民开始下山，搬到平坝之上居住，以农业耕种为主。这个时期的畲族民间体育文化受到农耕文化的影响较大，形成了舞龙头、抄杠、操石磉等民间体育项目。众多历史资料都指向一个事实，畲族的每一次民族变迁都与文化变迁分不开，正是畲族历史上的迁徙过程和延续至今的杂散居分布格局，使得家庭组织在民间体育文化传承的地位更加突出。

对家族和宗教的关系，学者孙本文做了这样的表述："'家庭'为最小的单位，限于同居共财的亲属，'宗族'是由家庭扩充，包括父族同宗的亲属，'家族'则更由宗族扩充，包括父族、母族、妻族的亲属。宗族为同姓，而家族则未必为同姓，盖包罗血亲与姻亲二者。"② 正如费孝通所定义的，家族是根据单系（父系）亲属原则组成的社群，它是家庭的扩大（家庭是其基本组成单位），是一个"社群的社群"。③ 徐在其、徐扬杰等人把以家庭为单位、有相对稳定的居住区和有一定的组织规范而聚集在一起的人称为家族，亦称为宗族。很多学者在做民族家族研究时，把家族和宗族放在一起，其实，从实际意义上来说，两者并没有严格意义上的区别，都是各个有血缘关系的家庭在宗法观念的规范下而组成的社会组织。

汉语里的"家"是一个相当模糊的概念，它是一个核心家庭，也是近亲甚至远亲组成的家庭。"家庭"扩大演变而来的"家族"组织，以家庭为单位组合而成的群体"家族"，阐述四个阶段以来家庭变迁对体育文化的影响。

1. 畲族家族完备阶段对体育文化的影响

家庭成员把血缘关系放在第一位，具有较强的排他性，各个体育活动的开展往往仅限于本族人参加，完整地保留了本族项目的特色。畲族和其他汉族一样，尊重老祖宗的文化，认为传下来的东西就是最好的。保守性和封闭性成了传统畲族家族的基本特征。畲族家族在这个阶段发挥了重要的职能，保证了畲

---

① 兰润生，林荫生，苏肖晴. 畲族传统体育特点及其成因分析 [J]. 成都体育学院学报，2004（4）：27.

② 孙本文. 现代中国社会问题 [M]. 北京：商务印书馆，1947：71.

③ 费孝通. 乡土中国 [M]. 北京：生活·读书·新知三联书店，1985：39.

族民间体育项目活动的运作。家庭的祭祀活动为体育活动提供了活动平台，族长作为组织者和领导者，把族田收入用来购买或制作活动道具，为体育活动提供物质保障。与此同时，族规约束着族人参加活动的行为，为管理整个活动提供依据。族人对族内文化认可度极高，也决定了他们对本族的体育活动项目十分喜爱。

新中国成立以前，传统的家族文化秉承着"家国同理同构"的社会关系模式。传统的中国社会关系主要是家族式的互惠互利关系，家族是乡村地方自治的基础和前提。畲族村落以宗法秩序为主要管理手段，族长是家族制度的权威，与畲家的族谱、族规、宗祠等有机结合，家族的族权控制着整个社会组织，构成了完备的家族制度。畲族民间体育从家族活动中产生，大多数是一些宗族仪式和祭祀活动，如稳凳、抄杠、敬茶舞、踏步舞等。

总的来说，畲族家族发挥着决定性的主导功能，为体育活动的开展和传承提供了一个有利的平台，整个体育活动的组织依靠家族来完成。

2. 畲族家族松散阶段对体育文化的影响

家族制度的牢固性就在于这种血缘联系的持久与强化，这在一个封闭的社会里是较容易做到的。然而，近代资本主义的兴起导致了近代工商城市的发展，从而提供了社会流动的机会。大批农村劳动力进入城市谋生和接受教育，势必弱化他们和原籍家族的联系。与此同时，城市居民中的亲属网络得到强化。随着妇女地位的提高，姻亲和母系血缘关系在整个亲属网络中的意义逐渐凸显，家族组织的内容和形式开始显现多样化。[①] 20 世纪 90 年代中期至今，随着改革开放的深化，法制不断完善，畲族人民的生活水平得到了极大的提高，畲族由封闭状态转为开放状态，人民的生活从物质到精神层面都有了质的变化。非血缘关系的网络增加，打破了畲族地区的封闭性，畲族家族开始变得松散，大型的家族活动变成了小范围的家庭活动，简化了族规和一些家族仪式，甚至连对族人的道德教化也弱化了。加之现代体育的冲击，畲民对本族体育文化的认可度有所降低。

由于社会观念的转变，畲族家族对体育活动的管理趋于民主化，过去，不参与家族组织的体育活动或者不筹集体育活动资金的，都会受到族规的惩罚，现在，体育活动的组织由民主表决来决定。村委会干部接手畲族村落的管理，家族组织变成临时性的，不再具有很强的聚集作用，对畲族民间体育文化的传承作用也在逐渐减弱。

[①] 杨善华，刘小京. 近期中国农村家族研究的若干理论问题 [J]. 中国社会科学，2000 (5)：83.

3. 畲族家族恢复阶段对畲族体育文化的影响

1978年改革开放至20世纪90年代中期，中国社会进入了文化复苏时期。人民公社早已解散，国家颁布新宪法，兴起了传统文化热。在畲族，以血缘关系构成的家族关系网络一直是存在的，家庭的价值被重新强调。在福建、浙江等地出现畲族家族组织公开恢复活动的现象，畲族人民对传统体育文化恢复了以往的热情，畲族民间体育文化开始增添新内容与形式，不断推进发展。

虽然这一阶段畲民物质生活水平提高了，但精神文化生活相对匮乏，此时，宗族文化在节庆期间特别受到重视。畲族成立了家族委员会，恢复了家族的职能。为举办体育活动，在族内用众筹的方式来募集资金，一般实行自愿出资的方式，发动族内领导者对体育事务进行协调管理。如漳浦县湖西畲族乡丰卿村在春节、元宵节举办考龟，这是一种集竞技性、娱乐性和趣味性为一体的体育活动，还有猴抢果，这些充满趣味、形式多样的畲族民间体育项目，通过家族组织的努力，得到了进一步普及与推广。

二、畲族民间体育家庭传承的主要内容与方式

传统中国的乡土社会，诚如费孝通所说，是一个"没有政治，只有教化"的社会，这个教化便是依儒家长幼之序而建立起来的"长老统治"，依儒家传统建立的"礼治秩序"。① 畲民在清初以后就结束了漂泊不定的生活，以"大分散、小聚居"的分布特点，错落有致地安置在汉人村落附近，与汉人交错而居。有文献记载，早期的畲民只能实行族内各姓之间通婚，各姓氏都有若干祖系。由于畲族人民入迁初期，其宗教信仰、衣食住行都和汉族人民形成了鲜明的对比，因而受到汉族的排斥，成为边缘化的群体。为了保障家庭的基本生存权利，畲民就通过民族信仰、家法家规、宗族祭典、民俗节庆和宗教礼仪等方式，由族长、房长以及父母、长辈和受人敬畏的畲族巫师等来向本族人传授本民族的文化，包括民间体育文化。

畲族严格实行一夫一妻制。由于族群内部的自我防御机制，使得族内婚成为家族成员普遍遵守的婚姻制度。通过族内婚，族群边界得以强化，这是一种族群身份上的分界，而不是指地理边界。总之，说到与畲族文化息息相关的社会组织，就离不开家庭，离不开家庭的结构、功能以及生活形式等，畲族民间体育正是在家庭传承中产生与发展的。

---

① 费孝通. 乡土中国　生育制度 [M]. 北京：北京大学出版社，1998：359.

（一）畲族家庭结构

在漫长的迁徙岁月里，颠沛流离的生活锻造出畲民勇敢、坚强、勤劳、朴实的民族形象。为了抵御外敌，争取民族生存，畲民加强了民族的内部团结，"大分散、小聚居"的居住分布形式，让畲民宗族的感情得以扩大，并凝聚成共同的民族意识和坚定的民族情感。

在畲族入迁初期，以核心家庭为主，家长大多是男性，子女随父姓，是以亲子关系为核心的一夫一妻制家庭，或者扩大到祖父祖母的主干家庭。畲族家庭的时代结构比较复杂，一般按男性计算世系，定居发展扩建之后，逐渐出现有宗法权威的家族组织。从宗族、房到家庭，是畲族家庭结构的重要特点，族民以同姓近祖的家庭联结成房，若干房联结成族，形成一种具有血缘关系的社会组织。房，作为家族的支派，源于兴旺发达的大家庭，一个大家庭繁衍生息后便出现房支，各房支继续繁衍后，为了分别近亲，又会再分出若干新房支。由族长、房长来管理族内的公共事务，解决族内外的社会纠纷。白丽英用FES-VC评定对畲族家庭的中学生进行心理健康分析，研究结论显示，畲族中学生的家庭环境在独立性、知识性、娱乐性、道德宗教和控制性五个因子上与汉族家庭都存在显著差异。其中，畲族家庭的独立性、知识性和娱乐性均显著低于汉族家庭，而道德宗教观和控制性均显著高于汉族家庭。[1] 可以看出，畲民对于"家"的重视程度是毋庸置疑。畲族家庭由于有着浓厚的民族传统、宗族观念，长辈在家庭中的地位较高，受到晚辈的尊敬，这得益于畲族的家庭结构，家族内有着严格的辈分排行，血缘关系和社会组织结构相得益彰，形成了老少同堂、家庭和睦的景象。血缘聚居形式为家庭传承的形成与发展打下了牢固的基础。

（二）畲族宗祠和畲族族谱

畲族家庭文化离不开畲族宗祠和畲族族谱。畲族宗祠是畲族人民祭祀先祖、商榷族内大事并且执行族规的地方，是传统畲族家族的重要活动中心，维护着族内的凝聚力和族人的权益；族谱则是畲族人们记载家族文化的文字表达，有利于一代又一代的畲民传承家庭文化，在家庭文化传承中有着极其重要的作用。

畲民崇拜祖先，相信祖先有灵，能够庇佑民族的子子孙孙。畲族《钟氏

---

[1] 白丽英. 畲族家庭环境状况及其对中学生心理健康的影响 [D]. 福州：福建师范大学，2003：18.

族谱序》提到："尝思万物本乎天，人本乎祖。祖也者，犹木之有根，水之有源也。木无根则坏，水无源则涸，噫，祖顾可忘乎哉！"①用木根和水源来比喻畲族的祖先长辈，充分体现了在畲族家族中祖先长辈的重要性。定居之前的畲族还没有固定的祠堂，随着家庭的繁衍扩大，开始兴建祠堂。作为仪式场所的畲族宗祠，见证了畲族的历史变化。宗祠是家庭文化的物质载体，作为家庭活动的场所，畲民在宗祠内祭祀祖先，执行族规并举行宗族仪式，畲族民间体育中的舞蹈类项目大多在宗祠内举行，其中有功德舞、踏步舞和日月舞等。正所谓"谱存则族存"，修建畲族族谱是为了记录族内成员的血缘、婚姻关系以及族内的重大事件。按大多数畲族宗谱所述，修谱的直接目的是"知长幼、识尊卑、明昭穆、考支派"。作为记载家族历史的文本形式，畲民通过修谱来增强族内的团结心和凝聚力，培养族人对家族的认同感，为集体行动建立基础，也推动了我国民族文化的发展。

（三）畲族家庭的生活特点

畲族先民在山区里居住，早期主要从事"刀耕火种"的农业生产和狩猎活动。除了狩猎和农业生产活动之外，在生活中比较重要的还有纺织，畲族妇女纺线织布，通过加工苎麻纺织成布，制作出蓝黑相间的畲族特色服装，老老少少都要参与生活劳作。由于畲族只有自己的语言，没有文字，过去主要通过宗族祭典和宗教礼仪，由族长、房长以及受人敬畏的畲族巫师等传授知识和观念。现在畲族幼儿从牙牙学语开始，畲族父母就开始了语言传授，通过畲族神话故事和畲族谚语来教育孩子、传授知识。

畲家父母通过游戏的方式对幼儿进行劳动技能传授，从祖辈开始代代相传，母亲和祖母主要负责女孩的教导，父亲、祖父则重点教授男孩。从前，畲族父亲主要教儿子学习如何驯养猎犬、设置陷阱、张弓射箭等打猎技巧，母亲则教女儿编织彩带、砍柴做饭等生活技巧。畲族父母在教育过程中采用角色分工，父严母慈，父亲在教育中以严厉为主，母亲在教育中以慈爱为主。畲民通过畲歌传递思想，各种不同题材的歌曲都是畲民生活的真实写照。畲民在各种活动中传递畲族的生活习惯和道德伦理。由于血缘关系，以家庭教养方式为主，父母对孩子的教化作用完成了畲族幼儿的初级社会化过程。

---

① 福建省少数民族古籍丛书编委会. 畲族卷：家族谱牒（上）[M]. 福州：海风出版社，2010：502.

（四）畲族民间体育家庭传承的主要方式

美国社会学家帕森斯认为，作为社会整体的一个部分，家庭发挥着有助于社会整体的保存、整合与连续的功能，是世代继替的重要场所。家庭、社会和人的相互作用构建了整个文化传承的系统，人不仅是文化传承的载体，还是创造者或者主体，家庭传承是通过文化与人之间的互动而实现的。文化的传承以人为载体，一代一代连绵不绝，这种现象类似于生物的遗传。正是遗传基因的调控机制，使得生命的功能系统呈现出有序性和开放性。文化在谋求自身发展的同时，同样具有遗传性的特点。[①] 在我国，家庭传承有着独特的传承方式，家庭把人从生物体转化为社会人，同时，家庭活动具有教育性、密切性和互动性的特点。家庭传承贯穿于日常活动中，它既是长辈对晚辈的教育，也是晚辈向长辈的学习，是彼此之间的相互作用。

在学校教育不到位的情况下，家庭教育成为传递畲族文化的最主要方式，畲族民间体育涵盖其中。如狩猎、打尺寸等来源于畲民迁徙过程中的生活需要；伴随畲民家庭生活条件的改善，民俗祭祀的体育活动操石磙、考龟、猴抢果等体育活动越来越受畲民的喜爱；骑海马、打枪担等活动结合了劳动需要，集趣味和实用为一体；畲族舞蹈体现在家庭仪式的表现过程中，包括祭祀舞、敬茶舞、功德舞、狮子舞、竹杷舞等项目；独具一格的畲家拳是畲民为了保家卫国而形成的。可以看出，畲族民间体育的起源、发展以及流传无一不与家庭活动息息相关，家庭是社会仪式、集体记忆发生的重要场所。

1. 生活环境中的氛围感染

长期以来，畲民主要是在家庭和社区感受民族文化的熏陶，孩子们从家庭、院落、田间、地头与成人、同伴的交往中，特别是在各种节日、盛典中感知、体验、领悟本民族的文化精髓，包括本民族特有的宗教信仰、风俗礼仪、服饰艺术等。这就是一种传统的、不分时间和空间的、渗透于儿童日常生活之中的随境式教育。[②] 畲民的图腾、祖先观念浓厚，图腾崇拜和祖先崇拜是畲族最核心的文化之一。从盘瓠崇拜的传说开始，畲民就视盘瓠为民族英雄，并尊称其为"忠勇王"，奉为至高无上的保护神。这种宗教信仰活动对祭祀活动的产生有着决定性的影响。伴随宗教信仰而兴起的畲族民间体育活动有很多，通过宗教祭祀舞蹈来祭祖先、祭天地、祈福求贤和驱邪消灾。在祭祖时，畲民敲锣打鼓、吹箫鸣笛，手持刀、弩、三角旗、牛角号等工具，跳起迎祖舞。为了

---

① 张怀承. 中国的家庭与伦理[M]. 北京：中国人民大学出版社，1993：84.
② 谭莹菲. 社会变迁背景下的畲族幼儿教育[D]. 桂林：广西师范大学，2008：37.

歌颂始祖龙麒王而流传的"传师学师",是寓意后代怀念祖先的祭祀活动,均以家庭的形式进行。畲族男子年满16岁就要举行祭祖仪式,一般由父亲担任"度法师",祭祖多在冬日进行。如敬酒茶、祭祖舞等,动作主要源于对生活实践的提炼,这些活动通过舞蹈表演形式而代代相传。

畲族民间体育作为传统文化的一部分,传承过程大多都在家庭活动中完成。流传至今的稳凳活动源于问凳活动。在古老的畲族社会,稳凳是一种求卜问卦的器具,畲民在遇到意外事故的时候就用板凳进行卜卦。现在,经过挖掘整理,慢慢完善规则,形成了较为成熟的畲族民间体育项目,受到畲民的喜爱。敬老慈幼是畲民的基本道德要求,畲族幼儿常跟随长辈们参加各种祭祀活动,父母敬神、畏神的意识及行为很自然地对子女的民族教育活动产生了影响。孩子从出生就开始了文化习得与传承,按照社会学的观点,家庭是幼儿社会化的第一场所,畲族幼儿在耳濡目染中,逐步形成了敬神、畏神的观念。家庭教育成为实现畲族文化传承的基本手段。

2. 生活实践中的言传身教

家庭作为文化启蒙的摇篮,作为基础文化的养成之地,它所承担的文化传承是一种初级传承,通常通过暗示、感染、模仿、认同来实现。① 畲语作为畲族的母语,孩子从出生开始,父母就开始了对孩子的语言教育,在以前的畲家,几乎人人都会说畲语。从叫"阿爷""阿娘""阿翁""阿加"(分别代表爸爸、妈妈、爷爷、奶奶)开始牙牙学语,亲人的昵称是畲族婴儿最早学会的词汇,畲族父母对于子女最初的母语传授,其语言内容往往与生活内容息息相关。历史上,畲族人口稀少,生产力低下,加之受环境的限制,只能以狩猎和山区耕作为生。为了生存,畲族的男女老少通常都一起参加生产劳动,特别是孩子,父母会让他们跟随自己参加生产劳动,从小培养生产劳动技能。起源于生产劳动的畲族民间体育更是种类繁多,如打枪担、骑海马、摔油茶球等项目,畲族少儿从模仿到学习,在生产劳动中一步一步接触民间体育项目。

畲族父母常常用游戏的方法来教育孩子。游戏是儿童生来就喜爱的,体育游戏不但能锻炼身体,还能培养孩子沟通、合作、创造以及动手能力,具有锻炼身心的功能。畲族民间体育项目包含多种少儿集体娱乐性项目,畲族父母一边劳作,一边教少儿学习拾柴火。最简单的击草项目就是畲族少年到山上去拾柴、拔草时休息之余常玩的一种投掷类游戏;放羊时玩摔油茶球的游戏,牧童通过茶球的摔接比赛而比准、比远,从而打发放牧的时光;玩耍弹弓,少儿用射击弹丸射击鸟雀、果实。总之,源于生活劳动的畲族民间体育项目规则简

---

① 王润平. 当代中国家庭变迁中的文化传承问题[D]. 长春:吉林大学,2004:54.

单,既有竞争性,又有很强的娱乐性。自身的示范教育和主动的学习模仿可能是有意识的,也可能是无意识的,但不可否认的是,少儿逐步学习的过程是在父母的示范下完成的。可见,中国家庭对于文化传承具有根本性的作用。

3. 生活情感中的爱教结合

以情境为中心的中国家庭,培养了中国人一种特殊的向心力、一种稳定性极强的世界观。家庭是所有的文化中一种基本的传承与教育机制。家庭,是一切文化的基础学校。[①] 在中国,血缘纽带是社会网络的基础,家庭是传统文化的核心,是保存和延续文化传承的最基本、最核心单位。家庭具有抚育功能,畲族父母在传授生活技能的时候也不忘道德教化的重要性。民族传统体育本身就具有培养民族认同感、丰富精神生活、塑造人格魅力和发展民族心理素质等特点。诸如猴子占柱、猴抢蛋、虎捉羊等游戏,都是亲子体育游戏的范畴。猴抢蛋,游戏规则是在地上画一直径30厘米圆圈,圈内放3枚鸡蛋大小的圆石,代表"蛋",家长或者孩子其中一人伏在圆圈外作为母猴护"蛋",其余人则在圈外抢"蛋",畲族少儿在游戏中承担不同的角色,会产生不同的感受和体验。在保护"蛋"的过程中,学会灵敏应用身体,在游戏的输赢中学会控制自己的情绪,培养良好的社会适应能力。轻松、活泼、有趣的家庭游戏可以融洽家庭关系,增强家庭的凝聚力,消除家庭成员在工作、学习和生活中的疲劳。在游戏过程中,一家人其乐融融,不仅加深了家庭的亲密感,而且影响了畲族少儿民间体育意识的形成,促进了畲族少儿健康人格的发展。

畲民勤劳淳朴、以德为本、友善待人,这也是中国家庭道德教育的模式,他们用家法族规约束所有成员的族群行为,要求每一位成员恪守家族秩序。畲族先辈通过道德教育为畲民提供了日常生活的基本准则与人际关系的基本模式,通过爱教结合的方式,使得畲家青少年了解本族的文化包括民间体育文化,在这一过程中实现了畲族青少年的社会化过程。畲族成员受到文化熏陶,从意识形态到实际行动,实现了民族记忆与文化认同。

三、畲族民间体育家庭传承面临的困境

(一) 文化多元化的冲击

在全球化的今天,民族文化多元化的格局变得更加复杂,多元文化正渗透到社会的各个层面中。以往通过固定社会模式而成长起来的畲民,在扩拓视野

[①] 许烺光. 宗族、种性、俱乐部 [M]. 北京:华夏出版社. 1990:10.

的同时有了更多的选择。年轻的畲民接触并受到自由的文化思想影响，不再一味接受家长的权威控制，他们追求个性、追求自我。子辈与长辈的沟通和对话不断减少，亲子互动的频率不断降低，原本以人为载体的文化传承失去了稳定性特征，这对畲族的家庭传承造成消极影响。

在畲族武术的发源地——金斗洋，民族传统体育的传承现状发生了巨大的变化。过往，金斗洋的男性几乎人人都练畲家拳，而现在，由于社会秩序相对稳定，畲民练拳防野兽与山贼的最初目标被弱化，畲家拳的实用性降低，加上现代体育的冲击，使得畲民学习畲家拳的人数不断减少。曾经的畲家拳有着"传内不传外，传男不传女"的传承理念，随着社会的不断发展，这种传承理念也发生了改变，现在只要本族有人愿意学畲家拳，无论男女，都可以传承。在访谈畲家拳传承人钟团玉[第九代畲家拳传承人有三个：雷锦华、钟团玉（女）、钟康莲（女）]时，她说："我在暑期时组织村里的孩子来练习畲家拳，但来参加的人并不多，而且有时来，有时不来，一个暑期下来，真正能够坚持下来的学员没有几个人。现在，村里的年轻人基本都不学畲家拳了，会畲家拳基本都是我这个年龄阶段或者比我还年长的。"福建省非遗传承人雷盛荣也遇到这样的情况，他在组织族里的小孩习练畲家拳时，大多数家长都不太支持，觉得学习畲族武术没有在家帮忙干活来得实在。男女老少都学畲家拳的金斗洋，面对巨大的多元文化冲击，也开始担心畲族民间体育文化传承断层。综上所述，民族传统体育的发展必须适应新时代、新文化的发展趋势，拓宽民族传统体育发展的发展路径，开创多元化发展的道路，成为畲族民间体育项目发展的当务之急。

（二）家庭结构核心化挑战

在文化人类学中，专家学者把因变动造成的家庭类型分为联合家庭、主干家庭、核心家庭和单亲家庭四类。传统的畲族家庭以联合家庭和主干家庭为主，家庭人数较多，常有三代同堂的现象。在联合家庭和主干家庭中，父母在他们的父母眼皮底下抚养自己的子女，老年人的权力在扩大家庭制度中被制度化了。这种方式强化了老一代人的权威力量，确保了文化的承继性。① 多代同堂、族法家规是所有成员的基本约束，畲民乐于参加家庭活动，多代同堂的家庭结构为传承民间体育文化提供了良好的环境。

20世纪70年代，我国实行计划生育政策，严格控制人口，几十年以来，

---

① ［美］马克·赫特尔. 变动中的家庭：跨文化的透视[M]. 宋践，李茹，等，译. 杭州：浙江人民出版社，1988：262.

无论城市还是农村,核心家庭日益增多①,生育制度的政策性规范使独生子女家庭越来越多。畲族家庭中只有两代人居住的情况越来越常见,畲族少儿和祖辈分开居住,核心家庭成了畲族的主要家庭结构。祖父母减少了对畲族少儿的教育,父母成为孩子教育的最主要承担者。以孩子为中心的家庭教育使得畲族家庭伦理的中心下移,对传统文化的影响毋庸置疑。

年轻的畲民较容易接受新的生活方式与价值观念,比较容易和年长一代产生矛盾与冲突,祖、父、孙三者之间的联系减少了,从而导致晚辈对家庭集体活动的重视程度有所下降。以前在漳浦县湖西畲族乡举办的考龟活动,当地的畲民家家户户都会参加,考龟的中靶者常常把得到的甜米"龟"分给在一旁观看的孩童,体现了最朴素的爱。调研得知,现在的孩子们平时都有很多零食吃,已经不太喜欢参加这类活动了。猴抢果等活动同样受到比较大的影响。伴随着亲子关系的疏远和家族观念的淡化,家庭传承面临巨大挑战。

(三)习俗淡化、仪式弱化

中国传统家庭中的仪式具有浓郁的文化特点。在日常社会生活中,传统家庭中仪式的形式——礼仪,决定着人们努力按照各自身份所应遵循的行为规范,从而与古代社会的政治体制、教化和文化融为一体,积淀为中国传统文化的特色主题。② 儒家的"礼治秩序"正是建构家庭传承的重要基础。互动仪式使得畲民的情感联系更加亲密。每个年龄、阅历、受教育程度不同的畲民,都因为某种民族活动而聚集在一起,民间体育活动更是有着增加民族凝聚力的功能。

仪式通常被界定为象征性的、表演性的、由文化传统所规定的一整套行为方式。它经常被功能性地解释为在特定群体或文化中沟通、过渡、强化秩序及整合社会的方式。③ 经过日积月累的演变,畲族发展了一套帮助畲民生活的制度规范,由长辈维持着并有效地传承给晚辈。畲族民间体育活动也是社会仪式的重要组成部分,畲族民间体育的舞蹈类项目几乎都源于宗教仪式,为了祭祀而编排的仪式舞,在传统社会尤其受到畲民的重视。随着宗族制度不同程度地瓦解,畲民对于本族的图腾信仰有所淡化,仪式舞的动作也变得简单起来。因婚丧庆礼而产生的畲族民间舞蹈也很多,但现代畲族年轻一代不太注重本族的民族仪式。在一切从简的情况下,畲族的敬茶舞、踏步舞、功德舞等项目渐渐

---

① 许涤新. 当代的中国人口 [M]. 北京:中国社会科学出版社,1998:328.
② 王润平. 当代中国家庭变迁中的文化传承问题 [D]. 长春:吉林大学,2004:47.
③ 郭于华. 仪式与社会变迁 [M]. 北京:社会科学文献出版社,2000:1.

被遗忘。没有仪式，没有记忆，就没有认同，如果一个群体的共同社会记忆不断减少，文化认同程度则会降低，民族文化的维持与延续将变得举步维艰。

四、畲族体育家庭传承的发展路径

费孝通认为，家庭是最基本的合作团体，依靠顽强的耐力，在世代继替中传递价值、承接传统。在所有的社会团体中，家庭具有最不易撼动的传承文化的功能。① 虽然因社会变迁和社会转型的影响，家庭的功能有所削弱。从形式上看，多代同堂的大家族生活已经比较少了，但总的来说，家庭仍然因为血缘关系，存在着一种内部认同。家庭传承的发展至今，面临危机，存在困境，但也蕴藏着巨大的机遇。困境和危机并不可怕，只要找到化解的有效方法，找到畲族体育家庭传承新的发展路径，定能迎来文化传承的新曙光。

（一）从单一式传承到多样化传承

在传统的畲族社会，学校体育尚未形成，家庭传承虽然不是唯一的传承方式，但一定是最重要的传承渠道。诸如畲民"传师学师"的仪式，族谱中冠以"法名"。男性"法名"前冠以"法"字，女性则后缀以"神婆"，"传师学师"以祖先崇拜为主体，同时保留了图腾崇拜与道教影响的痕迹，由家庭成员"录入""度身"转为宗教成员。而现代社会，文化多元化的影响使学校传承和社会传承有了较好的环境支撑。畲族民间体育文化的家庭传承功能想要得到良好的发挥，必须结合学校传承和社会传承，由单一的家庭传承到结合学校与社会的多样化传承，其核心在于保留传统文化的自身力量与整合多方渠道。畲族民间体育文化的传承与发展必须与多元社会生活相结合，取其精华而开发校本课程，充分利用互联网信息技术来发挥畲族体育文化的对外传播作用。总之，最关键的祖、父、孙之间世代联结仍然不容小觑。世代间的相互沟通学习是十分有效的方法，能够引领畲族晚辈对本族体育文化的文化认同，共同参与本族的民间体育活动，使家庭最终成为畲族民间体育文化传承的核心融汇之地。

（二）全面泛化传承与部分强化传承相结合

家庭是实现个体社会化的第一场所，以前的畲族家庭有着重要的家庭教育功能，畲族晚辈的行为方式、情感方法以及对社会的认知都是在家庭传承中完

---

① 费孝通. 乡土中国　生育制度［M］. 北京：北京大学出版社，1998：359.

成的。家庭同时扮演着社会角色和文化角色，对畲族晚辈的文化启蒙、情感培养以及人际支撑都是家庭传承的重要部分，这种全方位的广泛传承缺乏针对性。针对非物质文化遗产项目，应采用特殊的强化传承方式。畲族民间体育非物质文化遗产传承人的选择，大多是根据特殊的畲族民间项目来设定的，这就是部分强化传承的体现。在现代的社会环境下，为了保留畲族民间体育的根脉，要区分民间体育项目的类别，找到体育项目的优势，使全方面泛化传承和部分强化传承相互配合，为畲族民间体育项目的传承提供良好氛围，使畲族民间体育文化在家庭传承中更加具有依靠性和针对性。

（三）由正向传承到反向传承

孔子提出了君君臣臣、父父子子和仁义礼智等伦理道德观念。《礼记》中的"人子之礼"体现了家长制下子女对家长的绝对服从性，形成"父为子纲"的亲子关系。在代际关系急剧变化的当今社会，"文化反哺"自然呈现，家庭传承不再是单一的正向传承，家庭教育从家长对子女的教育变化为家庭成员之间的相互教育，"文化反哺"正体现出一种新的文化传承方式。畲族民间体育的发展必须跟随时代的变化，在挖掘、整理、开发时，思想更前沿的畲族年轻一代需要利用自身的优势，将新型多元文化传承方式"反哺"给老一辈畲族民间体育传承人，如结合体育旅游开发、体育项目改进等，正向传承与反向传承相互支撑、共同发展。

（四）从机械传承的依赖到有机传承的包容

过去，畲族文化传承是依靠连绵不断的文化复制来实现的，灵活性较小。充满依赖性的传承像是一种机械传承，抑制了畲族青年的个性发展，应通过有机传承来调节畲族文化传承，使文化的传承由具体规范发展为更抽象、更高度概括的价值原则和文化理念。在这个过程中，必须把握畲族民间体育的根本原则，不能本着自由的口号而天马行空。畲族家庭讲究道德情感，割舍不断的是畲族家庭血浓于水的联系。畲族民间体育的传承也不能忘本，家庭的内在需求和民族精神都不能丢。从依赖机械传承转变为包容的有机传承，畲族民间体育传承与发展前路漫漫，需要我们不断求索。

第十一章　畲族民间体育在少数民族学校传承的现状与发展趋势

一、畲族民间体育在少数民族学校传承的优势

（一）学校课程内容资源在畲族民间体育中的传承优势

1. 学校体育教育是畲族民间体育传承的重要载体

学校是重要的文化传播基地，学校体育教育是民族传统体育传承的重要载体，它在学生教育和发展中起到重要的作用，对实现畲族体育文化的传承具有重要的作用。[①] 学校教育的优势恰恰在于让畲族民间体育的传承更加规范。在"体育与健康"课程标准的范围内，根据畲族的地域性和畲族民间体育自身发展的规律与特点，将畲族自然资源优势与学校教育资源相互补充与融合，将畲族民间体育纳入校本课程，编写畲族体育教材，制订与课程相适应的教学计划与大纲，使畲族民间体育项目的传承像"活化石"一样保存下去，摆脱随机、任意的传承模式。在授课方面，少数民族学校体育通过采取必修课或选修课的形式进行集体授课，选择的体育项目通常具有典型性，在体育教学过程中，培养学生的民族自豪感，通过课堂互相学习的形式，使之产生更加强烈的民族情感。学校体育教育对畲族民间体育传承具有重要的意义，需要结合现有的资源，更好地发挥这一传承载体作用。

2. 学校体育具备保护和传承的时间优势

学校体育教育具备充足的时间条件，定时定量的运动弥补了学生课后作业多而没有时间参与畲族民间体育活动的不足。学校体育是学校教育的主要内容之一，少数民族传统体育活动多是以身体练习为基本手段，在欢快的身体运动中承受一定的生理负荷量，有助于人体机能形态的改善和体质体能的增强，有

---

① 穆瑞丽. 论学校体育与民族传统体育文化传承 [J]. 当代体育科技, 2013, 3 (32): 151.

效调节人的心理活动。① 如畲家拳虽然简单易学，但招式多变，需要学生勤加练习才能做到脚步稳健，进而提高平衡能力和稳定性；稳凳项目经过一段时间的练习，可以有效地提高学生的灵敏度、耐力、柔韧等身体素质；畲族民间体育项目具有较强的趣味性和参与性，在畲族聚集地区的少数民族学校增加畲族民间体育项目，不仅能达到强身健体作用，而且可以促进畲族民间体育运动的普及与提高。（如图 11 - 1）

图 11 - 1 景宁民族中学畲族民间体育传承活动

（二）学校体育场地设备资源在畲族民间体育中的传承优势

1. 畲族民间体育的地域优势

学校本身具有地域性，具有特定地域特征，以学校为源头向外扩散，随着时间和空间的发展，文化区会不断变化。对于学校体育而言，不同的地域应该开发具有地域独特性的课程。② 少数民族学校体育通常具有浓厚的地域特征，学校课程也相应地具有地域性，对于不同地域的少数民族学校而言，需要开发具有地域特征的课程。目前，开展畲族民间体育活动的少数民族学校多处于畲族聚居地，如浙江景宁畲族自治县民族中学自编校本课程教材（如图 11 - 2），

---

① 张艳. 少数民族传统体育保护与传承的学校体育路径探析 [J]. 四川体育科学，2010（3）：112.

② 张华新，孙立，王怀建. 地域文化传承中学校体育文化建设研究 [J]. 搏击（体育论坛），2015，7（11）：9.

已把赶野猪、采柿子、稳凳、打尺寸、操石磉、摇锅等10个项目纳入其中,形成独具特色的课程。将畲族民间体育纳入校本课程,可以使其社会习俗、生活习惯、道德品质等贯穿于教学内容中,将地域优势与学校资源相结合,确保畲族民间体育的发展。

2. 畲族民间体育自身优势

大多畲族民间体育项目所需场地器材都比较简单,有利于体育项目的组织与开展(如图11-3、图11-4)。目前,我国有些少数民族地区都因为经济条件的限制,缺乏体育场地、器材,使得一些民族传统体育项目无法纳入校本课程。然而,畲族民间体育中的操石磉、抄杠、打尺寸等项目,都可以就地取材,随时组织比赛。①"少数民族传统体育来源于各少数民族的生产、生活环境,具有淳朴自然、贴近生活、简便易行等特点,并且对场地器材的要求不高,活动方式多样,利于因地制宜、因陋就简地开展学校体育活动,有益于进入学校体育课堂,可以使学生在愉悦的氛围中,达到强身健体和学会自我锻炼的目的。"②

图11-2 浙江景宁民族中学校本课程

图11-3 赶野猪

图11-4 采柿子

---

① 王德洪. 对畲族传统体育导入学校体育教学内容的探析[J]. 中国科技信息,2006(1):301.

② 冯霞,尹博,李树旺. 我国少数民族体育的新发展[J]. 首都体育学院学报,2002(1):95.

如畲家拳、打枪担等项目，占用场地小，只要在平坦场地就可进行。这些项目通常所用的运动器材都可自制，每个项目都带有独特的趣味性，且简单易学。将这些项目纳入体育校本课程，既可缓解现有场地器材的不足，又丰富了学生体育活动内容，解决了少数民族地区体育教学中的困难。

（三）学校人力资源在畲族民间体育中的传承优势

1. 学生是畲族民间体育保护和传承的纽带群体

学生是一个民族的未来与希望，肩负着传承和发展这一民族文化的重要使命。在全球一体化和文化多元化共同发展的今天，传承文化是对学校教育提出的新要求，是学校自身发展的内在要求，也是少数民族传统体育文化传承的一个重要契机。在少数民族学校，可以对学生进行系统教育，在体育教育开展过程中，可以带动学生参与本民族体育项目，当学生离开校园走向社会时，通过其自身掌握的本领，将本民族体育项目发扬光大，成为民族传统体育保护和传承过程中承前启后的纽带群体。

2. 教师对体育课程的开发起着至关重要作用

基于学校的办学特色和学生实际，体育课程内容资源开发变成学校的行为。而这种开发的权力落实到体育教师身上，体育教师即成为课程开发的主力军，因此，体育课程内容资源开发对体育教师提出了较高的要求，赋予其开发的使命，换句话说，体育课程内容资源开发依赖体育教师的参与。[①] 体育教师是体育教学课程的开发者，对于课程开发起着至关重要的作用，是学校体育课程开发不可或缺的力量，也是少数民族学校中难得的教育资源。体育教师受到教育环境的影响，不仅有开发校本课程的积极性，而且经过长期的沉淀，具有一定的课程开发理论知识与实践经验。

（四）畲族民间体育项目纳入校本课程的优势

1. 畲族民间体育项目资源丰富

畲族民间体育项目的形成源于农耕生产劳动、岁时节日习俗、娱神慰祖礼俗、民族迁徙流变以及军事斗争，主要以纸质文献资料、器物图腾雕刻以及口耳相传的形式保存下来。畲族民间体育项目资源丰富，形式多样。这些项目不仅可以强健体魄，而且具有娱乐性。福建省9所少数民族中小学已将操石磉、

---

① 田菁. 体育课程内容资源开发研究［D］. 上海：上海体育学院，2008：19.

跳竹竿、赶野猪、稳凳、敬茶舞与铃刀舞等16项纳入校本课程。①

2. 畲族民间体育项目易于开展

校本课程是我国教育管理体制变革的产物，它与国家课程和地方课程并存，共同形成了我国"三级课程管理"的新格局。② 校本课程开发的意义重大，其优势在于：一是体育教师积极参与。体育课程内容资源开发对体育教师提出了更高的要求。在少数民族学校中，每位体育教师在资源丰富的学校环境中逐渐提升自我，并根据自己的特长开设相应的畲族民间体育课程。二是学生的认知与民族传承的需要。由于闽浙少数民族学校大多集中在畲族聚居地，对畲族学生进行系统教育，带动学生参与畲族民间体育项目。三是畲族民间体育项目自身优势。综观全国边远少数民族地区，有一些地区因为经济条件落后，受到场地器材限制，其校本课程项目在体育教学中无法开展，而畲族民间体育项目简单易学，对场地器材要求不高，易于普及与推广。

二、畲族民间体育在少数民族学校传承的现状

（一）畲族民间体育校本课程开发依据

1. 国家教育主管部门的指导性文件

在《中共中央国务院关于深化教育改革全面推进素质教育的决定》"调整和改革课程体系、结构、内容，建立新的基础教育课程体系，试行国家课程、地方课程与学校课程"的政策背景下，我国各级各类学校参与了体育校本课程开发，这在体育教师的专业发展、促进学生健康素质的提高、彰显学校的办学定位以及形成学校体育特色方面具有积极成效。《中共中央国务院关于深化教育改革全面推进素质教育的决定》《国务院关于基础教育改革与发展的决定》《体育（与健康）课程标准》是体育校本课程开发的主要政策依据，其中，《国务院关于基础教育改革与发展的决定》和《基础教育课程改革纲要（试行）》等，正式确定实行国家、地方、学校三级课程管理，体现了宽泛的自由度和灵活性，给学校留有较大的选择余地和广阔的发展空间，教学内容包

---

① 季晓静，王健，黄号号，等. 对体育校本课程的思考［J］. 北京体育大学学报，2010（6）：81.

② 王芳. 体育校本课程资源的开发与利用探析［J］. 运动，2016（16）：107.

括现代科学的健身方法、少数民族民间传统体育项目与新兴体育项目等。① 故学校开设的体育课程应尽可能满足学生个性发展的差异性与少数民族地域特殊性需求。

2. 畲族民间体育校本课程的开发价值

一是有利于畲族聚居地学生的自身发展和少数民族学校体育校本课程的形成,并结合学校特色,增加与其他学校不同且独特的课程内容。畲族民间体育符合当地区域特点,易于在少数民族学校开展,校本课程开发则是整合畲族民间体育项目资源的有效途径。

二是畲族民间体育具有民族特色和广泛的群众基础,项目娱乐性和趣味性强,在一定程度上符合新时期"体育与健康"课程标准要求,加速了"体育与健康"课程标准顺利实施,有利于"体育与健康"课程改革理念的贯彻实施。

三是将畲族民间体育项目作为体育校本课程开发,教师将学校课程资源与畲族民间体育特色项目充分结合起来,丰富体育课的内容,满足学生不同需求,为培养他们的兴趣、爱好和特长创造更好的条件。

四是随着外来文化的传播,现代竞技体育成为学校体育教学的重点,将畲族民间体育项目纳入校本课程,能够更好地保证畲族体育项目健康发展,对学生认识和理解畲族体育文化、树立民族自信心、增强民族自豪感与凝聚力有积极作用。

五是通过丰富体育课程内容,拓宽畲族民间体育传承途径,为畲族民间体育项目走向世界开辟一条新路线,让畲族民间体育更好地传承和发展。

(二) 畲族民间体育校本课程开发现状

1. 闽浙少数民族学校开展畲族民间体育项目现状

具体现状如表 11 所示。

表 11　闽浙少数民族学校开展畲族民间体育项目

序号	学校	畲族民间体育项目
1	福建省福州市民族中学	畲家拳
2	福建省泉州市泉港区民族中学	跳竹竿

---

① 明芮妃. 云南省少数民族传统体育校本课程开发的研究 [J]. 杭州师范大学学报, 2011 (1): 21.

续表 11

序号	学校	畲族民间体育项目
3	福建省连江县潘渡中心小学	畲族舞蹈
4	福建省宁德市民族中学	畲家拳、盘柴槌
5	福建省宁德市金涵畲族乡中心小学	畲族舞蹈
6	福建省福安市民族职业中学	打枪担、畲族舞蹈、畲族武术
7	福建省福安市坂中中心小学	畲族舞蹈、畲族武术
8	福建省福安市坂中中心幼儿园	跳竹竿、赶野猪
9	福建省福安市穆云中心小学	盘柴槌、畲族武术
10	浙江省金华市汤溪小学	畲族舞蹈
11	浙江省建阳市漳墩民族中学	射弩、弹弓
12	浙江省丽水市老竹民族学校	千人押加
13	浙江省丽水学院	稳凳、抄杠、操石磉、推石球
14	浙江省丽水市龙泉竹垟小学	单双人操石磉、跳竹竿
15	浙江省遂昌县民族学校	畲家拳、抄杠、跳竹竿
16	浙江省丽水市龙泉民族中学	抄杠、操石磉、赶野猪、打尺寸、稳凳
17	浙江省安吉县章村镇中心小学	跳竹竿
18	浙江省遂昌县三仁畲族乡小学	畲家拳、抄杠、走三棋、跳竹竿
19	浙江省衢州市沐尘畲校	跳竹竿
20	浙江省景宁县民族中学	操石磉、跳竹竿、赶野猪、打尺寸、稳凳、敬茶舞、铃刀舞
21	浙江省景宁县民族小学	摇锅、赶野猪

从表 11 的实地调查来看，福建省福安坂中中心小学将畲族武术纳入民族学校体育课校本课程。坂中中心小学新建了 600 平方米的钢结构室内体育训练馆，作为传承畲族武术的基地，并在小山哈乡村少年宫成立了畲族拳艺队、跆拳道队、鼓号队、腰鼓队等。穆云中心小学聘请全国畲族武术冠军雷盛荣到学校传授畲族经典武术。

坂中中心幼儿园在户外运动结合畲族体育元素，幼儿所用器材也是用畲乡的竹片制作的，可以进行畲族特有的竹板操练习。在体育区，利用一些畲乡的本土资源，设置赶野猪、竹竿变变变等游戏区域，在整个早操音乐和动作编排中渗透浓浓的畲族特色。①

在福安市民族职业中学的民族体育基地，学校体育教师根据畲族民间体育的特点以及学生的实际情况，把畲族武术和体育舞蹈融入学校体育教学中，学生表演的打枪担项目在福安市三月三畲族文化活动中获得好评；民间体育项目高脚多次代表宁德市参加福建省少数民族传统体育运动会。民间体育活动与体育课程的有机结合，让学生在趣味体育活动中了解和传承畲族民间体育技艺，增强了民族认同感。

浙江省景宁畲族自治县民族中学长期挖掘整理畲族民间体育，先后开发了体育艺术舞蹈敬茶舞与铃刀舞等系列项目，在畲族体育艺术教育方面取得了丰硕成果，目前已成为浙江省少数民族传统体育项目训练基地、浙江省非物质文化遗产传承教学基地（如图11-5）。除此之外，丽水老竹民族学校、遂昌民族学校与景宁县民族中学等11所少数民族学校在体育教学中都开展了畲族民间体育活动。② 畲族民间体育在这些学校得以开展，为畲族民间体育的教育传承和构建畲族民间体育传承的长效教育机制提供了宝贵的经验。

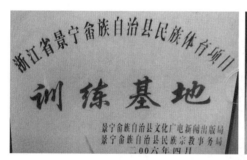 

图11-5 景宁民族中学获得部分体育荣誉证书

2. 畲族民间体育校本课程开发项目选择以及特征

畲族是我国少数民族之一，具有独特的民族文化。福安市金斗洋畲家拳有300多年的历史，由人民体育出版社出版的《畲族拳》一书，就是以福安市金

---

① 郭少榕，刘冬. 校本课程：闽东畲族文化的传承创新 [J]. 广西师范学院学报，2016，37（4）：117.

② 李晓明. 浙江畲族传统体育文化的学校教育策略研究 [J]. 教育教学论坛，2014（1）：17.

斗洋畲家拳为研究对象的。① 畲家拳是畲族民间体育文化的重要传承载体，担负着延续畲族民间体育文化的重要任务。然而，在传承过程中，出现了习练的人数越来越少、后继无人的现象。学生是祖国的未来，也是民族文化的继承者和传播者，将畲家拳等体育项目纳入校本课程，有利于将畲族民间体育项目一代又一代地延续传承下去。以畲家拳为例，在学校体育开展中应该考虑以下特性：

（1）时代性。畲家拳这一体育项目的选择与课程开发应具备时代性。长期以来，福建福安金斗洋畲家拳传承古训"传内不传外，传男不传女"，使得拳术的传承主要以宗族、家庭的形式进行。传承人雷盛荣坦言："在传承方面，我们早就改变观念，与时俱进啦。"在他悉心指导下，钟团玉成为金斗洋畲家拳第15代传人，她已多次在国际大奖赛、女子拳术赛上获奖，她本人还在学校传授畲家拳（如图11-6）。畲家拳被列入我国少数民族运动会表演项目和学校教育的运动项目。② 畲家拳已经在现代体育和现代社会中占据一席之地，并融入时代发展进程中。

图11-6 福建省非遗传承人钟团玉在福安坂中中心小学传授畲家拳

---

① 林荫生，王健民．畲族拳［M］．北京：人民体育出版社，1987：1．
② 福安康厝金斗洋："畲族武术之乡"［EB/OL］．http://www.ndwww.cn/xspd/faxw/2017/0112/38074.shtml．

（2）地域性。畲族聚居地所在的少数民族学校，在畲家拳校本课程开发中，充分利用地域特点和当地自然优势，将体育课程与地域相结合，形成了独具特色的课程。

（3）健身性。畲家拳的动作招招立足于使用，功法招式繁多，有一竹功、二竹功、桩功、三年功等招式。设置畲家拳校本课程内容时，要遵循青少年身心健康的发展规律，按照由易到难、由简到繁的原则，并且选择项目时按照年龄、年级进行划分，从简单易学的动作到难度较大的技能循序渐进地学习。

（4）多样性。按民间传统体育的性质与作用划分，将其分为娱乐竞技类、体操舞蹈类、角力对抗类、攀爬跑跳投类、技艺表演类与益智游戏类。林荫生在《畲族拳》一书介绍了畲家拳的起源，对畲家拳的步法、发力、手法及手形进行了详尽的介绍，对畲家拳的历史、武德、功法、特点等做了详细的描述。练习畲家拳不仅能发展身体综合素质，而且将其纳入校本课程，可以让学生认识和理解畲族民间体育文化，从而树立民族自信心、增强民族自豪感，使畲族民间体育得以传承与发展。

（三）畲族民间体育在少数民族学校传承问题分析

1. 畲族民间体育自身传承问题

（1）自然传承效果欠佳。畲族民间体育的自然传承被认为是一种顺其自然、跟随人们生活方式自然而然进行传承的状态[①]。畲民是畲族民间体育项目自然传承的主体，随着社会不断发展，受文化多元化、经济全球化的影响，畲族所在地域逐渐向外界开放，生产生活方式随之发生了巨大的改变。受市场经济发展的影响，越来越多的中青年畲民带着子女进城务工，留守的大部分是老人，由于体育运动需要耗费大量的体力，导致参与畲族民间体育运动的人大量减少。长此以往，畲族民间体育项目传承主体必将陷入困境。

（2）外力传承进展缓慢。外力传承是指借助主体以外各种力量（如政府行为、社会力量）而形成的各种传承方式。一方面，畲族民间体育的外力传承主要通过政府主导的方式，开展省少数民族传统体育运动会，组织参加全国少数民族传统体育运动会等形式，虽然这些比赛活动对畲族民间体育传承起到了一定的作用，但发展空间有待扩大。另一方面，社会力量对少数民族传统体育关注度不够，畲族民间体育的活动主要还是由政府举办，社会力量较少参与；而政府组织的活动规模较大、周期较长，少数民族运动会中能推广的比赛

---

① 黄淑萍. 福建少数民族传统体育现状及传承路径探析 [J]. 福建体育科技，2014 (3)：11.

项目也较少。

2. 畲族民间体育学校资源存在的缺失

（1）体育课程内容资源中存在的问题。闽浙少数民族学校较少执行体育教学新大纲，大部分学校是根据场地器材的状况来安排课程，开展畲族民间体育项目主要是为了参加全省少数民族传统体育运动会，尚未把少数民族体育融入学校体育。① 大多数少数民族学校体育虽然对场地要求不高，但由于器材短缺，不能满足畲族民间体育教学需要，因此开展畲族民间体育项目的学校较少。为了满足学生的需求，学校应该根据学生身心发展规律，结合现有体育资源，对课程内容进行一定的设计和改造。

（2）体育场地设施资源中存在的问题。对福建畲族地区少数民族学校体育器材设施配备情况的调查结果显示，畲族学校的体育器材设施普遍短缺，制约了学校体育工作的开展。如浙江景宁畲族自治县现有中小学就存在场地器材数量不足的问题。目前，大多数少数民族学校还未根据学生的实际情况，合理开发适用于畲族体育项目的运动场地，还需要学校结合周边环境，合理挖掘体育场地设施资源。

（3）人力资源开发与利用中存在的问题。在畲族民间体育开展过程中，体育教师数量还不能满足教学的需要，并且体育教师的学历偏低，体育教师的工作量偏大，工资与其他学科教师相比偏低，教师职称比例不合理。队伍面临断层的危机。在少数民族学校体育教学实施过程中，应该重视开发和利用相关人力资源，特别是对体育教师这一重要资源的开发和利用。

3. 畲族民间体育学校传承面临的冲击

（1）全球化对畲族民间体育学校发展形成冲击。随着经济与文化全球化，对中国传统体育来说，这一全球性的文化标准无疑是悲剧性的；因为起点低、速度快，必然抛弃一些优秀的国粹。② 文化全球化发展浪潮席卷所有国家，人们的生活方式在各类新兴元素的影响下发生了翻天覆地的变革。在社会发展的新时期，我国畲族民间体育受到文化多元化的冲击，民族赖以生存的环境被迫改变，畲族人口长期与汉族人口呈散杂居的状态，使得畲族文化长期受汉族文化的影响，逐渐改变了生活方式，它冲击着畲族传统文化，尤其是导致从原始生产劳动、风俗习惯、生活环境中提炼产生的畲族某些体育活动发展滞后甚至

---

① 兰润生. 福建省畲族学校体育现状分析与对策研究 [J]. 沈阳体育学院学报, 2004 (5): 653.

② 张红露. 中国民族传统体育面临的文化冲击 [J]. 体育教育学刊, 2014, 30 (4): 36.

消失。

（2）现代化对畲族民间体育学校发展形成冲击。社会现代化进程的推进在很大程度上影响了少数民族的生活方式，而与少数民族生活方式密切相关的传统体育活动也受到了影响和冲击。生活方式的转变使特定环境之下产生和存在的少数民族体育活动失去了开展的环境和条件。[①] 现代国际流行体育项目的不断涌入，对畲族民间体育产生了巨大的冲击。由于现代体育在中国的广泛开展，各种现代体育项目向人们的生活中扩散和渗透，在追求快节奏、强刺激的现代社会，人们往往选择开展西方体育项目，畲族民间体育项目逐渐被抛弃，如畲族武术被跆拳道所替代，学习畲族武术的人越来越少，使得畲族民间体育的生存空间更为狭窄，一些畲族民间体育项目面临失传和濒临消亡。

三、畲族民间体育在少数民族学校传承的对策

（一）加大校外支持力度

1. 促进地方政府对畲族民间体育的重视

相较于现代竞技体育，政府组织对畲族民间体育的重视程度还不够。各级政府应该对畲族民间体育投入更多的人力、物力和财力，使畲族体育更好地发展。[②] 为传承畲族民间体育，政府要成立相关领导小组，协商合作解决实际问题，制定体育项目发展规划，实施过程进行检查监督。政府可设置体育专项经费，制定相关政策，对挖掘、整理、传承和保护畲族民间体育给予保障，不仅要在全国少数民族传统体育运动会开展畲族体育项目，而且在生活中进行普及与推广。

2. 加强社会力量对畲族民间体育的关注

目前，福建有关少数民族传统体育的活动主要还是由政府举办，而社会组织、党群社团、非营利机构企业等这些社会力量很少参与。政府组织的活动规模较大，周期较长，如省少数民族传统体育运动会四年举办一次，能够进行推广的比赛项目很少，如果各种社会力量参与活动组织机构，则能弥补这些缺陷。实际情况是，畲族是一个典型的以散杂居为主的少数民族，人数少，使得

---

① 娄章胜，袁校卫，王振杰. 体育全球化视野下民族体育文化的传承危机 [J]. 体育学刊，2008（12）：90.

② 郭平华. 福建畲族传统体育的困境与出路 [J]. 福建金融管理干部学院学报，2006（5）63.

人们接触畲族的机会也少，对畲族的独特文化、生活习俗等更是知之甚少，故需要加强社会力量对畲族的关注。

（二）发挥学校传承内在优势

1. 结合学校地域优势，选择独具特色的体育项目进校园

少数民族学校的创办通常注重地域特色，学校课程的开设也需具有地域性特征。在畲族聚居的地域，建议各少数民族学校将畲族民间体育项目列入正常的教学计划和体育教学活动中，其中，民间体育项目进校园，既要保持民族特色，又要适应时代变迁。首先，选择独具特色的畲族民间体育项目进校园；其次，当前社会经济、文化、科技高速发展，民族传统体育在一些新兴时尚体育面前稍显落后，因此，学校民族传统体育教学应当结合时代发展，与时俱进，积极改革和创新，加强民族民间体育的创新。

2. 借鉴现代体育项目，对畲族民间体育项目适当改造

在现代化的今天，畲族民间体育与现代体育相互交融，学校在保留畲族民间体育的同时也兼顾现代体育。一方面，畲族民间体育课程的教学内容不能受学校教学大纲的限制，必要时要根据具体情况对大纲做适当的调整与修改，改变不合时宜的项目，保留积极向上的项目。另一方面，开设的项目一定要符合学生的兴趣。先将比较成熟稳定的体育项目列入教学课程，使学生在体育课程中感受畲族民间体育的趣味性和独特性。弘扬民族传统体育的优秀文化，不一味追求与发展现代体育，要使二者充分融合、取长补短，实现畲族民间体育可持续发展。

3. 加强体育理论研究，培养畲族民间体育专门人才

国家要鼓励和开展畲族民间体育相关课题的研究，完善畲族民间体育理论体系，增强学术氛围；在高校或专业院校开设民族体育理论课，增设相关民间体育专业学位，让学生了解民族传统文化，了解我国畲族民间体育文化，培养传统民族体育专业人才，并输送到中小学民族学校，传授民族知识与技能，设立畲族民间组织，积极开展讲座、座谈会等，弘扬少数民族传统体育文化，拓宽学生、大众的体育文化视野，彰显民族特色。

（三）提高学校传承效能

1. 培养学生的兴趣

学生是畲族民间体育保护和传承的纽带，在传承和发展畲族民间体育中肩负重要使命。学校开设"体育与健康"课程，以学生的发展与需求为本，逐步培养学生的兴趣与爱好。首先，教学内容选择应适合学生、趣味性强、有助

于身心健康的运动项目，教学方法和组织形式的采用强调结合学生的特点，教学评价重视学生的进步和学生的发展。其次，关注畲族学生主体地位的确立。以学生为中心，关注学生的心理感受和情感体验；要改变学生的学习方式，倡导自主学习、合作学习和探究学习。最后，课程设置要促进畲族学生的健康发展。在课程开展中，选择适合学生身心发展特征的、深受学生喜爱的体育活动。

促进民间体育的完善和发展。除了课堂上教师的传授以外，利用节庆活动，组织丰富多彩的民族体育活动，营造浓厚的民族文化氛围，让更多的学生感受到民族体育的魅力，例如，三月三的篝火晚会、九月九的登高活动、一年一次的少数民族传统体育运动会，除了这些比较大型的活动以外，坚持利用课间、课外活动时间开展竞赛活动，激发学生参加体育活动的热情，达到促进身心健康的目的；按学生的不同层次和年龄以及不同爱好，开展内容丰富、形式多样的民间体育运动项目。民间体育活动的广泛开展，不仅丰富了学生的课余文化体育生活，而且使畲族民间体育在少数民族学校得以传承和发展。

2. 创新畲族体育校本课程

大部分少数民族学校开展畲族民间体育项目，主要是为了参加全国、省（市）少数民族传统体育运动会，并没有真正把少数民族体育融入学校体育中。建议在畲乡民族学校中广泛开展畲族民间体育活动，以校本课程的形式开展。除定期举办少数民族传统体育运动会外，还要把畲族民间体育项目纳入学校正常的教学计划和体育教学活动中。有条件的少数民族学校除了把畲族体育项目纳入学校外，还可以利用课外体育活动广泛开展，争取在一些项目上形成优势，以提高畲族民间体育的总体水平。

目前，很多学校体育校本课程的开发和利用，都没有将民族传统体育纳入其中，体育校本课程内容局限于篮球、羽毛球、乒乓球以及一些新兴的休闲休育项目，应当结合区域文化特色和学校实际情况，加强畲族民间体育校本课程的开发与研究。

第十二章 畲族民间体育旅游资源的开发与利用

一、畲族民间体育旅游资源

（一）体育旅游资源的界定

《旅游资源分类、调查与评价》（GB/T 18972 2003）把旅游资源定义为：自然界和人类社会凡能对旅游者产生吸引力，可以为旅游业开发利用，并可产生经济效益、社会效益和环境效益的各种事物和因素。[①] 柳伯力等学者提出：体育旅游资源是指在自然界或人类社会中凡能对体育旅游者产生吸引力，并能进行体育旅游活动，为旅游业所利用且能产生经济、社会、生态效益的客体。[②] 据此，对体育旅游资源定义分析必须考虑三大基本要素，即体育旅游资源具有现代旅游活动客体的基本属性、吸引能力，以及利用它能产生经济、社会、生态效益。因此，本书认为，体育旅游资源是指自然界或人类社会中可开发利用能吸引体育旅游人群，且产生经济、社会、生态效益的资源总和，其中包括能被体育所利用的自然资源、文化资源以及体育设施等。

基于不同的角度，对体育旅游资源的划分也有不同。《旅游资源分类、调查与评价》提到的体育旅游资源的基本类型，主类有建筑与设施、人文活动，亚类有综合人文旅游地、单体活动场（馆）、民间习俗、现代节庆（见表12-1）。

表12-1 《旅游资源分类、调查与评价》中涉及"体育旅游资源"的基本类型

主类	亚类	基本类型	释义
F. 建筑与设施	FA 综合人文旅游地	FAB 康体游乐休闲度假地	具有康乐、健身、消闲、疗养、度假条件的地方
	FB 单体活动场（馆）	FBD 体育健身馆（场）	开展体育健身活动的独立馆室或场地

---

① 国家质量检验检疫总局. 旅游资源分类、调查与评价（GB/T 18972-2003）[Z]. 2003-02.

② 柳伯力，陶宇平. 体育旅游导论[M]. 北京：人民体育出版社. 2003：67.

续表 12-1

主类	亚类	基本类型	释义
H. 人文活动	HC 民间习俗	HCD 民间体育健身活动与赛事	地方性体育健身比赛、竞技活动
	HD 现代节庆	HDD 体育节	定期和不定期举办体育比赛活动的节日

随着生产力的解放、人们生活水平的提高，体育旅游资源也被大力利用与开发，形成了独具特色的多元资源（如图 12-1）。

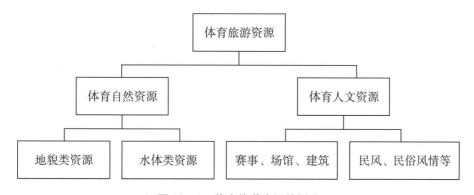

图 12-1 体育旅游资源的划分

（二）畲族民间体育旅游资源

1. 山地、海岸、水体等自然资源

畲族聚居地（畲族乡镇）自然资源丰富、类型多样，为开展各种畲族民间体育旅游项目创造了先决条件，为畲族民间体育旅游者提供了理想的去处。

畲族 77.04% 分布在闽东、浙南的丘陵地带[①]，拥有丰富的山地旅游资源，如白云山风景区、太姥山风景区、雁荡山风景区、龙麒源风景区、铜铃山风景区、云中大漈等山地旅游景区（见表 12-2）。其中，宁德屏南白水洋被称为万米水上广场、十里水街，在盛夏之时都要在此举办盛大的水上运动会。运动项目包括水上舞龙、鸳鸯板竞走、水上拔河等。畲族民间体育旅游项目的未来

---

① 胡斌，兰润生，等. 民族政策视域下畲族民间体育文化建设研究 [J]. 河北体育学院学报，2016，30 (5)：73.

开发中，可利用当地丰富的山地旅游资源，进一步开发登山、徒步旅游、森林穿越与狩猎等旅游休闲项目，定期举办专项体育赛事，不断开发与利用独具畲族民间体育特色的体育旅游项目，如别具一格的畲族山地越野、攀岩挑战赛等。同时，在旅游休闲项目、体育赛事中，加入畲族民间文化或畲族民间体育项目，以提升其活动或赛事参与度、趣味性。针对当前市场需求，合理利用当地山地资源、水体资源，建立了富有畲族民间特色的户外运动拓展训练基地、极限挑战等多样化的培训项目，参与或体验拓展型与极限型体育旅游的旅游者或团队在其中磨炼意志、挑战自我，增涉团队凝聚力。

表12-2 闽浙畲族民族乡镇及周边主要自然旅游景区

闽浙畲族民族乡镇及周边主要自然旅游景区	景区简介
1. 景宁云中大漈（国家4A级景区）	位于景宁畲族自治县中南部地区，景区集地貌景观、田园风光、古迹、农业等于一体，主要景点有雪花漈、银坑洞、时思寺、古廊桥、田园风光等，是理想的旅游度假休闲养生避暑胜地
2. 文成龙麒源风景区	位于温州文成县西坑畲族镇梧溪境内，东邻百丈漈风景名胜区，南接飞云湖、岩门大峡谷景区，西接铜铃山、石洋两大森林公园，由龙麒山、金碧滩、龙麒峡、语溪谷、飞翠湖五大部分组成，是山水旅游、休闲探险、地貌原始森林考察的好去处
3. 浙江雁荡山风景区（国家5A级景区、世界地质公园）	位于温州境内，核心景区靠近平阳青街畲族乡，主要有灵峰、灵岩、大龙湫、三折瀑、雁湖、显胜门、羊角洞、仙桥八大景区。素以独特的奇峰怪石、飞瀑流泉、古洞畸穴、雄嶂胜门和凝翠碧潭扬名海内外
4. 文成铜铃山风景区	位于浙江省文成县，拥有上万亩的原始次生林，为浙南保存最好的原始阔叶林，森林覆盖率达95%，是一处集旅游观光、探险猎奇、休闲避暑、"森林浴"于一体的胜地
5. 平阳南麂山列岛	位于浙江省平阳县东南海面，由52个岛屿组成，海洋风光秀丽，生态保持良好，是我国唯一的国家级海洋自然保护区（贝藻类），也是联合国教科文组织划定的世界生物圈保护区之一，是旅游、避暑、度假、疗养和尝海鲜、玩海水的胜地

续表 12-2

闽浙畲族民族乡镇及周边主要自然旅游景区	景区简介
6. 乌岩岭自然保护区	位于浙江省泰顺县司前畲族镇竹里畲族乡境内，是我国濒临东海最近的森林生态与野生动物类型国家级自然保护区。保护区内山峻地广，复杂的地形地貌及原始森林构成了多种独特的自然景观
7. 中国畲乡（大均）之窗（国家4A级景区）	位于景宁畲族自治县西南部地区，景区内设有畲族婚嫁、篝火晚会、畲山火神节等具有畲族特色的体验项目。还有畲族陈列馆、浮伞祠、一门三进士等文化历史古迹，是融合畲族历史文化、民族风情和自然风光为一体的综合型景区
8. 宁德白水洋景区（国家5A级景区、世界地质公园）	位于福建省宁德市屏南，是鸳鸯溪五大景区中最具特色的天然景观，平坦的岩石河床一石而就，净无沙砾，登高俯瞰，其形状犹如一丘刚刚耙平的巨大农田，平展展地铺呈在崇山峻岭之中。因其奇特的地质地貌现象而被誉为"天下绝景，宇宙之谜"，是福建省首个国家体育旅游示范基地
9. 福安白云山景区（世界地质公园）	位于福建省福安市西北部，与穆云畲族乡相连，景区划分为五个游览景区，分别为白云山、九龙洞、龙亭峡谷、黄兰峡谷和金钟山景区。景区以类型繁多、数量巨大的古地质活动遗迹为主要景源内容，以石臼为景源特征，以畲族风情、谢翱故里、太后佛厅、茶文化等为底蕴，融合佛光、午时莲、险山峻谷和奇石秀水等特色景源，是集观光览胜、科考科普、探险健身和休闲度假功能于一体的国家级风景名胜区
10. 福鼎太姥山风景区（国家4A级景区、世界地质公园）	位于福建省福鼎市境内，邻近硖门畲族乡，汇聚了太姥山岳、晴川海滨、九鲤溪瀑、福瑶列岛等自然奇观和畲族风情、佛踪道迹、民居古堡、茶乡体验等人文景观，是一处风景多样性的旅游胜地
11. 永安市天宝岩国家级自然护区	位于福建省永安市，保护区核心区及精华部分均在青水畲族乡境内，保护区拥有十分独特的自然景观与景观组合，同时保留了保护区及其周边社区颇具本地特色的传统文化、传统村落建筑和畲族民俗风情

畲族聚居地靠近沿海地区，拥有丰富的海岸资源。如福鼎佳阳畲族乡、福

鼎岬门畲族乡、霞浦盐田畲族乡、霞浦崇儒畲族乡、霞浦水门畲族乡、龙海隆教畲族乡与漳州湖西畲族乡等地拥有优质的海滩、湛蓝的海水，除了开展诸多体育旅游休闲项目之外，借助当地优良的河川、湖泊、滨海等水体资源，开展了一系列群众喜闻乐见的畲族民间体育旅游项目，如组织骑海马比赛、沙滩武术等。如发挥国家体育旅游示范基地——屏南白水洋体育休闲健身项目的引领示范作用，培育与打造以白水洋亲水运动、刘公岩户外运动为核心，融入畲族民间体育文化的体育休闲旅游板块，构建了以"生态海岸线"与"畲族民间体育"为主题的体育旅游精品线路。

2. 人文资源

丰厚的畲族民间体育人文资源是畲族民间体育旅游发展的内核与基石。畲族产业融合优势、侨乡文化优势，拓展了畲族民间体育旅游的人文资源。地方特色鲜明、绚丽多彩与内涵丰富的畲族民间传统节庆是畲族民间文化的重要组成部分，是畲族民间体育旅游发展中宝贵的人文资源，应充分发挥其功能及价值（见表12-3）。在畲族民间传统节庆中，比较大型的有二月二会亲节、三月三乌饭节、封龙节、中秋歌节等，其中三月三乌饭节在福建宁德地区，浙江丽水地区、温州地区等多地的畲族乡镇尤为盛行，又以福安三月三文化节、丽水景宁畲乡三月三活动最负盛名。畲族民间体育项目作为活动重头戏进行展演或供群众参与体验，三月三乌饭节正逐步打造成具有影响力、品牌效应的畲族风情旅游节庆活动，不仅是畲民简单的乌饭节，而且是畲族民间文化重要的展示平台，更是畲族民间体育旅游发展的宝贵资源。（见表12-3）

表12-3 闽浙畲族主要人文旅游资源统计

闽浙畲族主要人文旅游资源	人文旅游资源简介
1. 双华畲族二月二会亲节	福建省福鼎市佳阳畲族乡双华畲族二月二会亲节入选福建省首批非物质文化遗产名录
2. 中华畲族宫	位于福建省宁德市金涵畲族乡亭坪民俗村内，是畲族风情旅游主要景点之一
3. 漳浦县湖西畲族乡"五里三城"	福建省漳浦县湖西畲族乡方圆五里范围内坐落着三座城堡，即素有"国之瑰宝"之称的全国文物保护单位"赵家堡"、全国文物保护单位"诒安堡"、全省文物保护单位"蓝廷珍府第"，合称为"五里三城"，与周边景区紧密相连，相互映衬，形成独特的区域旅游网络，是不可多得的旅游胜地

续表 12-3

闽浙畲族主要人文旅游资源	人文旅游资源简介
4. 福建、浙江三月三风情旅游文化节	福建、浙江各畲族乡镇正逐步将传统三月三乌饭节打造成三月三畲族风情旅游节品牌（温州市瓯越"三月三"畲族风情旅游节）
5. 畲族风情旅游目的地	浙江省多个畲族乡镇利用本地的资源优势（畲族文化、农业产业、乡村建设、地域文化、节庆活动等），建设独具"古镇风韵、畲乡风情"的旅游目的地，如武义县柳城畲族镇、丽水市莲都区老竹畲族镇、龙泉市竹垟畲族乡、泰顺县司前畲族镇、泰顺县竹里畲族乡、文成县西坑畲族等畲族乡镇
6. 畲族民俗文化风情园（畲族民俗体育风情园）	畲族民俗文化风情园项目选址位于福州市晋安区日溪乡日溪村。拟建设集畲族文化展示馆、民族歌舞表演剧场、农家乐等为一体的综合文化旅游目的地

注：表格根据福建民族与宗教事业厅官网与浙江民族宗教事务委员会官网资料整理而成。

福建省福安市金斗洋村作为我国知名的畲族村寨，素有"畲族武术之源"的美誉。近年来，地方政府为了促进金斗洋村经济社会发展，不断完善基础设施，正努力打造成金斗洋特色村寨。金斗洋村具有鲜明的民族特征和浓郁乡土气息的三月三活动，是畲族文化旅游资源的缩影。借助金斗洋畲家拳训练基地，让畲族民间文化通过各种表演、竞技平台得以传承与发展。利用节庆活动推广畲族民间传统体育文化，一方面营造了浓厚的节庆氛围，给旅游者带来精神享受，另一方面也扩大了畲族民间武术的影响力，有助于形成动态保护的可持续发展的路子。

3. 畲族民间体育项目资源

畲族民间体育项目资源归根到底孕育在独具畲族民族特质的人文资源中。畲族民间体育是畲民传承与世代延续的体育文化形态，具有形态原始性、鲜明民族性、场地器材简易性、观赏娱乐性、社会整体性与象征纪念性的特征。可由政府相关部门、旅游企业、当地居民等进行开发与利用，并借助畲族民间节庆活动、体育竞赛表演以及其畲族聚居地的旅游景区等平台，广泛开展群众喜闻乐见的内容多样、形式多变的体育旅游项目，既可推动畲族民间体育项目的发展，又可促进畲族民间体育旅游的发展。

二、畲族民间体育旅游资源开发现状

(一) 营销宣传力度不够，企业经营理念相对落后

引起游客关注、认可与消费，是旅游产品营销的成功标准，也是旅游营销尤为重要的目标。在全面实施营销策略过程中，宣传力度的大小影响了这一目标的实现。闽浙畲族聚居地拥有诸多品牌旅游资源，如以山地资源、海岸资源、水体资源为主的自然旅游资源，以畲族民间体育项目与畲族民间传统节庆为主的人文旅游资源。地方政府尚未建立旅游营销机制体制，并且未借助地方传统媒体与现代媒体的综合优势以扩大畲族民间体育旅游品牌影响力，导致具有畲族民间风情的人文旅游资源还未在旅游行业占据重要的市场份额。

建立与创新的企业经营管理机制，有效保证畲族民间体育旅游经营主体开发管理与决策的高效实施，才能够提升产品竞争力。首先，畲族民间体育旅游经营主体规模较小，对畲族民间体育旅游开发、利用与发展认知不足，思路不够清晰，未能制定适合自身企业的发展规划；其次，旅游企业创新不够，畲族民间体育旅游品牌意识、体育旅游产品研发、营销宣传力度等方面较为薄弱；最后，国有性质的旅游企业改制不到位，畲族民间体育旅游市场开放步伐难以加快，企业竞争力与发展后劲不足，使得旅游企业难以将业务做大做强以面对国内外大型体育旅游企业的挑战。闽浙旅游企业建立现代企业管理制度、完善公司内部治理结构、进行以市场经济和现代企业制度为导向的转型与创新迫在眉睫。

(二) 旅游产品缺乏吸引力，面临同类产品竞争压力

目前，畲族民间体育旅游资源开发与利用尚处于初级阶段，与国内同类体育旅游开发产品相比，畲族民间体育旅游产品结构单一，缺乏内涵与创新，面临巨大的同类产品竞争压力。如，没有充分挖掘畲族民间最朴实的风土人情；深层次的畲族民间体育旅游产品及其动态展示较少；适合旅游者参与的畲族民间体育旅游项目开发种类和数量偏少；比较依赖当地知名旅游景区景点的发展；畲族民间体育旅游项目以畲族乡镇点分布居多；畲族民间体育旅游精品线路和景区匮乏，凡此种种，使得畲族民间体育旅游产品缺乏吸引力，无法满足体育旅游者消费需求，无法带动当地居民投入发展过程，无法让旅游企业更多地注入后续发展资金，无法抗拒同类产品的竞争压力。因此，当地政府部门与旅游企业应重视畲族民间体育旅游产品结构的调整，加强畲族民间体育旅游产

品的研发，提高畲族民间体育旅游产品的创新性，促进畲族民间体育旅游产业与文化、健康、养生等相关产业有效融合，积极挖掘、培育具有畲族民间风情且发展潜力大的体育旅游产品，大力提高畲族民间体育旅游产品的吸引力与竞争力。

（三）产业要素发展不均衡，未能形成特色旅游产品

旅游产业要素主要包括吃、住、行、游、购、娱六个方面，从旅游产业要素的角度来分析，畲族民间体育旅游发展过程中吃、行条件尚可，但受所处地区地理位置、经济社会发展水平等限制，畲族民间体育旅游目的地的游、购、娱、住等产业要素较为薄弱。如旅游景区景点附近酒店住宿条件、游客集散中心、特产购物中心、旅游公共信息系统等大多不配套或不达标，步道、野外宿营地、娱乐设施建设标准也普遍较低。要把畲族民间体育旅游做大做强，把握游、购、娱、住要素是关键。因此，畲族民间体育旅游业的产业要素需要均衡发展，使其产业链延长，在泛旅游产业发展时代背景下尤其要做到这一点，以推动畲族民间体育旅游的繁荣发展。

畲族民间体育旅游资源开发暂未形成畲族民间特色的旅游产品及产品结构。目前，开发成型的畲族体育旅游产品，以借助景点开展畲族武术类表演等观赏性体育旅游项目为主，供旅游者参与互动的体育旅游项目偏少，且体育旅游产品开发同质化，无法形成畲族民间特色的体育旅游产品的辨识度。畲族民间特色体育旅游产品是畲族民间体育旅游业吸引旅游者消费的重要指标，是旅游消费市场的风向标，因此，当地政府、旅游企业要重视畲族民间特色体育旅游产品的建设与完善。

（四）资源开发内容不够丰富，文化内涵资源有待挖掘

就畲族民间体育项目，体育文化，山地、海岸、水体等旅游资源而言，畲族民间体育旅游资源开发模式单一、规模有限，主要是依靠畲族聚居地的旅游景区开展观赏性体育旅游，可供游客参与的畲族民间体育旅游项目少。如在太姥山风景区、白云山风景区、雁荡山风景区等更多的是展现畲族民间体育舞蹈、畲族传统武艺等项目资源，仅在三月三旅游文化节上有少量供旅游者体验、参与的体育娱乐类项目，其中尚有一部分极具畲族特色的体育旅游资源处于未开发或未被重视的状态。

畲族民间体育旅游资源开发深度和广度挖掘不够，未能充分发掘其文化内涵价值与外在功能作用。如稳凳、畲家拳、竹竿舞、骑海马等体育活动项目，在畲族民间体育旅游资源开发过程中，更多地停留在表演上，对蕴含其中的文

化内涵挖掘不够,缺少畲族民间体育旅游精品项目。畲族民间体育旅游产品开发利用需要注入体育文化元素,而不是充斥浓厚的商业化气息,这样才能适应体育旅游市场消费需求。现在旅游市场中旅游者群体呈现年轻化趋势,越来越多的年轻人愿意去体验,愿意去接触不同的文化,并非只是观赏。然而,畲族民间体育旅游资源开发品种单一、尚未形成规模,缺乏文化内涵与体育拓展项目,是很难吸引年轻人这一巨大消费群体的。

（五）政府财政扶持力度有限,社会投融资体系需完善

畲族民间体育旅游资源开发与利用,以建立与完善旅游目的地吃、住、行、游、娱、购六大指标,树立畲族民间体育旅游形象与品牌,拓展畲族民间体育旅游市场,保护畲族民间体育旅游目的地的生态环境等。丰富的畲族民间体育旅游资源主要分布闽浙山地丘陵地区,社会经济发展相对落后,政府财政直接投入畲族民间体育旅游资源开发全过程能力有限,而社会资金投入体育旅游资源开发与利用时,政府对其财税减免仅停留在文件或口头上。并且畲族聚居地的多数景区由于景点属性、管理模式等原因,使得社会资金无法充分注入畲族民间体育旅游中,畲族民间体育旅游资源开发与利用资金链断裂这一矛盾更加突出。

非物质文化遗产畲族民间体育传承人作为政府认定的"活化石",地方政府对他们参加大型活动展演以及对畲族民间体育宣传等方面的资金扶持力度不够,如福建省非物质文化遗产畲族民间武术项目传承人蓝大瑞、雷盛荣、钟团玉以及宁德、温州地方非物质文化遗产传承人,大多数是自筹资金,通过个人力量举办公益性的畲族武术学校,或参加闽浙畲族三月三旅游文化节等活动。应让更多的人了解与学习并传承畲族民间武术,因此,应建立与完善以国家财政支持、当地政府财税扶持、鼓励社会融资的投融资体系,保证畲族民间体育旅游资源开发与利用的顺利进行。

（六）旅游管理人才匮乏,人才培养机制亟待建立

体育旅游作为复合型产业,人才是产业健康、快速发展的核心竞争力,需要三类人才的支撑:一是既懂得旅游经营管理又具备一定体育专业技能与理论知识的管理人才;二是具备一定专业技能的技术指导人才;三是体育旅游产品创新、研发人员。然而,根据走访得知,当前在岗的畲族民间体育旅游专业人才数量有限,大多数从业人员学历偏低,体育旅游专业知识欠缺,对畲族民间体育项目的技术和文化内涵缺乏系统研究,无法有效满足畲族民间体育旅游规模化发展的需要。畲族民间体育旅游从业人员整体文化素养不高,服务水平参

差不齐,导致出现畲族民间体育旅游产品结构无法及时调整、服务质量无法保证、市场竞争力弱等问题。地方政府相关部门和旅游企业对畲族民间体育旅游人才队伍建设尚未给予应有的重视,体育旅游专业人才和从业人员参加专业培训与对外交流的机会少,引进相关专业管理人才政策不明朗,加上畲族民间体育旅游专业人才和旅游从业人员的培养还处于探索阶段,因此亟须建立体育旅游专业人才与从业人员"走出去"与"请进来"双向结合的发展模式。

三、畲族民间体育旅游资源开发与利用的模式选择

(一)畲族民间文化生态村模式

建设闽浙民族民间文化生态村是生态保护的最佳选择,要对民族文化保存完整、民族文化资源独特而丰富的典型代表村寨加以完善与创新。畲族民间体育文化是畲族民间文化最重要的组成部分,其内容丰富、形式多样,也是畲族民间文化生态村旅游资源的重要组成。建设畲族民间文化生态村,为畲族民间体育文化传承提供空间与载体,使之成为集中向游客展示畲族民间体育文化以及民族文化的生态博物馆。城乡经济水平提升,社会休闲时间充裕,基础设施不断完善,人民生活水平和健康意识不断提高,为发展畲族民间体育旅游提供良好的经济环境、社会环境、生态环境与文化环境。利用建设美丽乡村的机遇,推动畲族乡村旅游的发展,通过政府有关部门与体育旅游企业单位,挖掘、整理畲族民间体育文化,打造融民俗体验、风情感受和运动参与为一体的特色村寨,培育特色品牌经营模式。如从民居、饮食、娱乐、体育活动形式等方面打造畲族民族特色,让旅游消费者住畲屋、品畲餐、跳畲舞、学畲拳,真真切切地感受到畲族民族文化的博大精深。如福建省福安市康厝畲族乡金斗洋村、平阳县青街畲族乡九岱村、漳浦县湖西畲族乡顶坛村等正积极利用村寨资源,地方政府和体育旅游企业联合打造海西畲族体育文化遗产廊道构建,凸显畲族民间体育文化特色,逐步推进畲族民间文化生态村建设。

(二)畲族专项体育竞赛表演模式

专项体育竞赛表演模式是指利用特殊节庆日或指定时间,在政府相关部门与体育企业协办下,举办专项体育竞赛表演活动,诸如畲族乡镇体育文化节、县市级以上的畲族专项体育交流表演赛等。福建、浙江的地方体育文化局与民族宗教等相关部门可携手搜集具有开发价值、保持独具风格的畲族民间体育项目,并进行整理归类、科学编排,利用畲族专项体育竞赛表演形式加以推广、

传播。畲族专项体育竞赛表演模式中既有规定的畲族民间体育竞赛项目，也有自由展示各地畲族特色的体育表演项目，不仅可以带动畲族民众参与畲族体育竞赛表演，而且顺应全民健身、"健康中国"等社会发展的潮流。也可借鉴综合或单项体育竞赛方式，举办区域综合性或单项的畲族民间体育赛事，逐步形成品牌效应，以此带动畲族民间体育旅游发展。如，福建省充分发挥宁德白水洋国家体育旅游示范基地作用，重点培育和打造如屏南（畲族）传统弓箭射艺健身运动会，以福安和蕉城为核心的一批参与性强、社会影响力大的畲族民间体育赛事品牌，以及提升如福鼎公开水域游泳锦标赛、屏南白水洋国际水上（皮划艇）极限挑战赛、宁德（霞浦）三沙国际山地马拉松赛、玛坑万亩茶园山地车越野赛等体育赛事水平，对畲族民间特色体育项目整理创新，与文化产业相结合，进行升级整合，丰富和拓展产业内涵，形成畲族民间体育格局。

（三）畲族民间节庆活动开发模式

节庆活动开发模式是将具有特色节庆或传统节庆进行市场化开发并改良创新。畲族每年都有许多特有的传统节庆活动，如畲族民间体育活动多在春节、元宵节、二月二会亲节、三月三乌饭节、清明节、四月八、端午节、封龙节、中秋节、中秋歌节、九月九等节庆时间举办，要充分利用这些重大节庆活动影响力，结合畲族文化、山水生态资源及地域人文历史资源举办区域性或规模较大的畲族体育竞赛表演及全民参与的体育旅游活动，主动开发市场，重视对畲族民间节庆活动的包装、品牌的宣传与销售。地方政府可利用畲族民间节庆活动开发模式，借助社会和企业力量招商引资，借助畲族民间传统节庆活动运作参与性高、观赏性强的的畲族民间体育项目，吸引体育旅游消费者参与其中，这对畲族民间体育旅游品牌的塑造具有巨大的价值。

（四）畲族民间体育旅游圈模式

体育旅游圈模式是体育旅游职能结构和地域空间结构的有机结合，是由各种要素构成的功能圈，以重叠交叉的方式，以显性或隐性的状态存在。经济、文化与教育等要素多以隐性方式呈现于旅游圈，而地理、交通、区位条件等要素往往成为旅游圈的外在表现形式。区域内或跨区域之间进行合作及交流，可以实现经济、文化与教育等多方面的受益，如福安—霞浦—福鼎（太姥山）—屏南（白水洋）、雁荡山—文成龙麒源、铜铃山—平阳南麂岛—乌岩岭、景宁畲族自治县独立体育旅游圈以及宁德与温州进行跨区域的体育旅游圈等的打造。发挥畲族地区森林覆盖率高、山水俱全、空气优良的自然资源优势，历史悠久的畲族民间人文优势，为登山、攀岩、溯溪、漂流、山地自行车、自驾游、沙滩足球、冲浪等体育旅游活动的开展提供有利的先天条件，并结合畲族民间体育项目，如畲族武术、打枪担、稳凳、打尺寸、骑海马、赶野猪、摇锅等，开展更多人们喜闻乐见的民间体育旅游活动项目，打造畲族民间体育旅游精品项目。同时，积极培育时尚休闲的民间体育休闲旅游项目，形成具运动休闲功能与度假休闲功能的畲族民间体育旅游圈。

（五）畲族民间体育特色小镇模式

体育特色小镇是指以体育为核心，将旅游、文化等多方面深度结合，形成集运动休闲、绿色生态、体育旅游、文化聚合与健康养生等多层次要素于一身的空间区域与发展平台。体育特色小镇建设成功的先决条件是必须有天然的、符合特定运动项目开展的山水生态旅游自然环境。首先，畲族主要分布于福建东部、浙江南部，畲族民间体育符合体育特色小镇建设的先决条件。其次，畲族乡镇有着丰富的人文历史旅游资源以及独具特色的畲族民间体育文化。因此，在建设畲族民间体育特色小镇的过程中，必须深度融合旅游、文化等多产业发展。福安康厝畲族乡作为畲族武术之乡，拥有深厚的畲族民间体育文化，如畲族武术、打枪担等畲族民间体育项目，屡次在国内外大赛中收获好名次，其中打枪担项目蝉联全国少数民族运动会五连冠。再次，乡域内山清水秀、独具魅力的畲族风情为建设畲族民间体育特色小镇提供了新支点，更是为畲族民间体育旅游发展添砖加瓦（如图12-2）。如，浙江景宁畲族自治县作为我国唯一的畲族自治县，拥有独特的政策优势、自然资源、人文历史资源以及历史悠久且丰富的畲族体育文化资源，为景宁建设成畲族民间体育特色小镇奠定了先天基础条件。兰溪市水亭畲族乡作为浙江省传统"体育强乡"，有着丰厚的畲族民间体育文化底蕴，在奎塘畈村的祭祖舞、畲族民间体育舞蹈队，柳塘章村的畲族织带艺术队，周邵汤村的畲族健美操队、柳家村的蹴球队等民间体育表演与集休闲、餐饮和畲族文化展示为一体的畲乡风情园项目的带动发展下，推动了畲族民间体育特色小镇建设。

（六）畲族民间体育户外基地模式

以地方文化旅游节为发展契机，以畲族民间体育为主题，优化周边市场发展环境，引导社会力量参与户外基地建设。如，在完善宁德九鲤溪户外拓展基地、白水洋户外漂流基地、福鼎山地车户外越野基地等户外基地的配套设施的基础上，融入畲族民间体育文化，实现畲族民间体育旅游与体育训练、拓展训练的有机结合。鼓励宁德、丽水、温州等畲族人口聚居的县（市、区）积极培育山地、水（海）上、越野等具有消费引领特征的时尚体育休闲项目，打

图 12-2　江南畲族村风情

造集全民健身、户外体验、畲族文化旅游与畲族民间体育活动于一体的、具备全民健身和城市旅游文化双重功能的畲族民间体育户外基地，如福鼎市太姥山山水运动休闲基地、蕉城畲族民俗体育风情园、金斗洋畲族武术训练基地等。

四、畲族民间体育旅游资源开发与利用的对策

（一）树立正确发展思路，调整畲族民间体育旅游经营理念

畲族民间体育旅游业是集经济、社会、体育、旅游等于一体的综合性产业，是增加社会就业、拉动内需、促进产业结构调整的综合性产业。因此，必须加强地方政府在畲族民间体育旅游发展中的主导地位，树立正确的畲族民间体育旅游发展思路、经营理念，制定适合自身发展的长远战略规划，明确畲族民间体育旅游发展市场定位，把畲族民间体育旅游品牌影响力做强做大，加强和扩大畲族民间体育旅游资源开发与利用的深度和广度，增强畲族民间体育旅游市场竞争力，争取占据市场主导地位，努力形成政府搭台、企业唱戏、社会支持、公众参与的畲族民间体育旅游可持续性发展机制。

完善体育、旅游等相关行业法律法规，建立健全畲族民间体育旅游发展的法律法规、政策制度，加强畲族民间体育旅游发展执法机构的建设，地方政府要把这些法律积极贯彻落实到畲族民间体育旅游发展的实际工作中，重点发展畲族民间体育旅游的景区景点，配备专门的执法队伍，对破坏建筑设施、破坏

生态环境、欺诈旅游者等违法乱纪行为要进行处罚。

（二）加大畲族民间体育旅游宣传，改进畲族民间体育旅游营销方式

地方政府、旅游企业一定要加大宣传力度，合理有效地借助电视、广播、报纸、户外广告、网络等各种媒介，投放有关畲族民间体育旅游的宣传视频或图片，在城市广场、旅游景区入口以及高速公路沿线布置畲族民间体育旅游品牌宣传图和宣传语等。旅游企业要及时掌握各级政府相关政策信息、动态和体育旅游消费市场走向，紧跟时代潮流，巩固国内体育旅游消费市场，积极开发海外周边市场。

政府相关部门及旅游企业一定要强化地区品牌的整体营销，以打造畲族民间体育旅游形象、凸显新亮点、打造畲族民间体育旅游品牌知名度为核心，提高游客对畲族民间体育旅游整体形象的认知。地方政府要积极参加国内各种体育主题、旅游主题以及体育旅游展览的推介营销活动，推广畲族民间体育旅游，树立畲族民间体育旅游品牌，加强其影响力，让更多游客感受畲族民间体育旅游魅力，吸引更多的社会资金，推动畲族民间体育旅游发展。

（三）突出畲族体育旅游文化建设，促进旅游产业要素均衡发展

在畲族民间体育旅游资源开发与利用过程中，要把畲族民间体育文化、畲族民间文艺、畲族民间饮食等引进各旅游景区景点，以情景体验的形式将畲族民间文化与现代旅游有机融合，使畲族民间文化的场景真实地呈现于旅游者面前。在畲族景区景点，应充分利用周边地区的体育场馆、博物馆、纪念馆等场地设施，结合丰富的畲族民间体育项目展示、舞蹈表演、畲族民歌等，策划举办体验性、参与性强的创意节庆活动、文体表演等体育文化旅游项目，突出畲族民间特色的体育文化内涵，提高畲族民间体育旅游的文化品位。

在畲族民间体育旅游资源开发与利用过程中，要注重旅游产业吃、住、行、游、购、娱要素的均衡发展。旅游企业应与当地居民进一步合作，在景区景点及其附近打造一定规模的畲族特色餐馆和美食街区，尤其要推出冬笋炒香菇、泥鳅鱼头汤、乌米饭、豆腐酿、糍粑等畲族传统特色菜肴。旅游企业应逐步建立与完善以豪华酒店为主、一般星级酒店为辅的住宿接待体系。地方政府应鼓励当地居民发展旅馆、家庭公寓、民宿等实惠型住宿体系，适当开发与利用畲族传统民居"土楼"，充分利用便捷的对外交通网络，加快对市区、山区旅游公路的建设，规划建设景区景点之间的专用通道，促进畲族民间体育旅游区域之间的合作与共赢。旅游企业要研发适合旅游消费市场需求的旅游商品，

运用新技术、新工艺、新材料等现代科技手段改良传统工艺，突出畲族民间特色性、文化艺术性以及商品独特性，提升畲族民间体育旅游商品的档次和市场竞争力。

(四) 整合畲族民间体育旅游资源，打造特色体育旅游产品

当地政府、旅游企业应重视畲族民间体育旅游产品结构的创新。要充分利用深厚的畲族文化底蕴和丰富的畲族民间体育旅游资源，加强畲族民间体育旅游产品的研发，提高畲族民间体育旅游产品的创新性，不断融合文化、健康等相关产业，积极挖掘、培育具有畲族民间风情且发展潜力大的体育旅游产品，促进畲族民间体育旅游产品的不断创新，引进国际时尚体育旅游项目，促进畲族民间体育旅游资源开发与利用。

在国家系统政策鼓励与支持下，在地方体育部门、旅游部门、少数民族管理部门等多部门高度重视与指导下，旅游企业应高效整合畲族民间体育旅游资源，扶持重点景区景点，发展畲族民间体育旅游，打造畲族民间体育自然旅游特色路径，推出畲族民间体育文化旅游精品线路，合理、灵活配置资源，提升畲族民间体育旅游的整体实力和吸引力，推动畲族民间体育旅游市场的发展。

(五) 加大地方政府财政扶持力度，完善社会投融资体系

地方政府应积极贯彻落实上级颁布的相关扶持配套政策，为旅游企业发展、社会资金参与畲族民间体育旅游资源开发与利用营造良好的投资氛围；应加大对畲族民间体育旅游资源开发与利用过程中基础设施建设、品牌形象建设、市场拓展、节庆活动举办等各方面的财政预算、拨款及扶持力度；地方政府要通过相关引导性政策鼓励社会资金参与畲族民间体育旅游资源开发与利用的各个环节，如社会资金所属的社会组织或团体享受相应的财政税率补贴或减免相应的营业性税收等，保证旅游企业在开发与利用畲族民间体育旅游资源过程中旅游目的地生态环境得到保护；地方政府要通过相关财政政策，保护和推动畲族民间体育旅游资源开发与利用。旅游企业应进行体制改革和优化管理模式，吸纳社会资金，保证社会资金在畲族民间体育旅游资源开发与利用过程中实现利益最大化。

(六) 健全畲族体育旅游人才培养机制，打造高素质的从业人才队伍

畲族民间体育旅游作为复合型产业，专业人才是其产业发展的第一生产力，专业人才的数量和质量直接关系到畲族民间体育旅游资源开发与利用的发

展速度、规模与质量。因此，旅游企业应携手地方高等院校相关学科，联合培养体育旅游专业人才、既懂得畲族民间体育旅游经营管理又具备一定体育专业技能与理论知识的人才；具备专项或多项专业技能的技术指导人才；畲族民间体育旅游产品创新与研发人才。

通过自身资源优势，引进专项人才开展专业化培训，如引进体育学、旅游管理、经营管理、市场营销、旅游产品研发等相关专项人才，进行畲族民间体育旅游理论知识与实践指导相结合的专业化培训。建立畲族民间体育旅游从业人才教育培训中心，引进相关专业师资，定期进行培训，鼓励专业人才"请进来，走出去"，进行业务学习与交流，逐步形成学历教育、职业教育和岗位培训相结合的从业人才培养机制，努力打造一支精通畲族民间体育旅游资源开发与利用、理论知识体系强、业务操作水平高的从业人才队伍，提升畲族民间体育旅游服务质量。

（七）注重畲族体育旅游环境保护，确保体育旅游资源开发可持续发展

畲族民间体育旅游资源是畲族民间体育旅游吸引旅游者的最基本要素和根本物质条件，保持良好的畲族民间体育文化资源和畲族民间体育自然资源，是畲族民间体育旅游发展的前提条件。地方政府、旅游企业在畲族民间体育旅游资源开发与利用过程中，应时刻关注体育旅游资源的生态环境保护，保护畲族民间体育文化资源，做好各项防范自然灾害的应急预案，保彰畲族民间体育旅游资源的可持续发展。畲族民间体育旅游资源的可持续发展与当前我国社会发展过程中所倡导的可持续发展是一脉相承的，因此，需要地方政府、旅游企业、当地居民及旅游者的共同参与。

第十三章　畲族民间体育文化的传播与发展

一、传播对发展畲族民间体育文化的作用

（一）响应国家体育文化发展政策

传播与发展少数民族体育文化，是保护与传承少数民族体育的一个重要举措，同时也是党和政府的工作重点之一。"十三五"时期是全面建成小康社会的决胜阶段，是协调推进"四个全面"战略布局、实现中华民族伟大复兴"中国梦"的重要时期，赋予了体育发展重要战略机遇。2016年5月5日，国务院发布《体育发展"十三五"规划》，其中，第九条为"加强体育文化建设，提高体育宣传和对外交往工作水平"，第三十八条为"促进体育文化大发展、大繁荣"，第三十九条明确提出："结合国家文化发展战略，传承和推广优秀中华民族传统体育项目，保护和开发体育非物质文化遗产，以体育为载体阐释中国梦，推动中华体育文化走向世界。"[1]

"一带一路"倡议的提出和深入推进，为我国体育文化发展带来了全新的机遇。2017年2月，为深入贯彻落实党和国家推动"一带一路"建设的有关要求，在体育文化层面响应国家政策，"一带一路"文化传播与经济发展课题组设立了"一带一路"与体育文化传播专项课题，课题研究涵盖物质文化与非物质文化遗产保护、旅游开发等一系列与体育文化传播相关的领域。总之，传播畲族民间体育文化是千年以来畲族民间体育文化延续与发展的重要方式之一，更是畲族地区与畲民积极响应国家政策、贯彻"一带一路"指导方针、弘扬畲族民间体育文化、促进畲族地区经济发展的必然。

（二）促进畲族民间体育文化传承与发展

文化的发展是流动的、是活性的，只有流动的与传播着的文化才有持久的生命力，否则就会故步自封和断层，从而导致消逝与灭绝。畲族民间体育文化的生产、传承与发展都离不开传播。传播畲族民间体育文化，对内意味着传承

---

[1] 体育发展"十三五"规划［EB/OL］. http://news.xinhuanet.com/sports/2016-05/05/c_128960754.htm.

本民族文化、升华文化内涵，对外则与本民族之外的文化交融而形成文化的多样性。随着时代的发展、科技的不断进步，利用现代的手段和方法传播畲族民间体育文化，已是畲族民间体育文化传承与发展的一个重要环节。传播畲族民间体育文化，积极推动我国畲族民间体育工作的开展，抢救和保护我国畲族民间体育文化宝贵财富，对我国畲族民间体育理论的研究和实践有着决定性作用，对畲族体育的未来发展与传承都有着深远的历史意义。

（三）提升畲族地区民族文化认同感

我国当前正处在文化大发展、大繁荣的关键时期，文化软实力已成为民族凝聚力与创造力的重要源泉，成为经济发展的重要支撑和国家竞争力提升的核心。体育是社会文化活动的重要组成部分，体育文化也是国家软实力的重要组成部分，充分体现了民族情感的理性建构，因此传播体育文化更重要的是构建民族自豪感。体育传播将奥林匹克精神融入我们的民族精神中，鼓舞中国人民在体育事业上不断追求。不仅如此，体育传播对少数民族的情感构建与民族认同感也至关重要。畲族民间体育文化是中华体育历史发展中一颗璀璨的明珠，但由于社会发展、外来文化的冲击以及意识形态的不断变化，畲族民间体育文化面临着弱化与边缘化的困境，甚至在畲民中其认同感都受到了一定的冲击。畲族的汉化程度较高，多数畲族民众生活方式及文化认同感都与汉族相似，究其原因，对本民族文化的认知不足是重要因素。体育作为文化传播的重要路径，在此方面起着重要的作用。以各种途径、内容及方式传播畲族民间体育文化，在很大程度上便是对畲族传统优良文化的一种情感传播。如题为《宁德福安"畲族拳"："武"动人民大会堂》的一则新闻在人民网及畲族各地新闻机构报道后，引起畲族民众以及他民族同胞对畲族拳（畲家拳）的关注，特别是对于畲族民众而言，通过此类对畲族民间体育文化的相关报道，民族认同感的重构意义得到加强，这也正是体育传播对民族情感构建的重要层面。

（四）改善了畲民的生活方式

文明社会的发展在带来经济增长的同时，也给现代人生活带来了种种困扰，身心健康是其中不可忽视的一面。体育是人类释放生活压力、提高工作效率和强身健体最好的选择。生活在畲族地区的多数畲民体育锻炼意识不强，认为劳动即可替代运动。畲族民间体育是伴随着畲族民众生产与生活实践而发展起来文的化形态，许多体育项目的发展源流与日常的生产劳动息息相关。传播畲族民间体育文化，是对畲族地区民众的体育认识进行理性灌输。通过对畲族民间体育文化的传播，畲族民众更加了解本民族的体育文化，将畲族民间体育的相关项目结合日常劳作，实现真正的身体锻炼和文化普及。如今，畲族民间体育作为校本课程在部分民族中小学中开展，近年来，连续几届的全国少数民族运动会中参赛的畲族民间体育项目都得取了好成绩。如浙江畲族地区的传统体育项目操石磉竞技表演、福建福安地区的金斗洋畲家拳等相继荣获全国少数民族运动会表演项目金奖，金斗洋村的畲家拳还走进人民大会堂表演，此类成绩让畲族民众感到自豪的同时，也提高了畲族民间体育的影响力，带动了畲族地区的畲族民间体育热。广播、电视、互联网的普及，畲族民间体育项目的声、影、文字等资料在畲族地区广为传播，从生产生活到闲暇时光的休闲娱乐，不断改变着畲族地区民众的生活方式，将体育与健康带给他们。

（五）带动畲族地区经济发展与文化产业繁荣

综观传统观光旅游产业，体育旅游产业具有独特的优势与特点。以体育文化与体育项目为内涵，开发利用体育旅游资源，为当地经济与文化的带来了新的发契机。目前，畲族多地区都相继开发体育旅游项目，如浙江丽水景宁畲族乡旅游风情度假区、福建罗源地区畲族主题公园、宁德中华畲族宫等地，都是先后以畲族民间体育文化与畲族传统节庆文化为文化背景、利用自然资源、因地制宜而开发出来的体育旅游资源。畲族民间体育文化的传播，给畲族地区体育旅游产业与文化产业都带来了积极影响，畲族民间体育文化的传播在让广大群众认识畲族民间体育、了解畲族民间体育文化的同时，吸引了各路游客前来观光体验。特别在畲族传统节日，如畲族传统节日三月三活动中，畲族各地区都举办各类节庆活动，通过畲族民间体育的表演以及体育项目的体验等，吸引畲族民众以及其他民众的积极参与，通过衣食住行等方面带动了畲族地区的经济发展。畲族民间体育文化的传播让畲族民间体育文化逐步走进千家万户，随着各式各样的体育活动的开展，体育消费以及文化建设都成为畲族地区的经济新增长点。体育产业的发展实际上就是体育文化传播的结果，体育文化的传播为体育产业的发展提供了动力和基础。①

---

① 胡毅．体育文化传播发展研究［J］．科技情报开发与经济．2009，19（31）：216．

二、畲族民间体育文化的传播现状及影响因素

（一）畲族民间体育文化传播主体

1. 传播主体发展现状

在畲族民间体育文化的传播过程中，畲族民间体育文化的传播者以及受众都是传播主体。在信息传播的整个过程中，传播者处于传播过程的首端，对畲族民间体育文化的内容、流量和流向以及受众的反应起到了控制作用。而受众作为信息的接受者，可以根据自己的兴趣和需求，对畲族民间体育文化的相关信息做出选择，并通过意见反馈去影响传播者的信息传播。所以，传播者和受众在畲族民间体育文化的传播过程中都是实践者和认识者，都具有主体地位和积极作用。

畲族民间体育文化的传播者主要是具有相关技艺或知识的畲族民众，他们在畲族民间体育文化的传播与发展中发挥着无可替代的作用，因为他们作为传播活动的发起者以及传播内容的筛选者，起着能动的作用，是畲族民间体育文化活动开端的主要带头人，是传播活动的源头，其中，项目传承人是传播主体方面是最为关键的因素。

雷盛荣作为福建省非物质文化遗产畲家拳的传承人，也是福安市金斗洋畲族村村书记，在他的影响下，其所在的村庄200多户、1000多村民几乎人人习武，金斗洋村也因此荣获"畲族武术之源"的美誉。蓝大瑞是霞浦县人，是福建省非物质文化遗产盘柴槌项目代表性传承人，在福建霞浦和浙江温州等地均开设了畲族武术培训班，积极推动畲族民间体育文化的传播。就职于浙江景宁县民族中学的体育教师蓝进平是浙江省非物质文化遗产畲族体育项目稳凳的传承人，他积极从事畲族体育项目的挖掘和传承，并以教师身份在学生群体中产生了相当大的影响力。林法宏作为畲族技艺上刀山和起洪楼的表演者与技艺传授者，在福建福安等地各节庆节日中站台助阵，在刀尖上"起舞"，为游人献艺。无论是传承人还是技艺表演者与传授者，对畲族民间体育文化的传播都起到关键性的促进作用。

除了在畲族民间体育文化信息传播和人际互动过程中少数具有影响力、活动力的人即"意见领袖"传承人为主要的传播者外，随着印刷媒介和电子媒介的发展，为畲族民间体育文化服务的杂志、报纸、广播台、电视台、通讯社等机构的编辑、记者、摄影师、播音员、节目主持人等以及对畲族民间体育文化内涵具有见解的畲族家庭成员和外族研究人员，畲族民间体育的习学者、表

演者，畲族地区少数民族学校的畲族体育教师，畲族地区政府相关负责人，社团负责人，等等，都在不同的岗位上传播着畲族民间体育文化，都是畲族民间体育文化传播主体中的传播者。在传播主体中的受众方面，与畲族传播者直接或间接接触和获取畲族民间体育文化相关信息的人或组织也扮演着传播者的角色。综上所述，畲族民间体育文化的传播主体就是传递畲族民间体育文化信息的人，根据不同的传播目的，传播者根据自己的需求与认知，将信息转换成不同的传递符号，通过多种不同的渠道与方式传递给广大受众，并对畲族民间体育文化传播受众的反馈做出反应。①

2. 传播主体发展影响因素

关于畲族民间体育文化的传播主体，在畲族民间体育文化的发展过程中呈现出的问题具体有以下几个方面：

（1）传播主体文化层次偏低，本民族体育传承意识淡化。在传播学中，传播主体是传播活动的发起者，是传播内容的甄选者和过滤者，带有强烈的自主性，选择制作何种信息传播给受众，通过什么媒介、以什么样的方式传播给受众，都取决于传播主体，传播主体控制着传播内容、方式和过程，由此可见传播主体在传播过程中的重要作用。然而，畲族民间体育文化的传播者却呈现文化素质不高、数量稀少等问题。据2010年第六次人口普查资料显示，畲族人口共有708651人，约76%为农村人口，大部分畲民仍然生活在经济发展较为落后的乡村，受教育程度普遍偏低，观念落伍，提高畲民的文化素质、转变其思想观念已势在必行。

随着生活环境的改变，以及受到国内主流文化和西方文化全方位的冲击，畲民的宗教信仰和日常生活规范发生了深刻的变化，对本民族文化的认同感不像过去那样强烈，对土生土长的畲族民间体育文化也缺乏足够的认知，因此，畲族文化的继承者、引导者、传播者和弘扬者面临着许多问题和困难。首先，畲族只有本民族语言，没有本民族文字，传承多半是依靠民间口口相传与因人而传的方式，具有被动和不确定性。而随着传承人的逐渐老迈和离世，畲族民间体育文化传播主体中最关键的传播者的数量逐年减少。其次，由于畲族民间体育文化的传播者文化层次以及对畲族民间体育文化的理解水平参差不齐，致使畲族民间体育文化在传播的源头出现认知问题，其传播内容也发生相应改变，从源头的传播者到信息的接受者即受众发生了一些转变。

畲族民间体育专业人才与传播人才日渐匮乏。调查发现，畲族民间体育教练员、运动员、经营管理人以及专业的信息传播者都十分稀缺，人才的匮乏严

---

① 赵晓春. 农业传播学［M］. 北京：中国传媒大学出版社，2005：67.

重制约着畲族民间体育的传播和发展。许多身怀绝技的传承人年事已高，传承与传播人才出现青黄不接的现象，传承与传播危机日渐突出。许多畲族民间体育项目都是依靠口授和行为方式进行传承与传播，一旦传承人过世，技艺也随之消失或濒临消亡，这对于传承传播与发展将产生严重影响。由于欠缺大批的专业化人才，传播质量与传播效果令人担忧。尤其是对外传播，传播者必须掌握一项或几项畲族民间体育项目的基本技能，既懂得畲族民间体育文化，又知晓畲族民间体育文化的精髓，能熟练掌握技巧以及其他外在表现形式，即项目的规则、游戏规则等；不仅要有敬业精神、过硬的技术，还要掌握民族文化的发展历史，而现今的传播者显然未达到这一层次。

（2）对"意见领袖"扶持力度不足、管理不到位。畲族民间体育的项目传承人作为畲族民间体育文化传播中的"意见领袖"，在传播活动中的影响力还未能达到相应要求，究其原因，除畲族民众民族意识淡化外，政府及各部门扶持力度不够、宣传力度不足等也是原因之一。政府在畲族民间体育文化传播中处于传播主体地位，政府干预和指导畲族民间体育属于一种组织行为，是组织传播的一种。调查发现，在畲族民间体育传播发展历程中，福建省相关政府部门仅在个别项目上给予一定的资金扶持，如全国（省、市）少数民族传统体育运动会中获得好成绩的舞狮、打枪担、打尺寸等项目，除此之外，其他深受群众喜爱的项目，如骑海马、举八吨与舞龙头等扶持不到位，且存在体育部门与民宗部门管理交叉、管理缺失等职能不清的问题。[①]

以下是笔者对畲族民间体育项目盘柴槌继承人蓝大瑞的部分访谈记录。

问：您觉得畲族武术传承中最大的困难是什么？

蓝：最大的问题是场地问题。体育场原来的老办公楼原来是借给我用的，现在收回去了。练武术需要大的场地，租大场地租金又高，一年要十几万。然后资金最好再补助一点。我们霞浦地区经济条件比较落后，收学生费用高呢，收不上去；收得低，开支不够。其实我们每天都想办（畲族武术馆），但是一个场地问题，另一个资金问题的制约，都办不下去了。

问：您接触到过民间的畲族武术有关的社团组织吗？

蓝：接触过。之前办了畲族武术培训中心。市体育局王副局长说我可以办一个少数民族武术协会，我也找人商量过，想要办一个这样的武术协会，但是要几万块的注册资金，要自己掏钱，协会没有收入来源。后来就开不下去了。

问：您知不知道现在国家已经出台政策，政策中提到必须给予传承人场地

---

① 郭庆光. 传播学教程［M］. 北京：中国人民大学出版社，2004：134.

和补助用来传承非物质文化遗产？

蓝：我还不知道。

问：您在传承畲族武术中出现困难的时候有跟领导反映过吗？

蓝：有反映，前几天我还在跟领导反映关于场地和资金的事情。

问：有的学校已经把畲族武术融入学校体育课程中，您有想过去学校传授吗？

蓝：有想过的。2015年的时候我也联系了当地的几所学校，有（霞浦）一小、（霞浦）二小、民族小学，但是校长们都认为学生只要学好文化课就行了，体育课也有足球、篮球、排球，畲族武术不需要。我原本打算把训练场地设在民族小学的，只要腾一块空地给我做办公室就行，课余时间带着同学们在操场上练。结果校长说学校地少，没有多余的地方腾出来。

问：您认为政府要保障你们的传承工作，要采取哪些方面的措施？

蓝：最好领导帮助提供一块场地，资金方面稍微补助一些，我就会有信心。

在与蓝大瑞的交谈中，不难发现，作为仅有的几个畲族民间体育文化传承人、畲族民间体育文化传播主体中的"意见领袖"，目前面临着几个主要问题：一是政策支持问题。无论是在社团方面，还是学校教学方面，都得不到相应的支持。二是资金与场地问题。缺少资金和场地，无法进行体育项目的传授与畲族民间体育文化的传播。政府相关管理部门的有效指导与支持是畲族民间体育文化传播发展最主要的条件，畲族民间体育的发展并没有引起相关政府部门的足够重视，没有建立畲族民间体育文化良性发展机制。在缺乏职能部门有效管理和稳定资金支持的背景下，畲族民间体育事业的持续发展几乎是不可能的。

（二）畲族民间体育文化传播对象

1. 传播对象类型及现状分析

作为非物质文化遗产畲族民间体育文化，在千年的传承与传播中都离不开传播主体与传播对象，其中传播对象是畲族民间体育文化传播过程中的重要环节，是关系传播成功与否的关键。而畲族民间体育文化的传播对象范围广泛，主要的传播对象所处的社会环境、社会经历、受教育程度不同，综合素质、心态有所不同，兴趣、爱好、性格、价值观、态度等也就不同。畲族民间体育文化的传播对象主要包括以下三个方面：

（1）有形传播对象和无形传播对象。有形传播对象是指目前正在进行畲族民间体育的学习与训练者，包括体育项目传承人的徒弟、表演者，社会上、学校里的畲族体育学习者以及在各种场合参与体验畲族体育项目的参与者等。这一部分传播对象是畲族民间体育传播者能看到并直接交流的人群，也称为技术传播对象。无形传播对象是指通过网络、图片、视频，畲族民间体育相关书籍、杂志、宣传标语、画册等接触与认识或希望参与学习畲族民间体育的人群。这一部分传播对象传播者看不到且无法与之直接交流，也称为文化传播对象。在条件允许时，有形传播对象和无形传播对象可以转换。

（2）期望传播对象、客观传播对象和即将传播对象。期望传播对象是畲族民间体育传播者预先期望的传播对象，如畲族民间体育项目传承人以及具有技艺的人群、所传授的徒弟、相关项目的表演者、比赛练习者以及在校学习畲族民间体育的学生等。客观传播对象是指目前正在接受畲族民间体育技术、文化传播的，现实的、客观存在的传播群体，如畲族三月三节庆活动中的参与者、网络等各种媒体的受众、畲族民间体育节目的观看者等。即将传播对象是指潜在的传播对象。这部分人群在适当的时候就会成为客观传播对象，他们是畲族民间体育应该积极争取、发展的人群。如果说期望传播对象是过去时，那么，客观传播对象就是现在时，即将传播对象则是将来时，这是一个延续的过程。即将传播对象是一个不确定的人群，因此要求畲族体育工作者努力使更多的即将传播对象变为客观传播对象。畲族民间体育文化传播工作做得越好，客观对象就越多，畲族民间体育文化的发展与传承也会越顺利。

（3）对内传播对象和对外传播对象。对内传播对象是指畲族本民族的群众、畲族地区的居住者及畲族体育学习者，这类人群是畲族民间体育文化的最直接传承者，畲族民间体育文化能否在未来得到更好的传播与发展，他们起到了决定性作用。而对外传播对象是指畲族以外的我国其他民族人民以及其他国家与地区的人民。在积极发展对外传播的同时，绝不能忽视对内传播的重大使命。

2. 发展传播对象影响因素

（1）传播对象针对性弱，受众策略不足。目前，畲族民间体育文化的传播对象还存在很大的局限性，在有形对象传播中，主要以畲族武术培训班、民族学校畲族体育项目教学、畲族民间节庆活动中的体育表演以及畲族地区旅游开发中的畲族体育项目体验等为对象。其中，节庆活动多以畲族传统节日三月三为契机，畲族地区纷纷举办各具特色的三月三畲族节庆活动，以节庆活动带动特色旅游发展，以旅游带动畲族民间体育文化的传播。在节庆活动以及旅游项目中，畲族民间体育文化的传播对象较多的还是畲族民众，外来民族及地区的参与群众多为普通游客，对畲族民间体育文化的了解只停留在表面，并未具备深度认识，往往"过后既忘"，少部分是对畲族民间体育文化有潜在兴趣的群众。由于畲族民间体育文化在活动及旅游传播中缺乏针对性的传播策略，传播收效甚微。未根据不同的受众对象制定相对应的传播策略是目前畲族民间体育文化传播中的不足之处，需要从各级政府到畲族体育相关负责人及活动主办方等多方面的共同努力加以改善。

（2）传播对象人群范围狭窄，传播影响力不足。除了现场的有形传播外，无形传播对于畲族民间体育文化的传播也至为关键。无形传播是将即将传播对象转变为客观传播对象的重要手段。目前，畲族民间体育文化的无形传播对象主要是各地通过报纸、网络获取信息的阅读者，畲族相关研究学者以及通过网络各平台主动或间接获得相关信息的互联网用户，如游客参与节庆活动或旅游项目时常常会以各种网络工具进行视频、照片、文字等传播。总体而言，网络技术的发展虽然对畲族民间体育文化的传播产生了历史性的变革，但由于畲族民间体育文化的传播者在网络传播中各方面工作还有所欠缺，导致传播对象还处在较狭窄的范围，未能真正扩大传播对象的范围。在文化传播的传播对象选择中，畲族民间体育文化传播者并未做到全方位地满足传播对象的需要，对他们的动机缺乏分析，如传播信息虽然满足了传播对象的文化认知以及视觉享受的需求，但未满足他们强身健体方面的需求，这些畲族民间体育文化内涵的重要组成部分在传播中并未得到体现。

（三）畲族民间体育文化传播内容

1. 传播内容现状

（1）传播生产生活习俗内容。畲族大部分居住在大山中，以务农为主，主要种植大豆、番薯、水稻、玉米等农作物，从生产生活习俗中传承与传播的项目，如赶野猪、骑海马、打尺寸、打枪担与操石磉等逐渐发展成为畲族民间体育。如，由于大山里野猪较多，经常破坏畲民的农作物，有时甚至造成颗粒无收。由于野猪对民众也具有一定的攻击性，畲民单凭一己之力难以有效打击它们，于是便集中起来组成"赶猪大联盟"，这就是后来的赶野猪活动。从传播学角度看，畲民这一举动就属于传播类型中的人际传播，大家组织到一起，有一个共同的目标——赶打野猪。在此事件中，野猪充当着信息源的角色，而畲民在农作物遭受破坏这一事件中则处于被动地位，充当了信息的接受者，也就是受众。从意识到事件的严重性再到有效组织力量打击，这也就是传播学上的反馈。这就完成了信息传递过程，构成了一个传播整体事件。打野猪需要借助一定的方式与方法，于是畲民就在家里演练。在演练过程中，畲民有交流，有沟通，这些都是信息的流通，从而形成传播活动。①

（2）传播民间武术活动内容。畲族武术是畲族人民在长期与自然、社会斗争中逐渐积累而形成的一项体育文化活动，是其锻炼筋骨、自卫防身、获取食物、反抗外来侵略的重要手段。畲族武术主要包括棍术和拳术两大类，福建省罗源的八井、福安的金斗洋、福鼎的浮柳、霞浦的四斗等畲族自治村是遐迩闻名的拳术之村，畲家拳以康厝金斗洋村最负盛名。金斗洋畲家拳是南少林武功中的一支流派，它动作朴实无华，招招讲究实用，别具一格。这些畲族村寨，人人习拳，人人练拳，全村老少习武，场面颇为壮观。畲族武术不仅可以强壮身体、弘扬畲族民间体育文化，其表演也是当今畲族民间体育传播活动中重要的一部分，在节庆活动和民族运动会的表演比赛中占有举足轻重的地位。

（3）传播岁时节日习俗内容。我国各民族都有传统节日和喜庆节日的表达方式，丰富多彩的民族民间体育使得各民族节日更显热烈隆重，不仅为民族节日增添了迷人的风采，也促进了体育文化的传播。由于自然条件的阻隔，畲民大多生活在狭窄、传统的村寨中，只有在民族节日中才进行集体传播活动。登山活动是畲族地区最富群众性和民族特色的活动，每逢二月二、三月三、九月九等重大节日，畲族聚居区如福安、霞浦、福鼎都会展开大规模的群众性登山活动。在鸟语花香之中、山明水秀之间，成千上万畲民身着盛装，扶老携幼，载歌载舞，登福安白云山、福鼎太姥山与南雁荡山等名山。比赛时，不分地域与性别，就连看客都可以参与，最先登上山顶指定地点的即为获胜。② 再如，每逢丰收、春节，畲民最热衷的传统体育项目是举八吨，一人站在一人肩膀上逐层叠加至 8 人后，最底层的人自转一圈，再向前行走若干步，一时锣鼓喧天、欢呼声四起。这些起源于岁时节日习俗的畲族民间体育项目独具鲜明的民族文化特征。

（4）传播娱神慰祖礼俗内容。原始宗教往往是多种文化生根发芽的土壤，畲族民间体育文化也不例外。宗教信仰作为人们根深蒂固的理念，有约束规范的作用。淳朴善良的畲民对于自然界既充满感激，又充满畏惧，形成了自然宗教信仰，产生了鬼神崇拜、祖先崇拜。畲民传承至今的宗教思想源自盘瓠传说和祖先信仰。《山海经·海外西经》记载："大东之野，夏后氏于此舞九代。"因此，在祭拜等宗教仪式活动中就有体育、舞蹈活动。畲民敬奉鬼神，十分崇

---

① 何义珠，李露芳. 新媒介环境下的畲族文化传播研究［J］. 图书馆工作与研究，2013（2）：90.

② 兰润生. 福建省畲族民间体育保存现状及保护措施研究［J］. 西安体育学院学报，2005，22（2）：55.

拜祖先，这在畲族民间体育中多有表现，如舞铃刀、前岐马灯、狩猎舞、龙头舞和踏步舞等。龙头舞是畲族迎祖请龙头公仪式上的活动，狩猎舞是为祭祀畲族祖先忠勇王的活动，踏步舞是祭祖仪式中的活动，与浙江省的功德舞相似，两者都是祭祀性舞蹈，稳凳是祈求神灵消灾驱邪保安宁的活动，传师学师是祭祀祖先时的活动，等等。据实地调查，最初的舞狮是驱恶避邪的宗教祭祀。再说舞龙，畲族舞龙具有悠久的历史，有的地区舞整条龙，有的地区只舞龙头，这是畲族特有的，与龙头祖杖有密切的关系。福建畲民的祭祀节日较多，祭祀内容丰富。从宗教祭祀活动中衍生而来的这些畲族民间体育项目有着深厚的生长基础，使得福建传统体育以娱神慰祖礼俗为载体进行传播，并得以完整地保存下来。①

（5）传播自卫与战争活动内容。政治、经济和文化的发展和社会的变迁，也是畲族民间体育的萌发和发展的传播过程。打尺寸相传是根据畲族英雄蓝奉高以断弓横扫敌箭的传说演变而成，尺代表弓，寸即箭。这个传说表达了畲民的理想追求和意志诉求，以及反抗压迫、反抗剥削的决心。同样地，抄杠项目的发展充分说明了畲族民间体育的传播发展过程。抄杠是一项强身健体、自卫防身的体育活动，它源自畲族旧时抗击压迫和外侵之敌、保卫劳动果实而采取的防身活动。② 古时畲族居住于深山丛林之中，面对猛兽和侵略者，扁担、挂棒与柴刀这些劳作工具成为他们自卫防身的武器。久而久之，这种防身活动便成为畲民喜爱的体育活动。这些具有浓郁民族风格和独具地方色彩的传统体育源远流长，是中华民族丰富体育文化遗产中的一颗绚丽璀璨的明珠，也是我国社会主义体育事业的一个重要组成部分。

2．传播内容影响因素

（1）理论基础薄弱，表现形式单一。在传播学中，传播内容是由信息和符号构成的，符号是信息传播过程中的外在表现形式和载体，信息本身的意义是传播内容的精神主体，传播媒介是符号进行传播的载物实体。在畲族民间体育文化的传播中，从传播学的范畴进行分析研究，畲族体育活动本身就是传播中的信息，活动中的各类体育动作、拳法棍术、传统服饰等都是活动信息的外在表现形式的传播符号，传播的内容便是畲族体育文化中所包含的畲族民间体育文化精髓及畲族体育文化精神。由于传播过程中作为"信息"部分的畲族

---

① 兰润生，林荫生．试论福建省畲族传统体育的历史源流与发展［J］．北京体育大学学报，2004，27（3）：305．

② 兰润生．畲族传统体育项群分类研究［J］．沈阳体育大学学报，2005，24（1）：121．

民间体育活动自身存在内在文化理论基础薄弱、外在缺乏竞技性等不足，对畲族民间体育文化传播中的内容造成一定的障碍，在一定程度上制约了畲族民间体育文化的传播。

畲族没有本民族的文字，汉化程度很深，日常都使用汉语与汉字，因此畲族体育文化的理论基础薄弱，而畲族体育多以言传身教即以人际传播的形式进行传播，在传教过程中缺少科学的理论指导，使得畲族民间体育文化缺乏深厚理论基础，在传播中无法向纵深方向发展，文化内涵不够突出。造成这种现象的主要原因有：①畲族在历史上受到压迫与歧视，畲族民间体育受到了很大程度的冲击，一些史料和典籍未能保存下来；②对仅存的一些记载畲族体育活动的史料进行研究，发现史料多为官方记载，与实际情况存在不小出入；③畲族历史悠久，加上畲族地区经济发展较缓慢，一些简单的畲族文字符号无法准确记载体育活动。

（2）重表演，轻竞技。从生活劳动和生存技能中产生的畲族民间体育，很多项目都充满趣味性和娱乐性，如舞龙头、猴护蛋、操石磉、虎抓羊等，不仅具有极高的观赏价值，而且能强身健体，促进人们相互交流、身心愉悦与和谐相处。独特的自然环境和社会环境，塑造了畲族民间体育的一个鲜明特点，就是重表演，轻竞技，如果只是表演性的项目，并不能满足人们对体育欣赏的愿望与需求。因此，要使传统体育项目持续受到人们的喜爱，必须在力度和难度上下功夫，形成既拥有体育技巧性又有竞争性的体育项目，达到健力美的和谐统一。

畲族民间体育文化可以朝着多元化方向发展。从我国传统体育发展的现状来看，奥运战略计划与全民健身计划两个方面尚未发挥传播的功能作用。一方面，畲族民间体育文化项目缺乏强烈的竞争性、相对的统一性、严格的组织性与强烈的趣味性；另一方面，在保留畲族传统的、多样性的以及原生态的体育项目的同时，没有从健身的科学性和大众易接受性这两个角度来发掘它的价值。就畲族民间体育65个传统项目来看，大部分是娱乐与表演类项目，竞技性强的项目凤毛麟角。因此，需要进一步提升畲族民间体育项目的竞争性，在现有的社会文化、生产方式与生活条件基础上，对这些项目进一步改造与创新，使畲族民间体育文化得以快速传播，并吸引更多的人参与传播，促使畲族民间体育得到飞跃式的发展。

在对外传播过程中，对畲族体育项目的整合，畲族体育文化中最有代表性的内容以及表现形式尚未充分体现出来。在现阶段，当地传媒没有将最能代表畲族体育文化特色的内容作为重点进行传播，尚未做到"重点突破""特色突出"，如畲族民间体育文化精神与核心内涵都没有成为当地传媒机构对外传播的重要内容。当地传媒在内容选择时，没有考虑汉畲文化的差异、认同与融合，没有把受众容易接受的内容作为重点，致使畲族民间体育文化的精髓没有被传播到畲族受众当中。因此，我们要对畲族民间体育活动坚持不懈地进行改革、创新、发展，体现竞技性，完善其竞赛规则，并使竞赛规则逐步与现代竞技体育接轨，代代相传。

（四）畲族民间体育文化传播途径

1. 传播途径现状及分类

福建省非物质文化遗产畲家拳传承人钟团玉在访谈中谈到，畲族传播的有效途径，一是通过现代互联网和其他通信工具传播，如手机、社交平台等；二是参加一些活动或比赛；三是在社区、学校开设畲族武术兴趣班，通过传授来传播；四是通过文字、图片或书籍传播，让更多人知道这不仅仅是畲族民间体育，还是一种文化。以下针对钟团玉所描述的几种有效传播途径，从人际体育传播、组织体育传播、大众体育传播等方面进行分类研究。

（1）最直观、丰富的传播方式——人际体育传播。在畲族民间体育文化的传播中，人际体育传播是最重要、最直观、最丰富的传播方式。畲族民间体育文化流传至今，所保存的文字与图片等物质资料少之又少，之所以能流传至今，多得益于畲族内部口口相传、代代相传的人际传播方式。现如今，虽然传媒技术迅速发展，传播途径多种多样，但人际体育传播依然是畲族民间体育文化传播中最为重要的一种传播途径。①

目前的人际体育传播主要途径是：在畲族民间体育文化的传播活动中，畲族民间体育运动参与者在一起交流体育项目经验、训练心得和方法等；在民族学校及培训班，老师手把手地教学员练习畲族体育项目；在畲族民间节庆活动中，现场观赏畲族民间体育项目表演；体育比赛或活动前，教练或指导人员向队员讲述比赛规则方法，赛后记者对获奖的参赛选手进行采访；在日常生活中，畲族民间体育项目传承人、习学者和畲族民间体育的爱好者、研究者通过电话、网络等途径进行畲族民间体育相关内容的交流；等等。

在人际体育传播中，传播者不仅可以使用语言，而且能够运用表情、眼神、动作、色彩、标志等多种手段来传达信息；同样，受传者通过多种方式来接受信息。以下是笔者与钟团玉的访谈记录：

问：您在对孩子们教授畲族体育的时候，一般是如何教学的？

---

① 朱宙炜，张胜利. 体育传播学导论［M］. 北京：北京体育大学出版社，2007：5.

钟：畲族武术还是在于亲身传授。武术博大精深，语言传授和文字传授不生动，孩子们难以消化其中的精髓，通过动作比画传授和指导，更容易渗透入心。

问：在体育比赛和表演的时候，您和您队友们之间的交流一般通过什么方式，比如语言、手势、眼神？

钟：武术这种民间体育不同于现代体育，不单听号令或通过语言传达来告知队友，畲族武术形成的是一种默契的合作，它需要双方一定的灵敏反应和无声的默契，在上一个动作未完成的时候就要准备好下一个动作的对接，甚至当队友变化未知招数时，你要懂得如何配合，这就是畲族武术的魅力。

问：您认为，在畲族民间体育表演中，什么因素比较能吸引观众的眼球，达到传播的效果？比如畲族民间体育的艳丽的服装效果？高难度的动作？动作整齐划一等？

钟：随着时代进步，现代人比较容易接受创新，所以我们要在保留传统的基础上增加一些新的元素。像武术招数和套路，进行一些变化，结合一些现代的体育元素，给观众视觉冲击。在服饰方面还是追求舒适美和服饰美，这是一种传播畲族文化的方式。在动作上与时俱进，需要创编。对于比赛，保留其精华，增加一些高难度动作；对于表演，其本身就是一种舞台形式，我们更多的时候倾向整体效果，表演形式更注重团队的阵势，把武术的健力美呈现出来。

从访问记录中可以看出，在畲族民间体育文化的人际体育传播中，以动作的形式进行的传播是极其重要的，而服装、图腾等外在因素对传播也带来了积极的影响。而在动作的表现上，关键在于与时俱进，结合传统的动作进行创新，以达到更好的传播效果。

通过实地走访发现，在畲族地区，畲族民间体育项目的传播除教学、比赛、表演之外，多数群众都是用语言交流的形式，说明语言在信息传播的过程中起到了主导的作用。由此可见，在不同的情境下，人们会根据自己的习惯选择不同的信息传播方式。同时，畲族民间体育文化作为一种语言符号，不仅丰富了畲民的文化生活，也感染和吸引着其他各族人民参与畲族民间体育体育活动，使人们对畲族有了更多层次的了解，促进了各民族文化的交流和发展。

（2）至关重要并起引领作用的传播方式——组织传播。体育的组织传播是体育组织内部的信息传递，包括体育组织与成员、成员与成员之间的信息传递、角色沟通和感情沟通。畲族民间体育文化的组织传播在畲族民间体育文化传播发展的过程中起到领导者的作用，畲族民间体育社团，畲族宗族、家庭，少数民族学校、畲族武术武馆，政府机构如民宗局、文体局、旅游局，等等，都是畲族民间体育文化的组织传播者,而少数民族体育赛事、畲族节庆活动中的畲族体育活动以及畲族地区体育旅游项目的开展等是畲族民间体育文化的组织外传播的主要形式。

组织传播对畲族民间体育文化的传播发展以及文化的交流起到了至关重要的引领作用。例如,由政府、文体局等组织举办的畲族体育赛事活动,由畲族宗族等组织的传统节庆纪念活动,地方政府及企业开发的畲族体育旅游项目,等等,传播活动都具有一定的规模,参与者也从几十人到成千上万人不等;在传播内容方面大多都是指令性、指导性、说明性的内容。①

1)赛事传播。赛事传播是畲族民间体育文化组织体育传播的一个重要形式,通过赛事的举办,可以让大众亲身参与体育畲族民间体育项目,将畲族体育项目所展示的体育文化以赛事形式直观地呈现在他们面前。如每年的4月,浙江省景宁畲族自治县都会举行"全民畲族体育大闯关暨畲族体育项目综合展示活动",不仅有传统的竞技比赛千人押加项目,还有激情四溢的畲族体育闯关大挑战以及妙趣横生的趣味活动,带给大家别样的享受。浙江泰顺县司前镇小学在每年5月举行"体育节暨畲族民间体育竞技展示活动",活动为期两天,结合不同年龄段学生的特点,分低、中、高三组同时进行比赛。从2018年开始,该校在原有项目基础上,添加了赶野猪、抄杠、摇锅、操石磉等畲族民间体育项目来丰富体育节,让学生在体验竞技比赛趣味性的同时,激发热爱、传承民族文化的热情。温州周山畲族乡以畲族民间体育为比赛项目,从2012年至今,每年6月举办社区民族运动会。而福建东坂畲族村则在每年11月举行村民运动会。此外,在每届的全国少数民族传统体育运动会中,畲族体育项目均获得了良好的成绩,为畲族民间体育赢得了荣誉,促进了畲族民间体育文化的传播。

除传统的畲族民间体育赛事外,许多国际重大赛事也在畲族地区举行,为畲族当地的传统民间体育文化传播带来了新动力。从2015年起,每年4月,在福建畲族聚居地福鼎都会举行"'太姥山杯'全国山地自行车越野赛";2017年7月,首届"浙江景宁畲乡国际铁人三项赛"在浙江景宁举行;福建首个山地自行车训练竞赛基地于2017年在福鼎市硖门畲族乡柏洋村成立,当地依托训练基地,引进农业开发有限公司开办农家乐,让游客体验畲族农家家生活,带动畲族地区农业和旅游产业发展,打造畲族地区生态农业、旅游观

---

① 李文瑶,体育传播学视角下新疆锡伯族射箭运动研究[D].乌鲁木齐:新疆师范大学,2014:54.

光、体育赛事相结合的美丽乡村。①（见表13）

表13 畲族地区体育赛事统计

畲族民间体育赛事	时间	地 点
全民畲族体育大闯关暨畲族体育项目综合展示活动	每年4月	浙江景宁畲族自治县
体育节暨畲族民间体育竞技展示活动	每年5月	浙江泰顺县司前镇小学
社区民族运动会	每年6月	浙江温州周山畲族乡
村民运动会	每年11月	福建宁德东板畲族村
"太姥山杯"全国山地自行车越野赛	每年4月	福建宁德福鼎
浙江景宁畲乡国际铁人三项赛	每年7月	浙江景宁畲族自治县

2）节庆节日传播。三月三是畲族的传统节日，每逢节日，畲族各地都会里举行各式各样的歌会表演活动。畲族民间体育文化作为畲族文化的重要表现形式，在各大活动之中不可或缺。浙江景宁畲族自治县凤凰古城每年农历三月三日都要举行畲族民歌节暨"凤鸣古镇·情满千峡"大型畲族风情秀，畲族民间体育作为表演项目，在晚会中给台下近千人展示了畲族民间体育文化。同时，活动还特别邀请了养护工人参加畲族民间体育活动。传统体育活动分押加比赛（如图13-1）和操石磉、抄杠、稳凳、摇锅、赶野猪、龙接凤等项目表演，也是中国畲乡三月三暨中国畲族民歌节活动重要活动之一。② 泰顺竹里畲族乡的畲族群众穿着民族盛装、载歌载舞，与数以千计的游客一起，欢度畲族的传统三月三节日。在风情节活动现场，除了充满浓郁畲族风情的歌伴舞《畲山风》《凤凰与山客》等歌舞表演，畲族武术表演和舞龙头、木偶戏等民俗表演外，对歌表演、竹杠舞和畲族婚嫁习俗等原汁原味的畲族民俗表演也一一展现在游客面前，让游客尽情体验畲乡风情。

图13-1 押加比赛

---

① 第二届"太姥山杯"全国山地自行车越野邀请赛举行 首度植入"骑行+旅游"[EB/OL].（2017-08-15）[2016-04-17]. http://roll.sohu.com/20160417/n444616929.shtml.

② 押加比赛[EB/OL].（2017-08-17）[2016-07-11]. http://www.chinahighway.com/news/2013/740595.php.

除三月三以外，畲族其他的民俗节日都会举行畲族民间体育活动，如在畲族春节进行打尺寸、登山比赛和打秋千等活动，不仅为节日增添了欢乐气氛，而且成为畲族民间体育文化的重要传播途径。

3）其他形式组织传播。畲族民间体育社团作为现代社会畲族民间体育文化传承的一个重要推手，畲族各地区都已组织。畲家拳别具一格的练功方法和风格深受畲族乡民喜爱，所以畲家拳传承人雷盛荣在福建省福安市金斗洋村建立了畲族武术训练基地。为了更好地保护和发扬"盘柴槌"，福建省非物质文化遗产盘柴槌传承人蓝大瑞创办了浙江省景宁县与福建省霞浦县的民族武术培训中心。这些民间体育社团在传授畲族民间体育技能的同时，也对年轻一代传播着优秀的畲族民间体育文化。

学校在畲族民间体育文化的传播中起到了极其重要的作用。目前，在丽水学院、景宁民族中学、宁德民族中学、龙泉茶丰小学、康厝中心小学、坂中中心幼儿园等均开设了"畲族体育"课程，丽水学院在"大学体育与健康"课程中，把"畲族体育"作为一门选修课程，计32学时。除校本课程之外，畲族体育兴趣班以及畲族体育表演队等课外活动形式也颇受学生欢迎。畲族体育畲家拳传承人钟团玉在坂中中心小学体育课中组织畲族武术表演队教学，学生学习畲族民间体育，既锻炼身体，又感受到畲族体育文化带来的魅力。（如图13-2）

图13-2 坂中中心小学学生在体育课中学习畲族武术畲家拳

畲族地区多分布在丘陵地带，拥有丰富的山地旅游资源，他们充分利用丰富的山地旅游资源，进一步开发登山、徒步旅游、森林穿越、狩猎等旅游休闲项目。除了适合开展诸多体育旅游休闲项目外，也将体育休闲旅游中融入当地颇具特色的畲族民间体育项目中，"太姥山杯"全国山地自行车越野赛、浙江景宁畲乡国际铁人三项赛等赛事的举办，为畲族地区体育旅游项目注入了新活力。除依靠自然优势而兴起的体育旅游项目外，依托畲族传统民俗文化与民俗节日的文化旅游业也如火如荼地开展起来。中国畲乡景宁的三月三暨第畲族风情旅游文化节、宁化"竹海梯田·畲乡人家"摄影大赛、"畲寨欢歌·云漫梯田"郑坑乡第三届畲族非遗文化节，福建罗源以畲族文化为基础建立的中华畲米休闲农业旅游区等各旅游节。畲族民间体育也随着旅游产业的不断发展，以表演、参与体验等多样的表现形式向前来游玩的游客们展示着其优秀的文化内涵。

（3）以媒介手段面向社会大众的传播方式——大众传播。大众传播是现代体育传播中最重要的体育传播方式。大众传播的产生是人类传播技术和社会发展的结果，它渗透在社会生活的所有领域，推动了社会环境和文化环境的演变，成为人们生活中不可或缺的一部分。大众体育传播主要是通过报纸、杂志、书籍、电影、电视、网络以及赛事活动等大众媒介向普通大众传播体育信息、体育文化、体育娱乐，是运用信息传播技术进行的大规模的体育传播活动，现在已有越来越多的人通过大众媒介开始关注畲族民间体育。

畲族民间体育文化在大众传播的过程中，传播的方式和途径也是多种多样的，主要有电影、电视、书籍、报纸和网络等。

1）影视传播。在畲族民间体育文化的大众传播的过程中，影视传播的视觉直观，受众面广，传播速度快，并且具有较强的冲击力和感染力，不仅改变了人们对畲族民间体育运动的认识，而且促进了畲族民间体育文化的发展普及。2015年11月27日，福建省新闻出版广电局、中共宁德市委宣传部等单位联合开拍了全国首部畲族题材院线电影《梦归山哈》，并于2017年1月7日在福州举行首映式，该影片取景于宁德市，生动地展示了畲族传统民俗以及畲族地区所发生的动人故事。

表现畲族现代爱情故事的《山哈女友》在2016年4月1日美国洛杉矶举办的第十三届世界多元文化电影节上喜获"提名奖"和"优秀电影奖"。影片中的畲族民俗文化引起了来自世界各地的评委、专家及观影观众的高度关注，国际媒体也争相报道。

除电影外，有关畲族民间体育、畲族民间文化的电视节目及宣传影片也有许多。中央电视台CCTV-1在2017年3月18日节目中播出畲族系列节目《我有传家宝》，节目介绍了浙江景宁畲族自治县畲族文化。CCTV-7《农广天地》在2016年4月8日的节目中播出《畲族三月三》。同时，畲族各地区也纷纷以畲族文化为背景创作各类宣传片,如浙江温州泰顺县彭溪镇玉塔畲族村宣传片《玉塔畲族村》、岱岭畲乡宣传片《魅力山哈,美丽岱岭》《龙南畲族风情情歌》、屏南宣传片《祥瑞畲乡》,以及畲族大学生在校期间独立拍摄完成的纪录片《印象畲族》等,这些畲族题材影片的拍摄与发行,以生动形象的表现方式向大众传播畲族民俗文化。畲族民间体育文化作为畲族传统文化中的璀璨明珠,是影片中必不可少的内容。

2)报纸、书籍传播。通过报纸、书籍进行传播,其最大的特点就是读者阅读,每一位读者从对文字的解读中做出自己对畲族文化的认识和对畲族民间体育文化的理解。

1988年,蒋炳钊的《畲族史稿》出版,标志着畲族历史研究进入新阶段,书中吸收同行学者研究新成果,提出了独特见解,内容丰富,资料翔实,观点新颖,线条明晰,对畲族族源观点的评述和古史研究都是非常深刻的,书中提出"山都木客"与畲族的密切关系,这是前所未有的观点。"闽东畲族文化全书"全套分为12册,从畲族的起源到畲族的每一项习俗,极其详细地介绍了福建东部地区畲族文化,其中《闽东畲族文化全书:体育卷》一书对畲族民间体育文化进行了全面的描述与介绍。由福建省炎黄文化研究会著述的《畲族文化研究》吸收了前人的研究成果,对畲族文化进行了较深入的探讨与研究,诸如畲族历史源流、民族文化关系、神话传说、文化特征、宗教信仰、民俗风情、语言、音乐、歌舞、传统文化与现代化等方面都有所涉及,在一定程度上反映了当前畲族文化研究的新进展。有些学者还开辟了畲族文化研究的新领域,如对畲族家族文化、养生文化、旅游文化等开展了研究。钟伯清所著的《中国畲族》是"闽东畲族文化全书"丛书之一,介绍了畲族有关家庭礼仪、取名习俗、婚姻习俗、节庆习俗、民族体育等,主题鲜明,图文并茂。此外还有《生态美学视野下的畲族审美文化研究》《畲族文化新探》《畲族伦理的镜像与史话》等123种有关畲族文化的相关书籍相继问世。而在报纸上发表的有关畲族文化的相关文章更是数不胜数,如《光明日报》《福建日报》《浙江日报》等数百家报刊媒体平台都曾对畲族题材做过报道。

3)网络信息传播。网络媒介的普及和应用大大缩短了体育与人们之间的距离,扩大了体育相关信息的社会覆盖面。畲族民间体育文化通过网络进行传播,融合了多种形式(文字、图片、声音、视频兼备)。网络的传播方式具有开放性以及信息共享的特点,打破了地域的界限,传播面广泛,可以迅速传播大量畲族体育方面的信息。

截至2017年7月底,在百度搜索引擎搜索"畲族体育",共有2040000条搜索记录,搜索"畲族",共有11100000条,对比可见,"畲族体育"在畲族相关信息的中占有很大的比重。在"中国网""中国民族网"中都有"畲族-中国少数民族"专题网站,详细介绍了畲族文化、畲族体育文化的相关信息。"百度百科""互动百科"等几十个科普类网站对畲族相关问题做了详细的解答。"百度贴吧畲族吧"中,截至2017年7月15日,共有67979条帖子,平均每两天有3条新帖,网友互动表现一般。经网络搜索显示,目前畲族、畲族体育文化相关信息多出现在一些网站中的子标题与子网站链接,有关畲族体育文化的一级官方网站目前还未搜索到。宁德市的"畲族网"作为仅有的几个畲族类一级官网,存在更新速度较慢内容较少等问题。

微博是目前网络社交媒体中较为火热的一个平台,也是各单位及机构发布相关认证消息的一个网络渠道。搜索微博"畲族体育"用户,显示用户仅为一位——"丽水畲族民间体育调研队",其最后的更新时间为2013年7月,试图与微博作者联系,但联系未果。搜索"畲族"则有"苍南县凤阳畲族乡""黄龙岩畲族风情旅游区""苍南县岱岭畲族乡""福鼎市畲族提线木偶剧团""宁国千秋畲族风情谷"等几十个畲族地区官方微博账号和畲族机构官方账号,提到"畲族"相关信息的大众微博信息多达上万条,发布内容多是畲族旅游风光与畲族风土人情,"畲族体育"在信息中依然占据高比例(如图13-3)。可见,相比于专业网站,由于人人都可以作为信息发布源,微博上有更多的畲族的一手资料。但目前还未有"畲族体育"或"畲族体育文化"的认证的官方权威微博账号,显示目前畲族民间体育文化在微博平台传播中的不足。

图13-3 微博平台搜索畲族及畲族体育相关信息

微信是目前中国地区用户量最大的社交媒体平台,如今已成为畲族体育文化传播中最为便捷的一种方式。微信传播畲族民间体育文化具有传播内容丰富、传播时效快速、受众反馈及时等多方面的特点,"微信群""朋友圈"等一对多的信息分享方式,极受目前各年龄层次用户喜爱。在畲族相关节日、比赛等活动中,大量的畲族美食、畲族风光、畲族文化的文字信息、图片信息、视频信息广为流传,但多在朋友圈和小范围内地域传播。而"微信公众号"平台则是打破这一传播限制的一个新平台。在微信中搜索"畲族体育"相关文章及图片出现大量的相关信息,搜索相关公众号仅有3条相近,但并非畲族民间体育相关的公众号平台(如图13-4)。在目前几大社交平台中,都未有官方对畲族民间体育相关信息一手消息发布平台,说明畲族体育文化的大众传播中网络多媒体应用手段还较为落后。

图13-4 微信平台搜索畲族及畲族体育相关信息

2. 传播途径影响因素

(1)人际与组织传播政府支持力度不够。畲族民间体育文化从萌芽、传播发展至今,人际传播与组织传播都是最主要、最传统的传播途径。根据实地走访调查,在传播途径中,人际传播与组织传播还是目前主要的传播方式,然而,政府的支持显得尤为重要。以下是笔者与畲家拳传承人雷盛荣的部分访谈记录。

问:现在都是什么人在学呢?
雷:现在主要是教康厝中小学学生。
问:除了中小学学生外,有没有单独招徒弟?
雷:有。村里面有二十几个人跟我学,最小的15岁,大的二十几岁。
问:你的徒弟想不想学?

雷：想学的，都可以，比赛都有名次的。之前参加福建省的比赛，我带8个人去，后来拿了第一名回来。

问：拿第一名有什么好处？

雷：有奖金。

问：有多少奖金？

雷：非常少。一等奖就500元。

问：您在传承过程中碰到什么困难？

雷：我觉得最主要的困难还是经费问题，没有经费。我多次向领导反映了这个问题，领导答应拨给经费，但到最后都没有到位。

问：现在经费问题靠什么解决？

雷：靠村里面的经费，拿一点出来。

问：您这个项目的传承主要通过本宗族和学校传承两个渠道，有没有向外面的人教授？

雷：现在主要是教外面学校（的学生），包括汉族的学生，如宁德市民族中学、民族小学都学校。传授的套路都是为了适应比赛和教学，有的项目被我改良过了。

问：谁提供的场地？

雷：当时由省体育局和省民宗厅两家共同批的，即福安市金斗洋畲族武术训练基地，现在还没有完全建设完。当时上报建设这一训练基地需要180万元，省体育局补助30万元，福安政府给了10万元，民宗厅给点，东拼西凑点，一共就70万元，现在还差110多万元。钱不到位，（畲族文化）展览厅和器械器材没有办法购买。现在也只能向领导反映这个问题。

问：作为传承人，上面文件批下来以后，对你来说，在学员方面有没有改善？

雷：由于地方配套文件滞后，有时也无所适从。不管是汉族还是其他民族都可以传授，不然没有人学，你叫我如何传承？

问：关于畲族武术的传承是谁在管？

雷：这个应该是民宗局和体育局共同管理的。两个部门都是各自管自己的。

问：关于畲族武术传承问题，您认为上面怎么关心才比较到位？

雷：上面领导没有重视，传承人一定要有经济（来源），传承与发展畲族武术，买器械要钱，传承人要有补助。很多东西都没有配套起来。如果有比赛之类的事情，是传承人自己先垫钱，垫完钱，拿到名次了，上面才会配套一点。我已经多次向上面反映经费问题了。慰问也是这样，象征性的。市体育局、文体局和福安市新上任的领导会下来慰问一下。后面都没有再下来过。

从访谈中我们可以发现,目前畲族体育在传承的过程中,已经打破了畲族原有的宗族内传播、传男(子)不传女的一系列封建传统,这对畲族民间体育文化的传播具有关键作用。同时,学校传播是目前一个很重要的传播渠道。但是,经费问题和政府支持问题一直是目前学校、社团组织等传播中的一个重要问题。负责的民宗局和体育局经费配套支持力度不够。没有政府的支持,畲族民间体育文化的传播途径受到阻碍,特别在畲族节庆活动中,政府的支持对于活动的开展具有关键性的作用。虽然在政策方面较为支持,但是在落实方面还有所欠缺。

(2)大众传播手段及传播方式不成熟。随着新媒体的迅速发展,人类传播借助各种各样的介质、通过各种传播渠道来传播思想和文化。在畲族民间体育文化传播中,大众传播的情况不尽理想,在传统传播方面,书籍与报纸的阅读人群稀少,究其原因,与畲族村民受教育程度普遍较低有莫大关系。多数畲族地区村庄的播音喇叭基本处于闲置状态,由此看出,广播已经逐渐被边缘化。虽在畲族地区电视普及率为百分之百,但当地电视频道关于畲族民间体育文化活动的报道寥寥无几。现代电视节目丰富多彩,很多畲民更倾向于趣味十足的其他频道。在网络传播方面,根据调查可知,在目前几大社交平台中,如微信、微博、贴吧等关于畲族民间体育文化的传播缺少官方发布平台,传播可靠性与专业性较差。在网络传播中,畲族民间体育文化的传播内容更新速度较慢,更新手段较为落后,传播方式不成熟。总体而言,畲族民间体育的传播途径目前虽已多元化发展,受众面广,但是,从政府到社团再到畲族民众都重视不够,传播途径缺乏针对性与专业性,传播效率低。

三、推动畲族民间体育文化传播的新发展

(一)传播主体:以畲族主体为主导,以社会主体为补充

1. 提升"意见领袖"传承人的传播作用及影响力

传承人作为畲族民间体育文化传播的"意见领袖",在传播活动中具有议程设置及引导传播的关键作用。在畲族地区,人际传播是最直接、最受信任、传递信息最丰富的传播方式,因而要从遵循传播规律角度去认识"意见领袖"对畲族民间体育传播的影响力。"意见领袖"传承人不但能对周围人在思想观念上加以引导,而且能在行动上起示范带头作用。要提高畲族民间体育的传播

效果，实现宣传的目的，就要遵循传播方式与群众的接受能力相一致的传播原则，在实施大众传播的同时，积极发挥畲族民间体育"意见领袖"的作用，充分挖掘现有"意见领袖"传承人的潜力，充分发挥他们的作用。① 可从以下两个方面提升现有"意见领袖"传承人的影响力：

一是重视传承人意见，增强其参与成就感。畲族地区及当地政府要重视传承人的存在，对他们的作用给予高度重视。在开展各项畲族民间体育文化传播活动中，对持不同观点和意见的"意见领袖"要客观对待，即使其意见不完全正确或者不正确，也可作为了解畲族体育文化传承者思想动态的重要渠道；如果"意见领袖"的意见是合理的，就应该吸收进来，以改进工作方案；如果是不合理的，则要及时向他们解释，尽可能说服他们；如果一时无法说服，也要有针对性地做好应对方案。要增强传承人的参与感，正确引导他们在畲族民间体育文化传播中的传播理念。

二是加强培训力度与维度，提升传承人的体育文化传播意识。根据《民族民间文化保护条例》的有关规定，为增强非物质文化遗产的传播者——传承人的保护意识，对民间的非物质文化遗产发展项目应重点保护，若非物质文化遗产传承人中断技艺的传承或毁坏所保存的实物资料，都应视情况对其进行严厉的惩罚。畲族民间体育传承人的管理亦如此。无论是畲族相关组织还是政府有关部门，都应该在传承人的培养上加大力度，对传承人培养基地建设提供政策与经费的支持，优化畲族传承人培训的的环境设施，扩大培训招生范围，对现有传承人的工资待遇提供有力的保障，强化传承人的信心与自豪感，使之承担起畲族民间体育不断延续与发展的历史任务。另外，绝不搞排场，走形式，要合理利用传承人在传播活动中的指导与组织能力，加大培训力度与维度。鉴于畲族地区多属农村地区，加之"意见领袖"传承人数量较少、能力偏弱、教育水平相对较低，尤其是当前农村社区的传播环境仍有诸多缺陷，大众传媒介入困难，社区内部信息总量偏少，畲族传承人的传播观念较落后，等等情况，因此，要努力营造有利于大众传媒介入的传播环境，让"意见领袖"传承人能够频繁接触媒介，从而建立传播的意识。

2. 利用互联网使大众成为畲族体育传播主体

长期以来，畲族民间体育文化的传播活动都是在畲族内部进行。追溯到早年，一些项目甚至有传男不传女的习俗。在相对闭塞的环境下，畲族民众构成了传播活动中单一的传播主体。随着时代的不断发展，畲族的民族体育传承意

---

① 韦李. 论农村体育意见领袖在落实《全民健身计划》中的作用 [J]. 柳州师专学报，2013（2）：28.

识不断淡化，这已经成为畲族民间体育文化传播的一个难题。想要解决这一传播主体问题，除了以各种宣传途径及渠道提升畲族民众体育观念之外，扩大传播主体范围也是一个重要的方式，符合目前社会发展的需要。互联网的出现和发展拓展了传播的深度和广度，打破了以往人类多种信息传播形式的界限，给我们提供了更快捷、更便利的传播方式，人人都可以是任何事件及文化的传播主体。如何更好地利用互联网，让大众成为畲族民间体育传播主体，是畲族民间体育文化传播活动发展中应重点解决的问题。

畲族民众作为畲族民间体育文化传播主体地位不能动摇。畲族民众在传播活动中起决定性作用，在民间体育文化的传播形式、传播内容上要起主导作用。因此，既要重视精神文化和传播技术的发展对畲族民间体育文化传播主体带来的变革要求，打破畲族民间体育文化原有的闭塞的传承、传播机制，面向大众，实现畲族民间体育文化的大众传播良性互动，又要提供丰富多彩、吸引眼球的体育文化内容，如创编绚丽夺目的畲族体育表演项目、制造体育文化事件等，为大众传播提供传播内容，吸引大众成为社会传播主体。总而言之，在畲族民间体育活动传播活动中，以畲族主体为主导，以社会主体为补充，积极培育畲族传播主体的体育观念与传播意识，同时，以畲族民间体育文化为利益出发点和落脚点，发挥社会大众主体为补充的畲族民间体育文化传播功能，努力使其成与畲族体育技艺者、畲族民众等作用互补且活动良性的文化传播主体。

（二）传播对象：从普通大众到特殊人群

1. 对受众进行分类，制定适当的传播策略

畲族民间体育文化的传播对象在传播活动中可以分为两种类型：对内传播对象与对外传播对象。对内传播对象多指畲族群众、畲族地区的居住者及畲族体育学习者；对外传播对象是指畲族以外的各族人民及海内外各个国家与地区。随着互联网和多媒体应用的发展，要使畲族民间体育文化在传播活动中发展得更好、扩散维度更宽广，不能忽视对外传播对象的选择。畲族民间体育文化传播活动发展至今，在对外传播对象上，除专家、评委之外，设定的对象一般都为普通大众，无特殊选择对象。传播技术的发展，尤其是互联网所带来的社会环境和传播效果的改变，要求文化传播吸收营销的积极因素，像营销产品一样对受众进行分类，并制定适当的传播战略和策略。

从接受者角度讲，"互联网提供了极为广泛的信息内容。使用者在选择信息时能扮演更为重要的角色，他们的信息接触行为变得更加专门化和个人化"，"受众的分众化会减少人们对多样化观点的接触"，同时"会促使媒介集团提供多样化的产品以重新获取分散的受众"。① 从传播者角度看,畲族民间体育文化传播的动机和目的,就是要改变受众认知和心理的定式,因为"人就是依照定式而进入同现实的相互关系中的"②。但是,不同的人群具有不同的定式——中立定式、异同定式、相同定式。民间体育文化的传播要想达到有效改变受众认知和心理的定式,就应该针对不同定式的人群采取不同的规则:对中立定式者要采用定式形成律,对异同定式者要采用定式改变律,对相同定式者要采用定式强化律。"三律"作为规则,在传播的起点、过程、结论、方法等方面都有一套相关的策略。③ 其实互联网的普及已经使传播进入"一对一"的时代。

2. 利用新兴媒介扩大传播对象人群

畲族民间体育文化传播离不开媒体与网络,利用媒介扩大传播对象,是传播活动进行中极为重要的一个步骤。目前,各类媒体、社交平台的红火给畲族民间体育的传播提供了有力的条件,在针对不同地区人群和不同兴趣关注点人群时应该采取不同的对策。如对畲族地区周边外族群众,在如三月三此类活动的举办之初,畲民可通过微信公众号发布相关的公众平台信息介绍畲族活动及当日活动预告,并以到活动现场均有奖品、转发集赞获得礼品等方式在当地及周边县市宣传推广,利用微信平台扩大传播对象人群、一个对象带动多个对象的模式,一来对畲族传统节假日活动进行宣传,二来将更多的无形对象转化为有形对象,提高传播效果。而在针对不同兴趣点的人群时可以分别对其进行推广宣传。如针对那些对旅游感兴趣的群众,在国内旅游网站及旅游社交平台加入一些畲族旅游的宣传片段,吸引其选择畲族地区以及周边地区游玩,与此类似,针对那些对武术感兴趣的人群,在相应的网络平台增加对畲族武术的宣传,等等。如何更好地利用网络扩大传播对象范围,离不开畲族地区政府、媒体和畲族群众的共同努力。

(三) 传播内容:从理性灌输到感性感染

1. 强化竞技内容,纳入校本课程

竞技性是现代体育的一个重要特征,也是吸引众多参与者的一个重要特

---

① [美] 简宁斯·布莱恩特, 道尔夫·兹尔曼. 媒介效果:理论与研究前沿 [M]. 石义彬, 彭彪, 译. 北京. 华夏出版社, 2009:56.

② [苏] 肖·阿·纳奇拉什维里:宣传心理学 [M]. 金初高, 译. 北京:新华出版社, 1998:23.

③ 荆学民. 探索中国政治传播的新境界 [J]. 中国人民大学学报. 2016 (4):74.

质。畲族民间体育文化的信息本身存在一定的局限性，缺乏竞技性，其内在表现为理论和文化基础的薄弱，这在一定程度上也制约了畲族民间体育文化的有序传播。调查发现，多数畲族地区尚未对最具特色的畲族体育文化相关内容进行传播，相应的特色文化没有得到体现，充满竞技性元素的畲族民间体育的传播更是无从谈起。提高畲族民间体育的竞技性，需要畲族地区政府与群众共同努力。除了参加国家或省市举办的大型少数民族传统体育运动会和各类比赛外，畲族地区应积极开展所在区域、县市、乡镇、村寨、单位的各类比赛活动。如将押加比赛作为职工运动比赛项目，将畲族武术等项目作为表演竞赛项目，在畲族节庆活动中，举办各类畲族民间体育比赛项目，同时，在畲族地区少数民族学校校运会加入畲族体育项目，开展娱乐竞技比赛项目，增强畲族民间体育文化的竞技性。

将畲族民间体育纳入校本课程。首先，在政府层面，相关责任主体通过政策的倾斜，在畲族地区出台一些有利于畲族民间体育文化传承与传播的政策，如在畲族地区的少数民族学校内开设民族体育文化课程。其次，在传承人方面，通过整合畲族地区中小学的教学资源，由学校和传承人对接，签署相关协议。宁德市民族中学在这方面起了示范作用，他们通过外聘传承人作为学校教师、建立畲族体育培育基地的形式，在丰富畲族体育后备人才的同时，也为学生更好地接受民族文化提供了平台。再次，在教师层面，以传承人为中心，对学校体育授课老师进行培训，联合相关专家学者，挖掘和整理出适合畲族地区学校传承与传播的体育项目，尝试性地纳入校本课程，在校园形成热爱民间体育文化的良好氛围，强化学生对民族文化的认识。最后，通过各学校及畲族不同地区之间的交流与合作，举办一些文化交流活动和其他校园联赛等，资源共享，拓宽学生的学习途径，加深学生对畲族民间体育文化的理解。

2. 使传播更加影像化、符号化、故事化、活动化

意识形态与文化内涵是畲族民间体育文化传播中最重要的内容，传播受众对于畲族民间体育文化的接受与理解，产生于接受者的认知与思考。畲族民间体育文化的大众传播内容以文化外层面理性灌输内容为主，如肢体动作的传播、语言服饰的传播，传播内容往往在受众心中滞留时间较短，遗忘几率较大。随着网络的发展，传播技术从语音到文字、从文字到图片、从图片到影像、从影像到"活动"的变革，要求意识形态与文化内涵的传播更加影像化、符号化、故事化、活动化。美国社会学家丹尼尔·贝尔认为："意识形态之所以具有力量也就在于它的激情。"他甚至说："意识形态最重要的、潜在的作

用就在于诱发情感。"① 显然，想要畲族体育文化的传播内容改变受众的意识形态，仅仅依靠一场表演、一段文字、一次竞技比赛等是远远不够的，从理性灌输到感性感染甚至到场景体验是畲族民间体育文化传播内容变革的重要方向。

1980年拍摄的《庐山恋》是讲述庐山的风景抒情故事片，直到今天，游客在庐山游览时都会先观看此片，在观赏庐山山水面貌的同时也为风景背后的故事所感染，即使在许多年之后依然对此记忆犹新。而畲族地区一样具有如画的美景与人情，将畲族人情带入畲族地区旅游发展是畲族民间体育文化传播的重要举措，打造出属于本民族色特的品牌文化。如在目前已开发的畲族旅游地区浙江景宁地区的畲族风情省级旅游度假区，可以将畲族民间体育编排成感人的故事或是令人开怀的小品等，通过实地演出、视像播放等形式每日为游客上演，用畲族民间体育的文化内涵感染游客。其他畲族地区开展旅游项目时可参照类似方式，将畲族民间体育文化以故事化、动态化的形式进行传播，传播畲族文化，弘扬中华民族精神，让游客更多地认识和了解畲族文化，主动传承和保护畲族体育文化。

（四）传播途径：将新兴媒介与人际、组织相结合发扬大众传播

1. 重视人际传播，提高组织传播

人际传播最大的优势就是直观，并且能及时得到反馈。要最大限度地开展和开发本民族民间体育传播活动，让有兴趣的畲族年轻人参与其中，父传子、子传孙，建立专门的传承队伍或组织，本着"取其精华，去其糟粕"的原则，不断学习、继承和传播，最终实现畲族优秀民间体育文化的传承。一是在队伍建设方面，通过对畲族体育传承队伍的继续教育和培训，加强他们的理论学习，改良部分畲族民间体育项目，创造出一些适应时代发展、有利于传承与传播的畲族体育项目；二是建立专家人才智库，通过数据库的完善以充分发挥他们建言献策、参谋和咨询的作用；三是通过互联网平台，结合当下 VR 和 AR 技术，在保存畲族体育活态性的同时，增强其直观感受和传播效果；四是通过互联网技术，将传承人和专家学者之间沟通的平台搭建起来，保证在传播的过程中能够及时反馈信息，专家可以为传承人解惑，传承人可以阐述实际情况，方便专家提出相应对策；五是尝试在畲族地区的中小学设立非物质文化遗产的第二课堂，为畲族民间体育文化传承队伍提供支持。

---

① ［美］丹尼尔·贝尔，意识形态的终结：五十年代政治观念衰微之考察［M］. 张国清，译. 南京：江苏人民出版社，2001：77.

在畲族民间体育文化组织传播途径中，政府在组织传播中具有主导作用，其干预与支持是畲族民间体育文化传播发展的有力依据。首先，地方政府要做到贯彻执行党和中央下发的文件政策，如落实传承人经费补贴政策，根据省级、地级畲族体育项目传承人的不同标准，核实补贴相应补助；其次，地区政府应该支持相关社团建设，成立专项社团基金，在人力、物力、财力上给予全面支持，在场地方面也应该积极协调，可利用节假日空闲时间借用学校场地进行畲族民间体育社团活动。政府管理层应该从长远角度思考，在传播畲族民间体育文化同时，促进当地旅游产业的发展，提高当地经济收入，以实现双赢。在学校教育方面，把畲族民间体育纳入畲族地区民族学校的校本课程，加强对民族体育的培养与培训，做到从娃娃抓起，使本民族民间体育文化得以延续。

2. 利用大众传播，提高宣传层次

组织传播和人际传播保证了畲族民间体育文化传播的基本效力，是畲族民间体育文化传播的重要手段与优势。大众传播时代，"媒介不仅仅只是其他消息来源的传输渠道，媒介的生产过程也是其建构讯息的过程"①，因此，在时代背景下，畲族民间体育文化传播途径需要努力从过去的组织和人际向组织、人际与互联网等新兴媒介的结合转型。这就需要进一步解放思想，从顶层设计上将大众传播和互联网传播纳入民间体育文化传播渠道中，加强大众传媒传播，创新宣传手段。首先，应该完善畲族体育信息发布平台的构建，弥补目前在各大社交网络平台中畲族民间体育官方平台的缺失，保证发布消息的权威性、准确性、及时性。其次，在畲族地区普及大众传媒，树立人人都是传播主体的观念。当地媒体应及时筛选有意义的事件进行追踪报道，提高群众关注度。最后，因地制宜，发展畲族地区旅游产业，将畲族民间体育文化融入旅游之中，完善旅游配套设施，打造畲族生态体育旅游资源，以旅游促进畲族民间体育文化的传播，使优秀的畲族民间体育文化在世界各地更广泛地传播。

---

① ［美］简宁斯·布莱恩特，道尔夫·兹尔曼. 媒介效果：理论与研究前沿［M］. 石义彬，彭彪，译. 北京：华夏出版社，2009：15.

附件
福建、浙江两省畲族民间体育信息采集情况

第一部分　项目采集内容

一、畲族民间体育分布与开展情况
（一）人口分布
1. 人口数量
2. 住户数量
（二）地区分布
1. 地理位置（所属市县区、经纬度等）
2. 村落结构
（三）项目分布
1. 所属区域
2. 名称由来
（四）开展活动情况
1. 传统节庆
2. 竞赛活动
3. 学校教育
4. 社团组织
5. 家庭教育
6. 传承人施教
二、畲族民间体育法律保护现状
（一）立法现状
1. 上位法
2. 下位法
（二）法律运行现状
1. 非遗项目
2. 保护传承环节
三、畲族民间体育项目保存现状
（一）项目内容与分类

1. 娱乐竞技类
2. 体能耐力类
3. 体操舞蹈类
4. 角力对抗类
5. 益智游戏类
6. 攀岩跳跃类
7. 武艺表演类

（二）项目保存主要困惑

1. 外部影响
2. 内部原因

四、传承人现状

（一）法律法规保护

（二）传承人基本情况（年龄、数量、经费与组织活动等）

（三）传承内容与形式

五、社团组织现状

（一）分布区域

（二）名称与由来

（三）活动内容与形式

六、家庭传承与发展

（一）家庭传承主要内容

（二）家庭传承主要形式

七、学校传承与发展

（一）政策落实情况

（二）项目开展情况

（三）师生双边关系

八、保护情况

（一）政府作为

（二）法律保护

（三）资金投入

（四）人才培养

（五）社团作用

（六）学校体育

（七）家庭环境

（八）项目挖掘

（九）资源开发
（十）对外传播
（十一）走向共生
九、面临濒危
（一）生存环境
（二）项目变化
（三）传承人
（四）功能变化
（五）保护情况
十、其他

第二部分 图片采集内容

一、畲族民间体育各项目照片
二、相关文物文献形象资料
三、项目相关比赛、表演与演示形象资料（包括人物、动作、器械、服饰与场地等）

第三部分 音频采集内容

一、不同时期项目保存下来的音频资料
二、项目相关比赛、表演与演示的音频资料
三、录制传承人及相关人物的音频资料

第四部分 视频采集内容

一、不同时期项目保存下来的视频资料
二、项目相关比赛、表演与演示的视频资料
三、录制传承人及相关人物的视频资料

第五部分　实地考察与采集点授牌

一、实地考察

（一）浙江省实地考察

附图1　在浙江省金华市广播电视大学进行实地考察

（二）福建省实地考察

附图2　实地采访福建省福安市金斗洋村书记、省非物质文化遗产传承人雷盛荣

附图3 实地采访福建省霞浦县省非物质文化遗产传承人蓝大瑞

二、采集点授牌
（一）浙江省采集点

附图4 浙江省景宁民族中学采集点

附图5 浙江省金华市广播电视大学采集点

附图6 浙江省丽水学院采集点

附图7 浙江省遂安县采集点

附图 8　浙江省遂昌县金岸小学采集点

（二）福建省采集点

附图 9　福建省宁德市民族中学采集点

附图10　福建省福安市金斗洋村采集点